FREIRAUM MIT RISIKO

W0056436

Mathias Schwabe
Martina Stallmann
David Vust

Freiraum mit Risiko

Niedrigschwellige
Erziehungshilfen für sogenannte
Systemsprenger/innen

Mit einer Einleitung von Hanna Permien

© 2013 Klaus Münstermann Verlag
Osnabrücker Str. 125, 49477 Ibbenbüren

www.muenstermann-verlag.de

Umschlag und Satz: KJM Werbeagentur, Münster
Druck: Lammert-Druck, Rudolf Lammert GmbH, Hörstel-Riesenbeck

Bibliografische Information der Deutschen Nationalbibliothek

Die Deutsche Nationalbibliothek verzeichnet diese Publikation in der Deutschen Nationalbibliografie; detaillierte bibliografische Daten sind im Internet
über http://dnb.d-nb.de abrufbar.

ISBN 978-3-943084-13-9

Inhaltsverzeichnis

Vorwort

Ein innovatives Erziehungshilfeprojekt möchte es nach 12 Jahren intensiver Arbeit mit einer hoch riskant agierenden Zielgruppe genau wissen: haben wir gut gearbeitet und was hat unsere Arbeit den Jugendlichen gebracht? Die Projektverantwortlichen organisieren über eine große, gemeinnützige Stiftung eine differenzierte Fremd-Evaluation der eigenen Arbeit, die auf vier Säulen beruht:

→ Aktenauswertung aller bisher betreuten Fälle (N = 105 bzw. 77, siehe Kap.7)

→ Auswertung von Interviews mit ehemals betreuten jungen Menschen (N = 47, siehe Kap.7)

→ Teilnehmende Beobachtung an den relevanten Kontaktstellen zwischen Betreuer/innen und Jugendlichen (siehe Kap.4)

→ Rekonstruktion der Setting-Entwicklung innerhalb von 12 Jahren inklusive der Analyse von gewollten und eher von Außen auferlegten Veränderungen (siehe Kap 2).

Die Evaluation wird finanziert und durchgeführt. Die Atmosphäre zwischen den Beforschten und den Forschern ist offen und freundlich. Die Mitarbeiter/innen lassen sich ohne Scheu beobachten und ermutigen auch die Jugendlichen sich offen zu zeigen. Zwischenergebnisse werden immer wieder zurück gemeldet und diskutiert. Spannungen zwischen Evaluatoren und Evaluierten werden, wenn sie entstehen, rasch angesprochen und können meist ebenso rasch wieder abgebaut werden. Die Ergebnisse aus den verschiedenen Evaluations-Säulen sind durchwegs ermutigend. Sie zeigen, dass in diesem Projekt in vielerlei Hinsicht fachlich gut gearbeitet wird. Einzelne Kritikpunkte der Forscher an dem fachlichen Verhalten der Mitarbeiter/innen oder an Verfahren bzw. Organisationsregeln werden als wertvolle Rückmeldungen gewertet und führen zu Veränderungen in den Bereichen Prozess- und Strukturqualität. Und doch überwiegt beim Träger am Ende der Evaluation und beim Lesen des Abschlussberichtes der Eindruck, sich damit nicht gut sehen lassen zu können. Die Zustimmung zur Veröffentlichung eines am Anfang des Prozesses vereinbarten Buchprojektes wird nach sorgfältiger Prüfung der Verantwortlichen des Trägers zurückgezogen. Der Träger wäre es lieber, dass das Buch gar nicht erscheint. Aber weil man die Publikation weder verhindern kann noch will, wünscht sich der Träger, dass alle Daten, die auf ihn hinweisen, anonymisiert werden. Diesem Wunsch sind wir nachgekommen. Und schließen uns mit einem eigenen Wunsch an: selbstverständlich wäre es bei der kleinen Anzahl von Projekten, die in Deutschland auf die geschilderte Weise mit Jugendlichen arbeitet, ein Leichtes den Träger zu identifizieren. Aber was soll das, wenn dieser Träger ungenannt und seine Mitarbeiter/innen geschützt bleiben wollen? Noch dazu, wo der Träger stets die Möglichkeit hat zu sagen, „das sind wir nicht!"? Stattdessen wünschen wir uns, dass sich die Leser/innen auf die Inhalte der Evaluation konzentrieren und über diese ins Gespräch kommen.

Dennoch ist die Frage erlaubt, warum es zu dieser Anonymisierung gekommen ist?

Zwei Gründe sind dafür ausschlaggebend und beide machen deutlich unter welch immensen Druck Einrichtungen und Mitarbeiter/innen stehen, wenn sie mit Jugendlichen arbeiten, die man je nachdem als „Hoch-Risiko-Klienten", „die Schwierigsten" oder als „Systemsprenger" etc. bezeichnen kann (siehe Kap. 1). Zum einen gab es kurz vor Abschluss der Evaluation einen Vorfall, in den unter anderem betreute Jugendliche aus dem untersuchten Projekt verwickelt waren. Dieser Vorfall wurde von den Medien aufgegriffen: teils mit gut nachvollziehbaren Anfragen an die Art und Qualität der Betreuung vor Ort, teils aber auch mit einem unangemessenen Skandalisierungstenor. Die fachlich angemessene und zugleich geschickte Beantwortung der vielen Fragen seitens der Öffentlichkeit, aber auch des Landesjugendamtes hat den Verantwortlichen des Trägers viel Arbeit und viel Kopfzerbrechen bereitet. Auch wenn sie sich nichts vorzuwerfen hatten und auch gar nicht der Ansatz gemacht wurde, sie strafrechtlich zu verfolgen, blieb doch ein Gefühl zurück, das man mit „alles, nur nicht noch mal so was" bezeichnen kann. Bitter war die Erfahrung, dass auch gute Evaluationsergebnisse in einer aufgewühlten Stimmung nicht wirklich weiterhelfen. Vor allem, wenn die Evaluation differenziert argumentiert und nicht pauschal alles gut findet, was sie als Praxis vorfindet und auch nicht mit Erfolgszahlen von 70 % und mehr aufwarten kann (, die bei diesem Klientel in keinem Projekt zu erwarten sind). Evaluation scheint in solchen Zusammenhängen ein „stumpfes Schwert" darzustellen. So richtig gelingen Befreiungsversuche damit nicht. Und noch schlimmer: in Zeiten aufgewühlter Stimmung suchen alle Ankläger nach weiteren Belegen für die vermeintliche Richtigkeit ihrer Anklagen; sie lesen dann auch Evaluationen überwiegend selektiv und können selbst aus einer Evaluation, die über weite Strecken Qualität und hohes fachliches Niveau bescheinigt, die wenigen kritisierten Sachverhalte heraussuchen, die zu dem eigenen Anklage-Modus passen.

Wissenschaftliche Ergebnisse, das wissen wir seit Längerem, können eben nur im System Wissenschaft darauf hoffen differenziert wahrgenommen und diskutiert zu werden. Bei Systemen wie Politik oder Öffentlichkeit oder Medien muss Wissenschaft stets damit rechnen für andere Zwecke funktionalisiert zu werden, wenn sie denn überhaupt wahrgenommen und für entscheidungsrelevant gehalten wird. Falls ja, so gehen wissenschaftliche Ergebnisse als ein Element unter anderen in politische Entscheidungen ein, aber bestimmen in der Regel nicht deren Richtung. Das gilt in vielen Fällen leider auch für die Jugendhilfe-Administration auf kommunaler und Landes-Ebene. Politische Erwägungen gehen hier häufig vor fachlichen. Die Sorge um die eigene Karriere häufig vor Solidarität mit einem angegriffenen Träger. Wobei im Fall des hier geschilderten Projektes auf Seiten der Verwaltung durchaus viel Mut bewiesen wurde und das Projekt immerhin in seinen Grundzügen erhalten werden konnte.

Aber auch nachdem die mediale Aufmerksamkeitswelle abgeebbt war und halbwegs gute Lösungen für noch offene, fachliche Fragen bezogen auf die Arbeit des Projekts gefunden worden waren, wollte man auf Seiten des Trägers mit der Darstellung der eigenen Arbeit doch lieber nicht nach Außen gehen. Denn im Kontakt mit Hoch-Risiko-Klienten erweisen sich im Alltag immer wieder pädagogische Antworten als angemessen oder zumindest kreativ und situativ stimmig, die bei Menschen, die diese Jugendlichen nicht kennen, Besorgnis oder Skepsis oder Entrüstung erregen können. In der Öffentlichkeit, aber auch in der eigenen sozialpädagogischen Zunft, die über keine direkte Erfahrung mit diesem Klientel verfügt, kann man sich oft nicht vorstellen, dass bei diesen Jugendlichen, die das System der Jugendhilfe in und auswendig kennen und immer wieder für ihre Zwecke instrumentalisieren, häufig nur andere als die gängigen Antworten überhaupt eine Chance haben wahrgenommen zu werden. Die Jugendlichen kennen und beherrschen (!) die üblichen Interaktionsmuster zwischen Sozialpädagog/innen und ihresgleichen. Manchmal muss man den üblichen sozialpädagogischen „Sound" aufgeben oder verlassen und sich anderer Sprach- und Handlungsformen bedienen, damit bei ihnen so etwas wie Verblüffung und Interesse entsteht. Gleichzeitig gerät man bei der Arbeit mit dieser Zielgruppe immer wieder auch in rechtliche Grauzonen: Selbstverständlich ist jeder Mitarbeiter rechtlich dazu angehalten Diebstähle oder den Handel oder Konsum von Drogen anzusprechen und anzuzeigen, wenn er davon erfährt. Dagegen steht die auch in unserer Evaluation bestätigte Erfahrung, dass die Jugendlichen oft erst dann anfangen damit aufzuhören, wenn man sie eine Zeitlang dabei nicht behelligt, auch wenn man sieht oder ahnt oder bei genauerer Nachforschung wissen könnten, was sie da alles Ungesetzliches treiben (siehe die Beispiele in Kap.3.1.3 und Kap.5.1 bzw. 5.2 oder Kap.6.1). Natürlich führt dieses Zulassen wie schon bei „akzeptierender Drogenarbeit" oder „akzeptierender Arbeit mit rechten Cliquen" leicht zu einem „Tanz mit dem Teufel" und endet immer wieder damit, dass dieser die Führung übernimmt und man am Ende doch eingreifen muss, indem man die Polizei alarmiert oder eine Zwangseinweisung für eine Entgiftung einleitet. Dennoch scheinen einige Jugendliche es für den Aufbau einer nachhaltigen Veränderungsmotiviation zu brauchen, dass man sie auf ihre Straftaten anspricht, sie aber nicht sofort und umstandslos verfolgt oder sogar auf das Ansprechen verzichtet, wenn dieses ein leeres Ritual darstellen würde, dem sie zur Zeit nur mit Leugnung begegnen können. Was sie dagegen brauchen, sind die wachen Augen von Mitarbeiter(inne)n, denen man nichts vormachen kann und auch gar nicht vormachen braucht. Und es sind wissende und zugleich liebevolle, aber auch vollkommen nüchterne Blicke, die ausdrücken: „Du und ich, wir wissen, dass ich es nicht verhindern kann. Du und ich wissen, dass es nicht in Ordnung ist. Darüber brauchen wir gar nicht reden. Du und ich wissen, dass sich was ändern muss. Du und ich wissen aber auch, dass über vermeintliche Änderungen schon unendlich viel gesprochen wurde. Wir wissen, dass es einzig und alleine auf deine Taten ankommt. Und auf die warte ich: mit viel Geduld, mit einer guten Portion Ohnmacht, aber auch mit großer Bereitschaft, dir jederzeit zu helfen, wenn du das willst! Wirklich willst!".

Es mag merkwürdig erscheinen: aber die Vermittlung solch komplexer Botschaften, wird durch das Sprechen von Worten oftmals eher verhindert oder entwertet. Man kann sie nur mit einer authentischen Gesamthaltung, mit Blicken, mit einer Abfolge von kleinen Bewegungen, unterbrochen von Pausen und Stillhalten, vermitteln. Schweigend. In der Form einer „Nicht-Intervention". Oder auch mal beredt, aber dann in einer Sprache, die nahe am Jugendlichen angesiedelt ist. Je nachdem.

Solche guten, zu diesen Klienten passenden pädagogischen Aktivitäten, werden im Umgang mit dieser spezifischen Klientel an einigen Orten und in mehreren Projekten praktiziert. Aber in diese Zonen der Pädagogik hinein reichen nur wenige Beobachtungs-Sonden. Wie sollte man diese Bereiche auch der pädagogischen Forschung zugänglich machen? Wo sie sich doch schon in rechtlichen Grauzonen abspielen, die man besser verschweigt, als sie offen zu legen. Um nicht von den Verantwortlichen der (Landes-)Jugendämter oder von anderen Sozialpädagog/innen der Mitwisserschaft oder gar Mittäterschaft bezichtigt zu werden.

Aber gerade in diesen schwer zugänglichen Zonen spielt sich die Arbeit mit den „Hoch-Risiko-Klienten" immer wieder ab. Wenn die Verantwortlichen des untersuchten Trägers die Zustimmung zu dieser Buchveröffentlichung verweigert haben, so aus der Überzeugung heraus, dass ein Teil ihrer Arbeit derzeit nicht öffentlichkeitsfähig ist. Ihre Erfahrung ist, dass man darüber untereinander sprechen kann, von Kollegin zu einem Kollegen oder auch von Mitarbeiter des einen zur Mitarbeiterin des anderen Projektes. Aber dass man ansonsten d. h. in der Fachöffentlichkeit, auf Tagungen oder Fortbildungen etc. tunlichst die offene Erörterung des eigenen Handelns in pädagogischen und rechtlichen Grauzonen unterlässt, auch wenn dieses einen im Alltag immer wieder beschäftigt.

Die Entscheidung des Trägers wurde auch von mehreren anderen, zum teil hochrangig angesiedelten Vertretern von Fachverbänden oder der Kommunalen Verwaltung angeraten und unterstützt. „Passt auf", lautete der Tenor dieser Ratgeber/innen, „was ihr praktiziert, machen zwar Andere auch und das ist auch pädagogisch in vielen Fällen angemessen und richtig. Aber wer darüber spricht, kann schnell an den Pranger gestellt werden und am Ende seine Betriebserlaubnis verlieren. Und etliche Andere werden nicht den Mut haben, sich mit Euch zu solidarisieren, auch wenn sie mehr oder weniger dasselbe tun wie Ihr!"

Wir haben uns zu der anonymisierten Veröffentlichung der Evaluation entschieden,

→ weil wir die Ergebnisse im Hinblick auf die Arbeit mit sog. Hoch-Risiko-Klienten für interessant und relevant halten und hoffen damit die Fachdebatte zu bereichern und zu vertiefen

→ insbesondere im Hinblick auf die ähnlichen und unterschiedlichen Risiken, die man sich mit der Arbeit mit der Zielgruppe der sog. „Hoch-Risiko-Klienten" oder der sog. „Systemsprenger" einhandelt. Risiken, denen man sich mit aller fachlicher Energie und einer nie erlahmenden Selbstkritik stellen muss, ohne sie ein für alle mal in den Griff bekommen zu können.

→ weil wir der Überzeugung sind, wissenschaftlich korrekt geforscht zu haben und unsere Arbeit als Forscher/innen mit diesem Buch darstellen möchten.

→ und last but not least, weil wir mit der Veröffentlichung ein Zeichen für mehr Offenheit und Transparenz innerhalb der Erziehungshilfen setzen wollen. Gerade was die „Schwierigsten" betrifft, brauchen wir das offene und angstfreie Sprechen und Schreiben über Alltags-Erfahrungen. Man erinnere sich an A.S. Makarenko und viele andere mutige Pädagogen nach ihm: wie gut ist es, dass wir seine „Ohrfeigen"-Episode kennen. Oder die Geschichte wie er mit geladenem Revolver in den Wald lief, völlig verzweifelt, zumindest halb dazu entschlossen, seinem Leben ein Ende zu bereiten, weil er sich angesichts des fortgesetzten dissozialen Agierens „seiner" Jugendlichen mehr als entmutigt sah. Aufsichtsgremien würden ein solches Heim mit einem solchen Leiter heute wahrscheinlich sofort schließen. Gut, dass wir über solche Zeugnisse wie bei Makarenko oder die vorliegende Evaluation wissen, dass Sozialpädagogik sich immer wieder in Grenzregionen bewegt, in denen man Stärke und Schwäche von Pädagog/innen, richtiges und falsches Handeln, entwicklungsförderlichen Impuls oder Einladung zur Regression so wie rechtlich noch korrekte oder schon verbotene Interventionen, selten schnell und manchmal nicht mal bei ernsthafter Prüfung sicher unterscheiden kann. Weder im Vor- noch im Nachhinein. Diese Unsicherheit auszuhalten gehört wesentlich mit zum Handwerkszeug von Sozialpädagog/innen.

Das bedeutet nicht, dass man auf riskantes Agieren von Jugendlichen mit ebenso riskantem, willkürlichem Verhalten von Pädagog/innen reagieren kann. Aber dass man im Umgang mit diesen Klienten mutig sein muss und Fall für Fall und Situation für Situation betrachten muss, um bezogen auf die offenen Fragen zu halbwegs vernünftige Antworten zu kommen. Und dass die alleinige Sorge um offizielle Richtlinien und Rechtsvorschriften uns den Zugang zu den Jugendlichen, die uns am dringendsten brauchen, verbauen können.

Mathias Schwabe (Autor)
Klaus Münstermann (Verleger)
Berlin und Ibbenbüren im August 2013

Einleitung von Hanna Permien

Dieses Buch ist den jungen Menschen gewidmet, die so „riskant agieren", dass „keiner sie mehr haben will" – und um den Umgang der Jugendhilfe mit ihnen: Es geht um 14-17-Jährige, in der Phase des Austestens von Grenzen und in der Phase der Suche nach dem eigenen Selbst und der eigenen Art zu leben. Aber ihre Suche ist mehr als die anderer Jugendlichen belastet durch die Hypotheken unzureichender Bindung und Bildung, fehlender Geborgenheit sowie mangelnder Deutung und Kontrolle ihrer eigenen Emotionen und Impulse. Dazu kommt meist noch die Verstörung durch Traumatisierungen, die sie abgespalten haben, und deren Folgen sie nun unerkannt, unerklärt und unbeherrschbar heimsuchen und ebenfalls ihr Verhalten mitbestimmen: Schulverweigerung, Suchtmittelmissbrauch, Delinquenz, Aggressivität gegen sich selbst und andere, Weglaufen und „keine Einsicht in ihren Hilfebedarf" bzw. schlechte Erfahrungen mit „Hilfe" und „Erziehung". Zudem der Unwille, sich darauf je wieder einzulassen, oft gepaart mit tiefem Misstrauen gegen alle Erwachsenen: Sie pfeifen auf ihr im Kinder- und Jugendhilfegesetz verbrieftes „Recht auf Erziehung"! All das macht sie nicht nur zu „Störfällen" im System, sondern aus Sicht der Sozialisationsinstanzen Familie, Schule und auch der Jugendhilfe so „unaushaltbar", dass sie zu „Systemsprengern" werden und in den Systemen Schule und Jugendhilfe oft weiter gereicht werden wie die berüchtigten „heißen Kartoffeln".

„Sie sind gewalttätig und dissozial, verlangen Zuwendung und verweigern sich jeder pädagogischen Zumutung" hat einmal jemand gesagt – und dabei vielleicht übersehen, dass diese Jugendlichen nicht so geboren, sondern erst durch leidvolle Interaktionen mit Eltern, Lehrern, Erzieherinnen etc. so geworden sind. Diese Zuschreibung übersieht auch, dass sie nicht nur eigene Träume von einem „guten Leben" haben, sondern auch (verschüttete) Ressourcen, die sie vielleicht doch noch „ausgraben", aktivieren und erweitern können, damit sie ihren eigenen Weg finden.

Fast alle dieser „riskant agierenden", „unerreichbaren", andere, sich selbst und ihre Zukunft gefährdende jungen Menschen haben auch psychiatrische Diagnosen wie „Störung des Sozialverhaltens und der Emotionen" – oder würden welche bekommen, wenn sie – z. B. „vollgepumpt mit Drogen" in der Jugendpsychiatrie landen. Doch diese Diagnosen benennen auch nur ihre „Defizite" und sagen noch nichts über eine mögliche oder gar die „richtige" Therapie, sondern nur so viel, dass die Jugendpsychiatrie dafür die Zuständigkeit bei der Jugendhilfe sieht. Dabei gibt sie den Jugendlichen gerne noch ein paar Tabletten mit auf den Weg, um sie für sich selbst, v.a. aber für andere Menschen wieder ein wenig erträglicher zu machen: „Die Jugendpsychiatrie soll Erziehung wieder möglich machen", wie es ein Klinikchef einmal ausdrückte.

Die Jugendhilfe soll es also richten, sie soll helfen, verschüttete Ressourcen zu aktivieren, Fehl-Verhalten einzudämmen und den Jugendlichen den Glauben an sich selbst und zumindest ein gewisses Vertrauen in Erwachsene wieder zu geben.

Hier zeigt sich: Das Buch ist auch der Jugendhilfe gewidmet, all denen, die sich um diese jungen Menschen Gedanken machen, aber auch um die damit verbundenen vielen ungelösten Fragen: Was kann die Jugendhilfe wirklich für sie leisten? Und mit welchen Mitteln? Soll sie „Systemsprenger", etwa im Rahmen von geschlossener Unterbringung, durch viel Zwang, enge Regeln und unmittelbare Konsequenzen auf Fehlverhalten doch noch „zähmen"? Soll sie die Jugendlichen an ein bestimmtes Setting anpassen, da sie sich schließlich in der Gesellschaft auch anpassen müssen, wenn sie nicht am Ende in der „totalen Institution" Haft landen wollen, wo sie noch mehr Zwängen ausgesetzt sind? Soll sie hoffen, dass die Jugendlichen äußere Strukturen schließlich doch für sich als sinnvoll anerkennen und nach Beendigung des unmittelbaren Zwanges für ihre „innere Strukturierung" nutzen können? Soll sie die Jugendlichen irgendwo ins Ausland bringen, wo sie sich fernab der Zivilisation und ihren Gefahren mit den Kräften der Natur auseinandersetzen müssen, wenn sie überleben wollen?

Oder soll die Jugendhilfe auf die „Selbstheilungskräfte" der Jugendlichen setzen, etwa, indem sie sich die Sicht von D.W. Winnicott zu eigen macht, nach der die Jugendphase notwendig auch Stagnation umfassen muss, deren Überwindung vor allem Zeit braucht (s. Kap. 2.2) – Zeit, die der Jugend heute kaum noch zugestanden wird? Soll sie – in einem begrenzten Zeitraum und Rahmen quasi sehenden Auges, aber durchaus besorgt und jederzeit als Ansprechpartner erreichbar – die Jugendlichen soweit wie möglich selbst über Regeln bzw. Regellosigkeit bestimmen, sie dann aber auch die Konsequenzen, z.B. von Drogenkonsum und Straftaten, spüren lassen? Und wenn ja, verträgt sich das mit der Garantenpflicht der Jugendhilfe für den Kinderschutz, der schließlich auch für Jugendliche gilt, die am allermeisten durch sich selbst gefährdet sind??

Das vorliegende Buch leuchtet zunächst (s. Kap. 1) diese verschiedenen Möglichkeiten und die entsprechenden Settings des Systems Jugendhilfe im

Umgang mit denjenigen aus, die dies System vorher „sprengen" konnten. Und es regt zum Weiterdenken an, indem es klarmacht, dass es „die richtige Lösung" nicht geben kann, sondern alle „Auswege" sich immer auch als Sackgassen erweisen können.

Es konzentriert sich dann (s. Kap.2) auf ein niederschwellige Angebot, das es – in der Hoffnung auf die Entwicklungspotentiale „jugendhilfemüder" Jugendlicher – gewagt hat, ihnen zwar einen Wohnraum, aber Beratung und Betreuung nur auf Wunsch der Jugendlichen anzubieten und ihnen damit einen Entwicklungsfreiraum zu eröffnen, wohl wissend, wie riskant dieses Angebot ist. Denn solche Jugendlichen, wie sie in Kap. 4 beschrieben werden, wären vermutlich andernorts als „letzte Möglichkeit" in eine besonders strenge und zunächst geschlossene Unterbringung eingewiesen worden: In den Fallgeschichten der Jugendlichen, die in das niederschwellige Angebot aufgenommen wurden, gibt es nämlich erstaunliche Parallelen zur Klientel der Heime, die mit Freiheitsentzug arbeiten (vgl. Permien 2010)! Der Unterschied besteht lediglich darin, dass die Jugendlichen in besagtem Angebot im Schnitt älter sind als die Mädchen und Jungen in freiheitsentziehenden Maßnahmen der Jugendhilfe.

Das mag zunächst verwundern, aber niederschwellige Angebote gelten ebenso wie freiheitsentziehende Maßnahmen als eine der „letzten" Möglichkeiten der Jugendhilfe für Jugendliche, für die „sonst nichts mehr geht". Beide Hilfeformen arbeiten aber, wie oben angedeutet, mit genau entgegengesetzten Mitteln und Wegen. So erscheint die Zuteilung dieser Jugendlichen zur einen oder anderen Hilfe relativ willkürlich (vielleicht abgesehen von deren Alter) und abhängig weniger von der individuellen Fallgeschichte als vielmehr von der „Philosophie" der verantwortlichen Fachkräfte, der Verfügbarkeit von Plätzen in der einen oder anderen Hilfeform und dem (oft nur auf Hörensagen über Einzelfälle beruhenden) „Wissen" der Fachkräfte über Erfolge. Bisher fehlt nämlich gesichertes Wissen darüber, ob und wie weit diese „letzten Mittel" jeweils für diese ganz unterschiedlichen Jugendlichen passen, die sich da mehr oder minder zufällig in der einen wie in der anderen Maßnahme versammeln!

Sicher ist allerdings, dass den strikten freiheitsentziehenden Maßnahmen nicht selten eine relativ niederschwellige Maßnahme (z. B. ein Jugendnotdienst) vorausgeht – und bei fehlendem „Erfolg" des Freiheitsentzugs auch wieder folgt.

Umso spannender ist es, dass dieses Buch – quasi in Ergänzung bzw. als Gegenpol zu den Studien der letzten Jahre über freiheitsentziehende Maßnahmen – Einblick gibt in Philosophie, Praxis und Wirkungsweise eines dieser niederschwellige Angebote (s. Kap. 2 und 3). Dort bekommen die Jugendlichen die Chance einer „existenziellen Absicherung" durch Wohnraum und wöchentliche Geldleistung, die ihnen „einen Freiraum" sowie die nötige Zeit für „allmähliche Reifungsprozesse" (S. 23) bieten will. Dies in der Hoffnung, dass die Jugendlichen – auch mithilfe einer Anlaufstelle und der Gesprächsangebote mit Fachkräften sowohl aus dem Projekt als auch aus dem Jugendamt – in einem Zeitraum von 8 bis 12 Monate zu einer „etwas geklärteren eigenen Perspektive" (S.24) sowie realistischen und von ihnen selbst gewünschten Zielen für ihre nächste Zukunft fänden.

Das Buch stellt ausführlich die fragilen Bedingungen für das Gelingen dieses Ansatzes dar: Balancen zwischen Aushalten, notfalls aber auch Abwenden von Risiken, Balancen zwischen Anregung, Hilfeangeboten und Achtung/Förderung der Selbstverantwortung der Jugendlichen, zwischen freiwilligen Kontakten mit Gesprächs- und Aktivitätsangeboten und unfreiwilligen Kontrollen, Balancen auch zwischen „Freiheit" und „Lustprinzip" einerseits und Anforderungen des Realitätsprinzips andererseits.

An vielen Gesprächs- und Fallbeispielen wird deutlich, wie gekonnt die Fachkräfte in der Interaktion mit den Jugendlichen nach dem Prinzip „Weniger bringt manchmal mehr" (Kap. 3) diese Balancen gestalten: Sie können damit in wohlwollender, wertschätzender Weise Entwicklungsimpulse geben, die auf jegliche „fürsorgliche Belagerung" verzichten und deshalb umso eher angenommen werden können. Dies geschieht vielleicht sofort, manchmal auch erst „einige Katastrophen später" (s. z. B. die Fallgeschichte von Ute und Tobias in Kap. 5) und manchmal vielleicht auch gar nicht – auch das müssen die Fachkräfte aushalten.

Wichtig für das Gelingen sind aber auch klare Konsequenzen auf Grenzüberschreitungen, die an die einzelnen Jugendlichen angepasst werden können, aber nicht von Angst oder Uneinigkeit der Fachkräfte bestimmt sein sollten, z.B. bei Vermüllung des zur Verfügung gestellten Wohnraums. Es gibt aber auch immer wieder Fälle, in denen sich mögliche positive Impulse dieses Settings mit positiven Wirkungen des Drucks von Polizei und Justiz mischen (s. z. B. die Fallgeschichte von Frank in Kap. 5). Und dies rückt in den Blick, dass solche niederschwellige Angebote möglicherweise gerade für „Systemsprenger" geeignet sein könnten.

Doch bisher fehlt es nicht nur an vielleicht nicht eindeutigen, aber zumindest eingegrenzten Zuweisungskriterien für ein besonders niederschwelliges Setting wie das in diesem Buch beschriebene, bzw. ein besonders hochschwelliges wie Freiheitsentziehende Maßnahmen. Vielmehr fehlt es auch an der Weitergabe von „Fallverstehen" (auch bezogen auf riskantes Verhalten und dessen mögliche Ursachen und Auslöser!). Dabei wird Fallverstehen durchaus auch in gescheiterten Maßnahmen gewonnen, aber es findet sich in den Akten (sofern diese überhaupt an die nächste Hilfe weitergegeben werden) leider meist nur als allgemeine Defizitzuschreibung an die Jugendlichen! Was fehlt, ist die Beschreibung von Situationen und (vielleicht misslungenen) Interaktionen, aus denen sich wichtige Einblicke und Hypothesen für den weiteren Umgang mit diesen jungen Menschen ableiten ließen (s. Hoops/Permien 2006). Würden diese Einsichten besser kommuniziert, dann könnte eher erreicht werden, dass die Jugendlichen und die Folgehilfe gut zueinander passen und dort die Besonderheiten der Jugendlichen gewürdigt werden können.

Zu einem solchen Fallverstehen würde allerdings auch gehören, den möglichen Beitrag von Jugendamt und Hilfeträger am Scheitern vorhergehender Hilfen viel genauer zu analysieren, um frühere „Fehler" im nächsten Setting zu vermeiden, aber auch, um an das anzuknüpfen, was gut lief und was die Jugendlichen an Ressourcen gezeigt haben. Wie ein solches Fallverstehen gewonnen werden kann und wie wertvoll seine Weitergabe sein könnte, zeigen die Fallschilderungen in Kap. 5, und hier besonders die Fallgeschichte von „Hermine".

Es ist ein wichtiges Verdienst des Buches, dass es die (bequeme) Vorstellung der Gesellschaft in Frage stellt, die Jugendhilfe müsse doch „mit diesen Jugendlichen fertigwerden". Stattdessen konfrontiert es die Leser/innen immer wieder mit der (vermeintlichen) „Hilflosigkeit der Helfer" gegenüber provozierend riskantem Verhalten der Jugendlichen. So regt es nachdrücklich zum Nachdenken an (s. Kap.6): Wann ist „Aushalten" seitens der Helfer tatsächlich sinnvoller als Aktion(ismus) und Konfrontation, die die Gefahr sinnloser „Kollateralschäden" bergen? Und wann ist „Aushalten" vielleicht doch Laissez faire und Unterlassung, vor allem, wenn die Jugendlichen immer mehr „abgleiten" und durch ihr riskantes Verhalten ihr weiteres Leben mit weiteren Hypotheken belasten (s. z. B. das Fallbeispiel von Ute und Tobias in Kap.5)? Und wer trägt die Verantwortung, bzw. wem wird sie zudiktiert, wenn etwas richtig Schlimmes passiert und die in niedrigschwelligen Angeboten betreuten Jugendlichen andere, vielleicht völlig unbeteiligte Menschen massiv schädigen?

Auch der Phantasie, man könne die Risiken doch durch mehr Strenge und Rigidität „in den Griff kriegen", erteilt das Buch schlicht eine Absage. Stattdessen wird gezeigt, dass das Umgehen mit Risiken in eng strukturierten Settings und solchen, die auf Freiwilligkeit und Freiraum setzen, lediglich unterschiedliche Formen und Konsequenzen hat, zwischen denen sich Jugendhilfeträger (und auch die Gesellschaft) entscheiden müssen: „Risikofreie Alternativen gibt es im Umgang mit dieser Zielgruppe nicht." (S. 189). Stattdessen werden – sehr viel realitätsnäher – „Eckpfeiler" für ein „halbwegs sicheres" Risikomanagement (s. 190) angeboten, die hoffentlich viele notwendige Diskussionen anstoßen!

Doch es bleibt die Frage: Was ist mit der weiteren Verelendung von Jugendlichen, die auch im Rahmen niedrigschwelliger Angebote stattfinden kann? Auch wenn kein Zwang ausgeübt werden soll (und kann), wären dann nicht doch mehr Angebote möglich oder notwendig, als das beschriebene Projekt sie bietet? Könnte, ja müsste man nicht den Jugendlichen, die sich lange Zeit offenbar nicht „von selbst" bewegen (können), und in Gefahr scheinen „von innen her zu verdorren" (S. 27) und durch Außeneinflüsse kaputtzugehen, mehr Alternativen zum „Stillstand" und zum Festfahren in „Sackgassen" eröffnen? Das Buch gibt keine eindeutigen Antworten auf diese Dilemmata. Es lädt vielmehr dazu ein, anhand konkreter eigener „Fälle" gemeinsam mit dem eigenen Team darüber zu reflektieren und die eigenen – vielleicht zu sehr von den Imperativen „Tempo!" und „Effektivität!" geprägten – Positionen zu überprüfen.

Dies umso mehr, als das beschriebene Projekt kurz-, aber auch längerfristige Erfolge vorzuweisen hat, die sich – oft erst nach weiteren „Zitterpartien" in anschließenden Hilfen – durchaus sehen lassen können (s. Kap. 7 und 8). Dies gilt sowohl aus der Sicht der Jugendlichen wie der Fachkräfte, wie sich aus den Interviews mit den Jugendlichen und den Aktenanalysen ergibt! Und das gilt auch im Vergleich mit anderen Hilfeformen, die es z.T. mit wesentlich weniger „riskant agierenden" Jugendlichen zu tun haben.

Also vielleicht doch und entgegen aktuellen Tendenzen: In der Jugendhilfe mehr Vertrauen auf die Eigendynamik der Jugendlichen und mehr Halten, Aushalten und Zeitlassen wagen? Vielleicht im Sinne von „Torben lässt sich dieses Symptom nicht so schnell nehmen, wie es gut für ihn wäre. Er verteidigt es!" (siehe Kap.3.1.3)?

1 Einführung:
Wohin mit jungen Menschen,
die keiner mehr haben will?

Dieses Buch handelt von der Betreuung und Förderung von hoch riskant agierenden und schwer zu vermittelnden jungen Menschen im Rahmen der Erziehungshilfen, insbesondere in einem Projekt, das bereits seit 15 Jahren mit dieser Zielgruppe arbeitet. Ein Großteil dieser Jugendlichen lebte eine Zeitlang auf der Straße oder in anderen prekären Wohnformen, geht nicht zur Schule, hat Anzeigen und/oder gerichtliche Verfahren wegen Diebstahl und Gewaltstraftaten am Laufen, nimmt oder nahm Drogen und ist mit den eigenen Eltern zerstritten etc.. Wir nennen dieses Projekt hier in diesem Buch mit dem Decknamen „NAlS" = Niedrigschwellige Alternative für sog. Systemsprenger (zu den Gründen für die Anonymisierung: siehe Vorwort des Herausgebers). Obwohl es sich um ein kleines Projekt mit nur 8 bis zeitweise max. 12 Plätzen handelt, wurde hier über viele Jahre ein Ansatz entwickelt, der Beachtung verdient und auch andernorts als Modell dienen könnte. Auch weil die Ergebnis-Evaluation, sowohl in sich als auch im Vergleich mit anderen Hilfeformen für diese Zielgruppe recht gut ausfällt (siehe Kap. 8). Nach einer Darstellung der Ausgangslage (1.1) prüfen wir verschiedene Angaben zur quantitativen Verbreitung der Zielgruppe (1.2). In 1.3 skizzieren wir holzschnittartig die wichtigsten Diskurse, die in der Erziehungshilfeszene mit Blick auf sogenannte „Systemsprenger" geführt werden. Charakteristisch ist, dass dabei beinahe alles umstritten ist, selbst die Bezeichnung für diese Klientel.

1.1 Junge Menschen, die keiner mehr betreuen will

Mitarbeiter/innen des Jugendamtes erleben es immer wieder: ein minderjähriger junger Mensch wird aufgrund von krisenhaftem Verhalten aus einer Hilfeform entlassen, mal mit angemessenem Vorlauf, mal überstürzt, worauf sich die Vermittlung in eine andere Hilfe als sehr schwierig erweist. Viele Einrichtungen lehnen bereits ein Vorstellungsgespräch ab, wenn sie sie von der Kombination zwei oder drei der folgenden fünf Verhaltensbeschreibungen hören:

→ der junge Mensch ist mehrfach gewalttätig gegenüber anderen Betreuten oder Mitarbeiter(inne)n geworden
→ er verweigert immer häufiger den Schulbesuch

→ er konsumiert seit einiger Zeit größere Mengen an Alkohol und/oder Drogen

→ er läuft häufiger weg oder übernachtet an unbekannten Orten

→ und/oder zeigt andere Formen von selbst- oder fremdgefährdendem Verhalten wie z. B. selbstverletzendes Verhalten, Suizidalität, Prostitution etc.

Die Ablehnung wird von den Vertretern der Einrichtungen meist mit der Rücksichtnahme gegenüber den anderen ihnen anvertrauten jungen Menschen, aber auch gegenüber den Mitarbeitern begründet. Warum sollte man sich einen so „schwierigen Fall" ins Haus holen, von dem ganz offensichtlich Gefährdungen ausgehen und bei dem die Möglichkeit des Scheiterns höher ist als die Aussicht auf Gelingen? Auch Spezialangebote winken nicht selten ab, wenn sie hören, dass andere Intensivsettings bereits gescheitert sind und auch die Kinder- und Jugendpsychiatrie den jungen Menschen als „unbehandelbar" eingestuft hat und nur noch für Kriseninterventionen für ein paar Stunden bzw. maximal einen Tag aufnimmt; oder dass Gerichtsverhandlungen anstehen und deswegen die Perspektive in der neuen Gruppe auf Grund möglicher Inhaftierung höchst unklar ist.

Häufig lehnt aber auch der junge Mensch selbst weitere Hilfen ab. Seine Erfahrungen mit dem Jugendhilfesystem bilanziert er überwiegend negativ: ständige Bevormundung und Schikanen, selbstgerechte Pädagogen, sinnlose Regeln, unfruchtbare Konflikte. Zu Vorstellungs- oder Hilfeplangesprächen kommt er deswegen manchmal gar nicht mehr. Vor allem wenn er über 15 Jahre ist und sich bereits auf der Straße bewährt hat, erscheint ihm keine Hilfe oft besser als jede weitere Hilfe. Erfahren die wenigen aufnahmebereiten Einrichtungen, dass der Jugendliche selbst gar keine Hilfe will, ziehen sie sich meist auch zurück, weil sie Freiwilligkeit für unverzichtbar halten, und so behält das Jugendamt den sprichwörtlichen „schwarzen Peter" in der Hand.

Dieses praktische Vermittlungsproblem ist ernst zu nehmen, verdeckt aber häufig die entscheidende Frage: was ist mit dem Jugendlichen los? Was treibt ihn an bzw. um? Was hat er für gute Gründe sich so „verrückt" zu verhalten, wie er es tut? Warum macht sein Verhalten trotz erheblicher Nachteile, die er dafür in Kauf nehmen muss, Sinn für ihn und welche Funktionen besitzt es für die für ihn relevanten Systeme? Erst nach angemessenen Erkundungen bezogen auf **Fallverstehen** (Ader/Schrapper 2003, Baumann 2008, Hörster 2005, Müller 1997, Schwabe 2002) lassen sich die Fragen angehen: was braucht der Jugendliche an Hilfe und was nicht? Was kann er annehmen und was nicht? Was könnte ihn beeindrucken und binden und was erneut verprellen?

Im Grunde kommen für solche Jugendliche nur wenige, aber sehr unterschiedliche Betreuungssettings in Betracht (siehe auch 1.3 B bzw. Ader/Schrapper 2004):

A) Betreuungsdichte stationäre Intensivgruppen mit 3 bis 7 Plätzen, die sich auf Grund von besonderen Bedingungen in der Lage sehen, mit diesem Klientel zu arbeiten. Entweder, weil sie mit ausreichend Personal ausgestattet sind, um differenzierte und attraktive Angebote machen zu können, die auf die Bedürfnisse des jungen Menschen eingehen und ihm rasch Selbstwirksamkeitserfahrungen vermitteln (Müller/Schwabe 2009). Was dessen Bereitschaft zum Mitmachen voraussetzt und sei es nur die, vor Ort zu bleiben. Oder weil sie einen geschlossenen Rahmen anbieten, der Entweichungen erheblich erschwert und so zumindest garantiert, dass der Jugendliche, mit dem man arbeiten will, auch präsent ist. Über aktive Mitarbeit im Rahmen einer klaren Tagesstrukturierung können sich die jungen Menschen im Rahmen von Bewährungsstufen wieder größere Freiheiten bis zu Ausgang und Heimfahrten etc. erarbeiten, aber auch wieder verlieren. Solche „Freiheitsentziehenden Maßnahmen" sind nur auf Antrag von Eltern oder Vormündern und auf der Grundlage einer richterlichen Genehmigung möglich (§ 1631b BGB, wobei zudem die Verfahrensrechte der Minderjährigen nach §§ 158, 167 und 312ff FamFG (gültig ab 1.9.2009) zu beachten sind) (Hoops/Permien 2006, Hoops 2010, Pankofer 1997, Permien 2010). In offenen wie geschlossenen Intensivsettings hält man daran fest, dass (Nach)Erziehung in Gruppen stattfinden soll und Peers dabei eine wichtige Rolle spielen. Therapeutische Hilfen werden in allen diesen Settings begleitend angeboten und mal freiwillig, mal auf der Basis von Verpflichtung besucht.

B) Niedrigschwellige Angebote, die den Jugendlichen zwar gewisse existenzielle Absicherungen gewähren, sie aber ansonsten ein ganzes Stück in Ruhe lassen. Die pädagogische Belagerung wird nicht hochgefahren, sondern ganz im Gegenteil abgebaut. Solche Hilfeformen können durch aufsuchende Arbeit realisiert werden: man begibt sich als Sozialpädagoge in die Szene und bietet Dienstleistungen an, die von den Jugendlichen als nützlich erlebt werden (Essen, medizinische Versorgung, Rechtsberatung etc.) (AKGG 1994, Bodenmüller/Piepel 1999, Herz 2011). Beratung und weitere Leistungen werden nur auf Anfrage der Jugendlichen erbracht. Solche „minimal invasiven" Hilfen können wie bei dem hier dargestellten Projekt auch mit Wohnmöglichkeiten kombiniert sein, wobei diese meist nur dann angenommen werden, wenn die Jugendlichen selbst bestimmen können, wie sie den Tag verleben, wann sie „nach Hause" kommen und wen sie sich dorthin einladen. Wer solche Angebote in Erwägung zieht, denkt, dass weniger Hilfe zuweilen die bessere Hilfe sein kann, zumindest so lange, bis der Jugendliche selbst wieder klarere eigene Perspektiven entwickelt hat und selbst weiß, was er verändern will. Freilich kann er bis dahin sein selbst- und fremdgefährdendes Verhalten noch einmal steigern. Wer niedrigschwellige, „aushaltende" Hilfen befürwortet, muss sich deswegen u. U. damit auseinander setzen, dass man ihm mangelndes Engagement für das Kindeswohl und fehlende Fürsorge vorwirft. Obwohl er häufig nur das umsetzt, was bestimmte Jugendliche explizit fordern. Angesichts der hohen Kosten und eher mittleren bis niedrigen Erfolgshorizonte aller übrigen Hilfen können niedrigschwellige Übergangshilfen zumindest als effizient gelten: sie verhindern – wenn auch nicht immer und garantierbar – die schlimmsten Folgen von Verelendung und halten zugleich die Rückkehr ins Hilfesystem offen (Herz 2007).

C) Individualpädagogische Angebote, in deren Mittelpunkt die exklusive Beziehung mit einem Betreuer steht, der gleichzeitig als „Kontaktperson", „Versorger", „kundiger Lotse" und „Konfliktpartner" zu Verfügung steht. Diese Beziehung kann sich auf einer gemeinsamen Reise entfalten oder in einer gemeinsamen Wohnung in der Stadt oder auf dem „platten Land" mitten in Deutschland (Klawe 2007, 2008 und 2010). Denn gegenüber den Reise- und Auslandsprojekten wurden erhebliche Bedenken angemeldet: nicht nur wurden dort bisweilen Arbeitszeitregelungen außer Kraft gesetzt und Betreuungsstandards unterschritten, sondern eben auch hausgemachte Probleme ins Ausland verschoben: mit zum Teil erschreckenden Folgen für die dortige Bevölkerung. Gleichzeitig konnten dort oft lokale Ressourcen mobilisiert werden, die äußerst unterstützend wirkten, nach dem Motto: Für die Erziehung eines Kindes braucht es ein ganzes Dorf (siehe auch die deutlich niedrigere Abbruchquote bei Auslandsprojekten in: Arnold/Macsenaere 2012, S. 286). Wer individualpädagogische Hilfen plant, nimmt an, dass der junge Mensch zwar einerseits beziehungsfähig ist, andererseits aber mit der Komplexität eines Lebens in der Gruppe überfordert ist und im Zuge einer exklusiven Beziehung nachreifen kann. Dafür braucht es krisenerprobte Betreuer mit langem Atem, die bereit sind sich für mehrere Jahre auf einen jungen Menschen einzulassen. Mit dem Ziel ihn in seine Lebenswelt bzw. eine für ihn passende Umwelt dauerhaft zu (re)integrieren.

D) Erst in den letzten Jahren rückt eine weitere Perspektive (wieder) in den Blick: die Eltern. Gerade wenn Fachleute über viele Jahre dachten, dass lediglich professionelle und hochspezialisierte Hilfen in der Lage wären, den jungen Menschen zu verändern, ist es bei fortgesetztem Scheitern solcher Versuche Zeit inne zu halten: hat man die Eltern nicht zu früh als unfähig erklärt, als störend erlebt und an den Rand gedrängt? Hat man nicht ihre Ressourcen und Potentiale übersehen und verschenkt, weil man sich als Helfer zu wichtig genommen hat? Und wäre es nicht denkbar, dass der junge Mensch schon seit Jahren darauf wartet, dass seine Eltern endlich (wieder) die Verantwortung für ihn übernehmen? Michael Biene, hat diese Gedanken in einem methodisch hoch differenzierten Konzept gebündelt, dem SIT-Ansatz (systemisch-interaktionelle Beratung und Therapie), der sowohl in ambulanten wie stationären Settings praktiziert werden kann, in denen die ganze Familie aufgenommen wird. Biene kann erstaunliche Veränderungen aussichtslos erscheinender Fälle belegen, wenn es gelingt, Eltern wieder in die Rolle von aktiv handelnden und an sich selbst glaubenden Protagonisten zu bringen (Biene 2011 und 2013).

E) Wieder eine andere Option wäre „keine (Jugend-)Hilfe mehr" anzubieten (Baecker 1994), was legitimationsbedürftig ist und bleibt, weil es sich um minderjährige Jugendliche handelt. Dennoch kann der Ab- oder Rückbau von Hilfen eine Musterunterbrechung darstellen, die weiterführt (Ader/Schrapper 2003). Freilich kann man auch einfach zuwarten, bis sich das eigene Vermittlungsproblem aufgelöst hat: durch Inhaftierung, Abschiebung oder Einweisung in die Forensik etc. Dieses Abwarten kann von einer zynischen Haltung motiviert sein, aber auch einer reflektierten Planung entspringen. Es gibt Grenzen der Jugendhilfe, und manchmal können andere, angrenzende Systeme entwicklungsförderlicher wirken als das eigene (Ader/Schrapper 2004, Schwabe 2001 u. 2002). Manchmal schleppen sie die vorhandenen Probleme freilich auch nur weiter ...

Wie man sieht, stehen Mitarbeiter/innen von Jugendämtern angesichts der oben skizzierten Zielgruppe vor schwerwiegenden Entscheidungen. Bei den Jugendlichen, die wir in diesem Buch kennen lernen werden, haben sich das Jugendamt – und häufig auch die jungen Menschen und die manchmal auch nur formal zustimmenden Eltern – für eine niedrigschwellige Übergangshilfe entschieden. Die Jugendlichen bekommen im Rahmen einer ISE nach § 35 KJHG eine sehr kleine Wohnung (13 qm) zu Verfügung gestellt; groß genug, um sie als „eigene Bude" wahrzunehmen; klein genug, um dort nicht dauerhaft mit anderen zusammen zu leben. Sechsmal in der Woche stehen ihnen in einer Anlaufstelle von 14.00 bis 20.00 zwei Ansprechpartner zu Verfügung; hier können sie waschen, telefonieren, den PC nutzen, rumhängen und quatschen. Einmal die Woche hat jeder Jugendlicher seinen festen Gesprächstermin mit einem Sozialpädagogen, der ihn zu seinem Wochenverlauf befragt. An dieses Gespräch ist die Auszahlung der wöchentlichen Tranche der Hilfe zum Lebensunterhalt geknüpft (derzeit ca. 52 Euro). Die Wohnungen werden jede Woche mehrfach begangen, um rechtzeitig Hinweise auf Gefährdungen zu erhalten, und um diese im Wochengespräch thematisieren zu können. Aber zentral bleibt der Freiraum: die Chance zu einem weitgehend selbstbestimmten Leben während der nächsten sechs bis acht oder auch zehn Monate und die Möglichkeit die positiven wie negativen Konsequenzen der eigenen Lebensführung erleben zu können (näheres zum Setting in Kapitel 2).

1.2 Verbreitung der Zielgruppe

Bei den „hoch riskant agierenden und schwer zu vermittelnden Jugendlichen" handelt es sich um eine kleine, heterogene Gruppe mit unscharfen Rändern. Stichhaltige Daten zu ihrer Größe existieren nicht. Hinweise dafür lassen sich aus unterschiedlichen Untersuchungen gewinnen.

Aus der JULE-Studie wissen wir, dass 13,4 % der in (teil-) stationären Einrichtungen betreuten Jugendlichen drei und mehr Einrichtungs- und/oder Maßnahmenwechsel erfahren (Baur et. Al. 1998, 26 ff). Das ist immerhin fast ein Siebtel der Erziehungshilfepopulation. Die Misserfolgsquote liegt bei dieser Teilgruppe bei 36,1 % im Vergleich mit 15,2 % bei der Gesamtgruppe (ebd. 325). Die Zeit, die sie in Einrichtungen und Hilfen verbringen, dauert insgesamt länger, der Verbleib in den einzelnen Hilfen ist dagegen deutlich kürzer als im Durchschnitt (ebd. 318). Jeder Wechsel wirkt sich dabei beschleunigend auf einen erneuten Wechsel aus (ebd. 318 f).

Diese jungen Menschen weisen von Anfang an eine deutlich höhere Problembelastung auf: ihre Biographien sind schon vor dem Einsetzen von Hilfe von zahlreichen Brüchen und Ortswechseln geprägt (ebd. 307 ff). Suchtproblematik und Arbeitslosigkeit der Eltern, rasch wechselnde Familienkonstellationen und eine dreifach höhere Rate an Inhaftierungen bei den Eltern fallen ins Auge (ebd. 209). Leider ist auch ihr Start in Hilfen belastet: „Mehr als ein Drittel (...) kommen über eine Inobhutnahmestelle in die eigentliche Maßnahme und auch für den Rest gilt, dass häufig eine akute Krise zu einer schnellen, wenig geplanten Unterbringung in einer Einrichtung führt" (ebd. 311, zitiert nach Baumann 2010, 45).

Bei etwa der Hälfte dieser Kinder und Jugendlichen gelingt es trotzdem eine schwierige Ausgangslage in einen positiven oder in Ansätzen positiv verlaufenden Gesamtprozess zu transformieren (ebd. 331). Aber eben nur bei der Hälfte. Aus der Gruppe der Gescheiterten rekrutieren sich die „Systemsprenger", wobei etliche von ihnen erst spät d. h. mit 13, 14 bzw. 15 Jahren im Jugendhilfesystem ankommen, dafür aber meist in schon über Jahre heiß gelaufenen Konfliktkonstellationen leben.

In letzter Zeit haben sich Tornow und Ziegler dem Thema von Abbrüchen in stationären Hilfen angenommen (Tornow/Ziegler 2012). Beeindruckend ist zunächst der recht hohe Wert von rund 40 %, bei denen die Hilfe nicht im Einvernehmen, sondern von wem auch immer einseitig und vorzeitig beendet wurde (ebd. 47). Das EVAS-Institut hat bei Hilfen nach § 34 KJHG sogar eine Abbruchrate von 58,1 % berechnet (Arnold/Macsenaere 2012, 286). Zumindest in einigen Sozialräumen der Stadt Berlin und bezogen auf die Altersgruppe zwischen 12 und 16 Jahren spricht man von stationären Abbruchraten um die 70 %. Bezogen auf die Häufigkeit unterscheiden sich männliche und weibliche „Abbrecher" nicht, wohl aber in ihren Motiven (ebd. 87/88). Die stärkste von insgesamt sehr niedrigen Korrelationswerten in der Tornow/Ziegler-Studie betrifft das Alter des jungen Menschen (r = .212). Darüber hinaus korrelieren das eingeschätzte Ausmaß an Problembelastung (r = .190) mit Abbrüchen sowie die einrichtungsbezogenen Variablen Transparenz und Zielklarheit (r = .189) sowie Kooperation und Qualitätsorientierung des öffentlichen Trägers (r = .111) (ebd. 77). „Es spricht vieles dafür, dass Abbrüche vermieden werden können, (...), wenn Eltern glaubhaft gezeigt werden kann, dass sich ihr Kind in der Einrichtung wohlfühlt ..." (ebd. 79).

Direkt hat sich bisher nur Menno Baumann mit der Frage nach der Anzahl von „Systemsprengern" beschäftigt (2010): er folgert aus seiner Studie aus Niedersachsen: „Die Wahrscheinlichkeit, dass ein vollstationärer Wohngruppenplatz innerhalb von zwei Jahren mit einem jungen Menschen belegt wird, der sich als nicht haltbar zeigt, liegt bei 13,93 %" (Baumann, ebd. 27). Nicht bei allen diesen Kindern kann man von „Systemsprengern" sprechen. Etliche werden in einer zweiten oder dritten Einrichtung oder Maßnahme zur Ruhe kommen. Dennoch halten wir einen Prozentsatz von „Systemsprengern" im engeren Sinn (siehe die Kriterien in 1.1) um die 10 % für realistisch. Die Gruppe ist klein. Aber die Kosten, die dem Jugendhilfesystem im Umgang mit ihr entstehen, dürften bei Entgeltsätzen nicht selten zwischen 250 und 600 Euro am Tag nach unseren Berechnungen 25 – 35 % der städtischen und regionalen Budgets für stationäre Erziehungshilfen in Anspruch nehmen. Zusätzlich prägen sie, vermittelt über die Medien, die sich überwiegend sensationsheischend auf diese Fälle stürzen, das Bild der Jugendhilfe in der Gesellschaft sehr viel stärker, als die 50 % relativ reibungslos gelingenden Hilfeverläufe. Insofern werden sie mit Fug und Recht als eine wichtige Aufgabe wahrgenommen.

1.3 Diskurse rund um „hoch riskant agierende Jugendliche"

In diesem Unterkapitel wollen wir holzschnittartig die wichtigsten Diskurse skizzieren, die um die beschriebene Zielgruppe kreisen:

A) Wie sollen wir sie nennen?

Bezeichnungen, die in den letzten Jahren vorgeschlagen wurden, lauten „schwierige" Kinder bzw. Jugendliche (Henkel/Schnapka/Schrapper 2003, Müller/Schwabe 2009), „Die Schwierigsten" (Schwabe 2001), „Systemsprenger" (Baumann 2010), „Hochrisiko-Klientel" (Tornow 2013), „riskant agierende Jugendliche", „Unerziehbare" bzw. „Hilferesistente" (Witte/Sander 2006) oder „Jugendhilfe-aversive" junge Menschen. Man kann angesichts der Heterogenität dieser Bezeichnungen über die Frage streiten, welches „Etikett" besser oder schlechter passt. Dringlicher wäre allerdings die Arbeit am Begriff bzw. am theoretischen Verständnis der Zielgruppe. An Bezeichnungen wie „schwierige Jugendliche" oder „Systemsprenger" wurde zu Recht kritisiert, dass sie das komplexe, interaktive Geschehen, das zu Abbrüchen und wechselseitigem Ressentiment zwischen jungem Menschen und Hilfesystem führt, alleine der Aktivität des Jugendlichen zuschreibt (Wolf 2012). Dabei ist klar, dass an der Etablierung von unfruchtbaren „Jugendhilfekarrieren" mindestens vier Parteien aktiv beteiligt sind: Jugendamt, Jugendhilfeträger, junge Menschen und Eltern. Und beinahe immer auch Kinder- und Jugendpsychiatrie, Polizei und Jugendgerichte. Alle verstricken sich in wechselnden Konstellationen in destruktive Muster, mit dem jungen Menschen, aber auch untereinander, die mit dem Erleben von Enttäuschung, Wut und Ohnmachtsgefühlen einhergehen. Weiterführender als Täter-Opfer-Geschichten, mit wem auch immer in der Rolle des „Bösen" oder „Unfähigen", sind dabei Rekonstruktionsversuche, die aufzeigen, wie jedes System im Rahmen seiner personalen oder institutionellen Logik vernünftig handeln möchte, sich aber zugleich vor dilemmatische Entscheidungssituationen gestellt sieht, die zu Verengungen von Denk- und Handlungsspielräumen und zu Schwächungen und Rückzügen oder Eskalationen führen (Freyberg/Wolf 2006).

Das Etikett „Systemsprenger" rückt den jungen Menschen in die Nähe eines Terroristen, der Freude daran findet Systeme in die Luft zu jagen. Das Leiden an sich selbst und unter den Bedingungen, die ihm als „Hilfe" verkauft werden, die eigene innere Not wird dabei unterschlagen. Baumann weist ausdrücklich darauf hin, dass „Systemsprenger" keine „Persönlichkeitseigenschaft des Betroffenen" darstellt, sondern Teil *„seiner subjektiv sinnvollen Bewältigungsstrategie* im Bezug auf seine Biographie, seine aktuellen Lebensweltbezüge und der erlebten Lebenswirklichkeit" (Baumann 2010, 60; Hörster 2005). Ohne verstanden zu haben, warum es für diesen Jugendlichen wichtig ist, sich so zu verhalten, wie er es tut, kann man ihm keine Hilfe sein und auch keine passende Unterstützung anbieten. Der Begriff zeigt mit dem Hinweis auf die Kraft Systeme zu sprengen allerdings auch Ressourcen dieser jungen Menschen auf: an Power und eigenem Willen fehlt es ihnen nicht! Diese richten sich nicht nur gegen andere Personen, sondern zeigen auch Heimen, Kliniken, Inobhutnahmestellen, Arrestanstalten, einzelnen Institutionen, häufig aber auch dem gesamten (Hilfe-)System die Grenzen seiner Integrationsfähigkeit auf. Dessen interne Widersprüche und strukturellen Paradoxien werden deutlich. Systemsprenger stellen so immer auch Systemkritiker dar. So lässt sich auch die Faszination erklären, die von diesen jungen Menschen ausgeht und der man sich doch nicht naiv hingeben darf (Birtsch u. a. 1993).

Arbeit am Begriff muss sich aber auch der Sprache selbst zuwenden. Die oben genannten Etiketten stellen Sortierungsversuche von Praktikern dar, die zunächst deren interne Kommunikation dienen, später in verbandlichen Zusammenhängen aufgegriffen wurden und an der Schwelle stehen von Wissenschaft wahrgenommen zu werden (Schwabe 2002 b). Sie von dort lediglich zurückzuweisen scheint uns arrogant; schließlich verweisen sie auf Begriffslücken, die Wissenschaft bisher offen gelassen hat. Wahrscheinlich gibt es in den Übergangszonen zwischen Theorie und Praxis kaum einen Begriff, der einerseits knapp und plakativ genug ist, um Eingang in die Alltagssprache von Professionellen zu finden, der andererseits nicht auch zu kurz greift und zu falschem Bewusstsein einlädt. Die auf Hermann Nohl zurück gehende Formel „Jugendliche, die Schwierigkeiten haben und Schwierigkeiten machen" charakterisiert die Zielgruppe immer noch am besten, ist aber trotz ihrer Knappheit noch immer zu lang. Was immer sich an Bezeichnungen etabliert, verdankt sich einerseits schneller Eingänglichkeit und „faulem" Denken, andererseits aber auch solcher Qualitäten wie Pointiertheit, Drastik und Lakonie. Insofern dürfen wir uns die Freiheit erlauben „Etiketten" zu benutzen, solange wir gewahr bleiben, dass es brüchige Vehikel für komplexe Situationen sind. Hier in diesem Buch verwenden wir einen bunten Mix an Begriffen, mit der Idee dabei jeweils einen bestimmten Akzent der gemeinten Zielgruppe in den Blick zu rücken.

B) Spezialsettings oder flexible, sozialraumorientierte Erziehungshilfen

Als wir weiter oben auf vier Möglichkeiten von Settings für „riskant agierende Jugendliche" verwiesen, haben wir zwei wichtige Erkenntnisse übersprungen. Fachlich gut gestaltete Spezialangebote verdanken sich einem kreativen und sinnstiftendem Kerngedanken (Stuntman, tiergestützte Pädagogik, therapeutische Gemeinschaft, Pilgerpfad etc.) und deren Einbettung in eine intelligente Setting-Architektur (Müller/Schwabe 2009, Schwabe 2013). Sie arbeiten in vielen Fällen durchaus erfolgreich. Aber solche Spezialangebote sind immer auch mit Nachtteilen verbunden: Sie starten nicht beim Einzelfall und organisieren die Hilfe um diesen herum und vergeben deshalb die Chance einer „flexiblen" Hilfe, die sich unterschiedlichen Problemsetzungen und Settings gegenüber offen hält (Klatetzki 1994). Gleichzeitig bleiben sie dem Prinzip von Ausschluss aus Normalitätsbezügen und der Zusammenballung schwieriger Klienten an einem Ort verpflichtet. So treibt man mit dem „Teufel" den „Beelzebub" aus: denn die jungen Menschen sind ja nicht immer „schwierig" gewesen; sie wurden es im Verlauf von wiederholt erlebten Ausstoßungsprozessen aus Kindergarten, Schule, Vereinen, Jugendhilfe auf der einen und aus Familie, Klassen, Cliquen auf der anderen Seite. Durch Exklusionserfahrungen hat sich ihre negative Identität verfestigt, wenn nicht sogar erst gebildet. Diese wird auch durch fachlich gut gestaltete Spezialangebote – zumindest zunächst – noch einmal zementiert. Insofern stellt sich die Aufgabe, die erforderliche Unterstützung, die sie brauchen, von vorneherein so wohnortnahe wie möglich und unter einem Maximum an Einbindung in ihre Familie und den Sozialraum zu organisieren (wie dies auch im SIT-Konzept geschieht (Biene 2011, Hinte 2007). Inklusion setzt darauf, dass gerade das gemeinsame Leben und Lernen mit anderen weniger belasteten Kindern, dem „Schwierigen" unverzichtbare Anregungen vermitteln kann.

Aber der Zug ist doch längst abgefahren? Ja und nein. Ja, weil die jungen Menschen in der Zwischenzeit Taten begangen und sich Attitüden zugelegt haben, die Andere zu Recht ängstigen. Es wäre naiv und rücksichtslos sie im Hinblick auf weniger Durchsetzungsstarke umstandslos in „Normalgruppen" integrieren zu wollen. Nein, weil es immer noch möglich wäre „normale" Heimgruppen oder Tagesgruppen oder ambulante Hilfen mit kreativen Zusatzmodulen so auszustatten, dass diese einen „Systemsprenger" gemeinsam mit anderen weniger schwierigen Jugendlichen betreuen könnten (Schwabe/ Vust 2008). Wichtig wäre, dass die anderen Menschen in diesem Setting ausreichend geschützt werden z.B. durch eine 24-Stunden Rufbereitschaft, die den vormaligen „Systemsprenger" sofort abholen kommt, wenn dieser übergriffig wird; aber auch, dass er dort alles an Hilfen bekommt, das er, aber nicht alle Anderen, braucht. Das setzt Mitarbeiter/innen voraus, die diese Zielgruppe kennen und den Krisen, in die man mit ihnen gerät, gewachsen sind. Diese professionalisieren sich derzeit aber eher in den Spezialangeboten als in den wohnortnahen Wohngruppen-Settings, die im Zuge der Sozialraumorientierung mancher Orts zuerst aufgelöst und dann wieder mühsam aufgebaut wurden. Neben den Kolleg/innen von den Intensivgruppen wirken jene Mitarbeiter/innen in ihrem Auftreten bisweilen naiv und „schwächlich". Sie selbst erleben sich den Herausforderungen, die „Hoch-Risiko-Klienten" mitbringen, oftmals nicht gewachsen. Zusätzlich bedarf es für flexible Einzelfall-Lösungen eines kooperativen, flexiblen Jugendamtes. Die für riskant agierende Jugendliche notwendigen Zusatzmodule haben ihren Preis. Die Entgeltpolitik, die viele Jugendamtsleiter und Kämmerer bevorzugen, setzt auf klar definierte Kostenrahmen und begünstigt so Spezialangebote mit einem festen Tagessatz. „All inclusive" scheint bürokratisch gangbarer als „der sich flexibel anpassende Maßanzug" mit mal mehr, mal weniger Betreuung. Insofern bleibt auch in Zukunft gut abzuwägen, ob Spezialangebote auf Grund ihrer Robustheit vorzuziehen sind oder flexiblen, sozialraumnahen Settings auf Grund ihrer Inklusionspotentiale der Vorrang zu geben ist.

D) Für oder gegen Zwang und Geschlossenheit

Es gibt gute „offene Settings", denen es gelingt „riskant agierende" junge Menschen anzusprechen und nach und nach an sich zu binden, so dass nach einiger Zeit Entwicklung stattfinden kann (Müller/Schwabe 2009). Es gibt aber auch Jugendliche, die so aggressiv und übergriffig oder selbstgefährdend agieren, dass man sie effektiv und über längere Zeiträume begrenzen will oder muss. Das ist bei engagierten und flexiblen Mitarbeiter(inne)n auch in offenen Settings möglich wie der Slogan „Menschen statt Mauern" ein wenig arg plakativ postuliert. Es gibt aber auch Jugendliche, die für einen begrenzten Zeitraum eines offensiven Machtgefälles und starker Außenstrukturierung bedürfen, um sich zunächst auf Anpassung und irgendwann später vielleicht auch auf Entwicklung einlassen zu können. Geschlossenheit und/oder Zwangselemente können dabei bei einigen, längst nicht allen „Systemsprengern", unterstützend wirken (Permien 2010, Pankofer 1997, Schwabe 2008, Stadler 2005). Klar ist, dass auch in diesen Settings die Jugendlichen eine innere, häufig nur non-verbal kommunizierbare Zustimmung erteilen müssen: wenn sie ihn nicht erlauben, läuft jeder Zwang ins Leere (Permien 2010). Das ist viele Jahre lang nicht aufmerksam genug beobachtet worden: man dachte, ohne es laut zu sagen, dass es die Kombination aus Geschlossenheit und Entschlossenheit bzw. Hartnäckigkeit von Pädagog/innen alleine wäre, die eine Umorientierung bei den jungen Menschen erzielen könnte. Und hat oft nicht mitbekommen, wie diese Haltung zu unfruchtbaren Machtkämpfen und aggressiven Übergriffen von Pädagogen gegenüber Jugendlichen geführt hat. Alle Einrichtungen, die mit Zwang operieren, kennen das. Gleichzeitig gibt es keine gelingende Frühsozialisation, die ohne Zwang auskäme; Zwang ist integraler Bestandteil von Erziehung in Familie, Kindergarten und Schule, das wurde lange Zeit verdrängt (Schwabe 2008, 44 ff).

Leider wird in Deutschland die Debatte um Sinn und Unsinn von Geschlossenheit und Zwang als „ideologischer Grabenkampf" geführt (IGFH 1995, Lutz 2012, Peters 2004). Dabei stabilisiert man das eigene Selbstbild vom „aufrechten, guten Pädagogen" dadurch, dass man auf die „Schlechten" im anderen Lager hinweist, die man je nachdem als „reaktionär und repressiv" oder „unverantwortliche Kuschelpädagogen" stilisiert. Die daraus resultierenden affektiven Gruppenbindungen, die auf das gegnerische Lager geradezu angewiesen sind, bieten so etwas wie Heimat im ansonsten unübersichtlichen Gelände. Häufig dürften eigene Kindheitserfahrungen mit Zwang, die eher konstruktiv oder eher destruktiv verlaufen können, die Entscheidung für oder gegen Zwang im Umgang mit Klienten mehr motivieren, als den Betreffenden klar ist (Schwabe 2012). Was das Kollektiv der Gleichgesinnten noch einmal attraktiver macht. Aber pädagogisch naive und gefährlich unterreflektierte Personen gibt es im Lager der Zwangsbefürworter wie dem der Zwangsgegner. „Eine nicht-ideologische Haltung wäre eine ambivalente Position zu Zwang, die diesen weder verteufelt noch automatisch als eine mögliche oder gar richtige Methode ansieht, sondern jeden Einzelfall prüft und variationsreiche Entscheidungen riskiert" (Schwabe 2012, 110). Wir wären weiter mit der Indikationsfrage (siehe E), wenn sich beide Lager regelmäßig zu einem ehrlichen Erfahrungsaustausch träfen. Das Thema müsste lauten: mit welchen „Fällen" sind wir in unserem Setting und mit unseren Methoden gescheitert?

E) Der Jugendliche als „Experte" oder „krankes Subjekt mit verzerrter Wahrnehmung" ?

Seit Jahren postuliert der sich als progressiv definierende Teil der Jugendhilfe, der sich für Partizipation und Kinderrechte einsetzt, auch das Expertentum der jungen Menschen im Rahmen der Hilfeplanung (Kriener/Petersen 1999, Wolff/Hartig 2006). „Hört doch auf sie!", lautet der Aufruf dieser Gruppe und meint durchaus auch die „Schwierigen": „Die Jugendlichen wissen selbst am besten, was sie brauchen!". Dazu gibt es Fallschilderungen, die das – freilich mit der entsprechenden Vorannahme – für eine kleine Fallzahl auch belegen (Rätz-Heinisch 2005).

Richtig daran ist, dass es die Experten in den Jugendämtern oft nicht besser können: deren Entscheidungen für oder gegen bestimmte Hilfeformen scheinen oft von allen möglichen Äußerlichkeiten bestimmt (Geld, zu Verfügung stehende Plätze), nur nicht von einer emphatischen Versenkung in den Entwicklungsverlauf des jungen Menschen in und außerhalb seiner Familie, die den Namen Fallverstehen verdienen würde. Richtig ist auch, dass es sich die Jugendhilfe oft zu einfach macht, wenn sie die Diagnose und Hilfeplanung Psychologen und Kinder- und Jugendpsychiatern überlässt, weil diese allzu oft mit Zuschreibungen arbeiten („Borderline", „bi-polare Störung" etc.), die den Jugendlichen pathologisieren und als ernst zu nehmenden Partner für Aushandlungsprozesse desavouieren. Der redet doch – pointiert formuliert – nur „wirres Zeug", dem man nicht „auf den Leim gehen" darf. Die Herabstufung eines Menschen zum Patienten und damit zu einem Anderen als man selbst geht beinahe immer mit einer gefährlichen Abkopplung der Erwachsenen vom Jugendlichen einher (Dörner 1978).

Gleichzeitig wäre es naiv zu glauben, dass Jugendliche sich generell besser verstünden, als das Experten leisten können. Beide verstehen erst einmal Anderes. Selbstverstehen kann um zentrale Werte und Einsichten der Person kreisen, die von außen in ihrer Bedeutung unterschätzt werden; aber das Wesentliche der eigenen Personen in vieler Hinsicht auch verfehlen, indem man sich etwas „vorlügt", „Wolkenkuckucksheime" aufbaut etc. Man kann Hilfeideen von Jugendlichen folgen und dabei gründlich in die Irre gehen. Aber auch ihnen folgen und damit richtig liegen. Passende Formen und das angemessene Ausmaß der Beteiligung eines bestimmten Jugendlichen herauszufinden, stellt selbst eine Aufgabe von Fallverstehen dar. Es gibt mehr oder weniger selbstkundige junge Menschen. Aber jeder hat das Recht gehört zu werden.

Wichtig ist, dass die Verantwortung für die passende Hilfeform bei den Erwachsenen bzw. den Professionellen liegt und bleibt. Diese müssen die Chancen, Risiken und möglichen Nebenwirkungen jeder Entscheidung sorgfältig sondieren und gegeneinander abwägen. Bei dieser Zielgruppe wird es keine risikofreie Hilfe geben! Dann kann man auch dem Vorschlag eines Jugendlichen folgen, weil man ihn in diesem Moment für das Beste hält und zugleich um dessen Gefahren weiß. Dann wird man aber auch gegen das Votum des Jugendlichen entscheiden, wenn man andere Risiken für tragbarer hält als die mit dem Willen des Jugendlichen verbundenen. Und zugleich wissen, was man dem Jugendlichen und der Hilfeform mit einer solchen Entscheidung aufbürdet.

F) Indikation oder Ungewissheit ?

„Indikation" ist, wie häufig festgestellt wurde, ein Begriff aus der Medizin (Fröhlich-Gildhoff 2002). Er suggeriert, dass es angesichts einer bestimmten Symptomatik eine richtige Behandlung gäbe. Mit einem solchen Indikationsverständnis erscheint es dann mehr als stümperhaft, wenn wir angesichts einer kleinen Zielgruppe so unterschiedliche Settings wie die oben geschilderten für möglich halten (1.3 B). Oder wenn es uns nicht gelingt trennscharf zu formulieren, welcher Jugendliche für offene oder niedrigschwellige, minimalinvasive und welcher für geschlossene Settings mit Zwangselementen etc. geeignet ist.

Zwei Missverständnisse haben sich damit eingeschlichen: Erstens dürfte es auch in der Medizin ebenso viele Symptome geben, bei denen das richtige Vorgehen umstritten ist und sehr unterschiedliche Behandlungsmethoden zum Einsatz kommen, wie solche, bei denen es mittlerweile dank empirischer Forschung klar ist, welche Methode derzeit den Anspruch erheben kann, am erfolgversprechendsten zu heilen. Wobei dieses Wissen oft eine Halbwertzeit von 5 Jahren und weniger besitzt und anschließend gründlich verworfen wird. Mit Überraschungen ist dabei immer zu rechnen, siehe z.B. die gut dokumentierte Wirkung von Placebos und neuerdings auch von Scheinoperationen (Mosely u.a. 2002, Blech 2007). Zweitens gibt es auch bei den „Systemsprengern" durchaus klare Hinweise auf „Ausschluss-Faktoren" d.h. darauf, welche Hilfeform bestimmt nicht zuträglich ist. Dabei hat uns insbesondere die Bindungsforschung und das Buch von Schleiffer (2009) einen wichtigen Dienst erwiesen: heute kann man nicht mehr von „der Beziehung" als dem Allheilmittel für alle schwierigen Jugendlichen sprechen. Im Gegenteil, Distanz und ein sachlicher Umgangsstil können bei „unsicher" und „ambivalent" Gebundenen das Gebot der Stunde sein. Ebenso weit sind wir mit der Typologie von Gewalttätern gekommen. Wir wissen inzwischen, dass manche u. a. aus hirn-physiologischen Gründen aus „negativen Konsequenzen" nicht lernen können. Wir kennen aber auch die Gruppe „instrumenteller Täter", die nicht über „Einsicht" und „Opferempathie" zu erreichen sind, sondern nur über die Vergegenwärtigung von unangenehmen Folgen, die sie aber auch zeitnahe erleben müssen (Friedmann 2012).

Zur weiteren Verbesserung unserer Indikationen werden wir u.e. aber nur über systematisches Fallverstehen kommen: über ein Verstehen der Dynamiken im Einzelfall – sowohl auf individueller wie auch systemsicher Ebene – das anschließend in offenen Formen typologisiert werden müsste. Eine solche Kasuistik mit Blick auf verschiedene Zielgruppen ist bisher nur in Ansätzen geleistet worden (Hörster 2005, Klawe 2010, Kunz u. a. 2004, Baumann 2010). Aber auch, wenn wir unser Wissen weiter ausdehnen und systematisieren können: Im Einzelfall werden unsere Entscheidungen riskant bleiben. „Nur die Fragen, die prinzipiell unentscheidbar sind, können wir entscheiden." (von Förster 1993). Angesichts der vielen Wirkelemente eines konkreten Settings und der dort agierenden Persönlichkeiten, der Unbestimmbarkeit des Verhältnisses zwischen diesen beiden wichtigen Erziehungsparametern und der Einzigartigkeit und Nicht-Trivialität der im Hilfeprozess zusammentreffenden Subjekte, werden Erziehungs- und Entwicklungsprozesse wesentlich von Unbestimmtheit geprägt bleiben. Manchmal können zwei extrem unterschiedliche Hilfeplanungsvarianten gleich gut sein, nur nicht etwas dazwischen. Wir müssen annehmen, dass es junge Menschen gibt, die von jedem Setting profitieren, wenn ihnen die Menschen dort zugänglich erscheinen, und andere, die nur in sehr spezialisierten Settings sich für Beziehungen öffnen können. Und wieder andere, die eine Zeitlang alles ablehnen müssen, um sich plötzlich anpassen und verändern zu können, und das u.U. an Orten wie dem Gefängnis, an dem wir das nicht für möglich gehalten haben. Insofern müssen Überlegungen zur Indikation weiter getrieben werden, ohne zu vergessen, dass „Ungewissheit" unsere sozialpädagogische Domäne ist und bei allem Zuwachs von prognostischem Wissen auch bleiben wird.

2 Philosophie, Architektur und Eckpunkte des Settings

2.1 Gründungsanlass und zentrale Eckpfeiler des Settings in den ersten 5 Jahren

Das Projekt NAlS = „Niedrigschwellige Alternative für sog. Systemsprenger" wurde 1997 gemeinsam von zwei erfahrenen Jugendamtsmitarbeitern und mehreren langjährigen Mitarbeitern eines Trägers in einer größeren deutschen Stadt entwickelt. Der Träger hatte bereits andere originelle Settings auf den Weg gebracht und steht auch heute noch im Ruf innovativ zu sein. Dank des Engagements eines progressiven Jugendamtsleiters und eines pragmatisch denkenden CDU-Stadtrats konnten die Ideen der „Kerngruppe" auch umgesetzt werden. Die Triebfeder bestand in der gemeinsam Suche nach tragfähigen und sinnvollen Betreuungsformen für Jugendliche

→ die von Heimen oder BEW-Einrichtungen auf Grund von Aggressivität, Trebe, Drogenkonsum und Beschaffungskriminalität bzw. Prostitution etc. als „unbetreubar" entlassen wurden und/oder

→ die von sich aus Betreuung in herkömmlichen Einrichtungen ablehnten und das Leben auf der Straße bzw. an gefährdenden Orten einer weiteren Jugendhilfe vorzogen.

→ Hinzu kam eine wachsende Skepsis in der (Fach-) Öffentlichkeit (Medien, Senats- und Bezirkspolitik) gegenüber Auslandsmaßnahmen für „schwierigste" Jugendliche und ein Stopp für solche Hilfen seitens des Stadtparlaments; damit stand eine vorher in Einzelfällen gewählte (Not-)Lösung nicht mehr zu Verfügung.

Schon bei den ersten Überlegungen war allen Beteiligten klar, dass es nicht einfach sein würde diese Zielgruppe mit ihrem enormen Freiheitsdrang und ihrem riskanten und häufig auch selbstdestruktiven Lebensstil „auszuhalten", um sie nach und nach in weniger gefährliche, aber auch von ihnen selbst als richtig erkannten Bahnen zu lenken. Wenn überhaupt, würden sich diese Jugendliche nur auf ein von der Gesamtatmosphäre her deutlich anderes, offenes, niedrigschwelliges und risikobereites Angebot einlassen, in denen man ihnen ein Maximum an Freiheit und Selbstbestimmung einräumen würde. Ebenso klar war der Gründungscrew, dass die fachliche und politische Verantwortung für „besondere Vorkommnisse", die durch das selbst- und fremddestruktive Agieren dieser Jugendlichen jederzeit ausgelöst werden konnten, nur von Öffentlichem und Freiem Träger gemeinsam zu tragen wäre. Deswegen waren die beiden Jugendamtsmitarbeiter in diesem Projekt in einer Intensität präsent, die es in keinem anderen Projekt in Deutschland bisher gab oder gibt (s. u.). Die zentralen Eckpunkte des neu gegründeten Settings nach § 35 SGB VIII (ISE) waren in den ersten Jahren:

1) Die **„Buden" d. h. vier Einraumwohnungen** (ca. 13 qm), die zunächst in einem Haus mit vier kleinen, übereinanderliegenden Zimmern angesiedelt waren. Jede Mini-Wohnung war in sich abgeschlossen und wurde mit einer winzigen Nasszelle, eigener Toilette und Dusche und mit einem Zweiplattenherd ausgestattet. Die Wohnungen waren einerseits groß genug, um als eigene „Bude" angenommen zu werden und damit eine Alternative zur Straße bzw. zum Wohnen unter prekären Bedingungen (Abbruchhäuser, Freier, familiäre Eskalationen etc.) darzustellen; sie waren andererseits klein bzw. „primitiv" genug, um zu verhindern, dass sich dort mehrere Jugendliche auf einmal bzw. für längere Zeit niederlassen oder von den Jugendlichen als Dauerlösung angesehen würden.

2) Das **Wohnumfeld** – viele türkisch-kurdisch-arabische Familien, etliche arme deutsche Familien, Kleinhandel, „Büdchen-Kultur" – ist von Menschen geprägt, die gegenüber Lärm, Verschmutzung und Haschisch rauchenden bzw. bizarr gekleideten Jugendlichen eine gewisse Robustheit und Unbekümmertheit an den Tag legten, wenn sie auch nicht alles ertragen können oder wollen. Der Nachteil dieser „schmuddeligen" Gegend bestand in der Häufung, mit der die weiblichen Jugendlichen „angemacht" oder schwach aussehende männliche Jugendliche „abgezogen" wurden. Allerdings wäre ein Projekt mit der Zielgruppe von NAlS in einer bürgerlicheren Gegend nicht realisierbar.

3) Den Jugendlichen, die sich das Projekt NAlS auf Empfehlung „ihres" Jugendamtes anschauten, wird von Seiten der Mitarbeiter/innen offengelegt, dass diese Hilfe nicht an sonst übliche Bedingungen wie Schulbesuch oder Ausbildung, Teilnahme an Mahlzeiten, Gruppenregeln und Erledigung von Ämtern etc. geknüpft ist, sondern einen Freiraum zu Verfügung stellt, in dem die Jugendlichen erst einmal keine Regeln von außen auferlegt bekommen und weitgehend selbstbestimmt leben können. Klar war allerdings von Anfang an, dass auch bei NAlS die üblichen Gesetze der deutschen Gesellschaft gelten und sich die Jugendamts- und NAlS-Mitarbeiter/innen nicht scheuen würden, die Polizei bzw. Psychiatrie einzuschalten, wenn es Hinweise auf massive Gesetzesverstöße oder akute Selbstmordgefahr etc. geben sollte.

4) Eine wichtige Projektregel wurde allerdings eingeführt: die **Verknüpfung der Geldauszahlung an ein wöchentlich stattfindendes Pflichtgespräch** mit den Bezirkssozialarbeitern im Jugendamt (immer dienstags zwischen 9.00 und 12.00). Dazu mussten die Jugendlichen eine ca. 40-minütige Anfahrt auf sich nehmen, innerhalb des Zeitfensters erscheinen und einem der beiden Jugendamtsmitarbeiter den Verlauf der vergangenen Woche schildern. Auf diese Weise erlebten die Sozialarbeiter die Jugendlichen wöchentlich (!) und konnten immer wieder versuchen, sie in interessante Gespräche oder Reflexionen bezüglich ihrer Lebensführung zu verwickeln. Nach dem Gespräch von 30 bis 60 Minuten Dauer bekamen die Jugendlichen einen Auszahlungsschein, mit dem sie bei der Kasse im nahe gelegenen Rathaus ihren Wochenanteil an HLU (damals „Hilfe zum Lebensunterhalt") erhielten. Mit diesen nicht unerheblichen Anforderungen wollte man erstens der „Aufsichtspflicht" des Amtes nachkommen (eine Art „wöchentliche Gesichtskontrolle"), zweitens den Jugendlichen eine minimale Strukturierung ihrer Woche ermöglichen und ihnen drittens ein Übungsfeld im Rahmen von Ämtern und Institutionen eröffnen und somit insgesamt einen Akzent im Hinblick auf das „Realitätsprinzip" in Spannung mit dem sonst vorherrschenden Freiraum („Lustprinzip") setzen.

5) Den Jugendlichen steht an **6 Tagen der Woche für jeweils vier Stunden eine Anlaufstelle** in unmittelbarer Nähe ihrer Wohnungen zu Verfügung, in der sie erwachsene Personen antreffen und um Rat fragen, Wäsche waschen und telefonieren können. Die Räumlichkeiten der Anlaufstelle stellen eine Mischung aus Werkstatt, Rumpelkammer, Atelier, Waschsalon und Chillout-Zone dar. Die Ansprechpartner waren zu Beginn zunächst keine Sozialpädagogen, da man annahm, dass diese mit Blick auf die Jugendlichen kaum pädagogisch „abstinent" bleiben könnten und auch von den Jugendlichen sofort wieder in pädagogische Machtspiele verwickelt würden. Erst nach einer gewissen Zeit und nachdem deutlich wurde, dass sich die ersten Ansprechpartner von den zum Teil intensiven Beratungsbedürfnissen der Jugendlichen überfordert fühlten, wurden nach und nach sozialpädagogische Fachkräfte eingesetzt.

6) Von Anfang an gab es zusätzlich zu den Ansprechpartnern und den Bezirkssozialarbeitern die Funktion des oder der **Koordinator/in,** welche ebenfalls bei dem Träger verortet war. Deren Aufgabe bestand darin Jugendamtsmitarbeiter und Ansprechpartner/innen vor Ort miteinander zu vernetzen, indem sie mit beiden Seiten regelmäßige Gespräche führten. Die Koordinatoren stellten demnach eine Art „Puffer" bzw. „Filter" zwischen der Anlaufstelle/ Wohnumfeld und dem Jugendamt dar und zwar in beide Richtungen. Aufgabe der Koordinatoren war es von Anfang an gemeinsam mit den Sozialarbeitern die fachliche Reflexion über die mehr oder weniger kleinen bzw. großen

Entwicklungsschritte bzw. das Ausmaß der aktuellen Gefährdungen der Jugendlichen zu führen. Sie verkörperten damit Fachlichkeit und Reflexivität auf Seiten des Freien Trägers, während die Ansprechpartner eher spontan und möglichst unbelastet auf die Jugendlichen zugehen sollten. Gleichzeitig sollten die Jugendlichen spüren können, dass es eine, wenn auch durchlässige, Trennwand zwischen ihrem Lebensort und dem „Amt" gab: nicht alles wurde immer oder sofort oder vollständig an die Bezirkssozialarbeiter kommuniziert, so dass diese im „Dienstagsgespräch" Neues erfahren oder auch einmal „belogen" werden konnten. Die Koordinatoren sorgten dafür, dass die wichtigsten Beobachtungen zur rechten Zeit bei den Jugendamtsmitarbeitern ankamen. Alle 4 bis 6 Wochen fand eine gemeinsame Sitzung mit Ansprechpartnern, Jugendamtsmitarbeitern und Koordinatoren statt, um Beobachtungen auszutauschen und ein gemeinsames Fallverstehen zu entwickeln.

7) Die sonst bei Erziehungshilfen im Quartalsabstand üblichen **Hilfeplangespräche** wurden während der Zeit bei NAlS ausgesetzt. Dies resultierte aus der Einsicht, dass diese Jugendlichen noch nicht kontraktfähig waren und es zunächst sinnvoller war, ihnen die mittlerweile eingeübten, viel zu prompten, aber nicht wirklich ernst gemeinten Zielformulierungen zu ersparen, damit sie irgendwann zu eigenen, realistischen und von ihnen selbst gewünschten Zielen fänden. Für die Zeit des Aufenthalts bei NAlS übernahmen die beiden Jugendamtsmitarbeiter auch die Fälle anderer Kolleg/innen, da sich zwischen diesen und den Jugendlichen aufgrund der vielen gescheiterten Hilfen häufig eine „negative Erwartungshaltung" herausgebildet hatte, die es zu unterbrechen galt. Während der Zeit bei NAlS blieben so dieselben Jugendamtsmitarbeiter zuständig, völlig unabhängig davon, ob die Eltern in dieser Zeit umzogen etc. Gemeinsam mit den wöchentlich stattfindenden Gesprächen entstand so eine hohe Kontinuität in der Betreuung durch das Jugendamt, die gerade hinsichtlich dieser komplizierten Zielgruppe in Deutschland beispiellos war und leider auch geblieben ist.

Mit diesen Eckpunkten ist klar, dass es sich bei NAlS um eine **niedrigschwellige Übergangshilfe** handelt, die Jugendhilfe-müden bzw. Gruppen- und Regel-aversiven Jugendlichen im Verlauf von 8 bis 12 Monaten einen Freiraum zur Selbstklärung ihrer Zukunftsperspektive bieten will. Dass es in dieser Zeit zu Krisen, Exzessen, vielleicht sogar lebensbedrohlichen Ereignissen kommen könnte, wusste man. Aber man hoffte, dass es den Jugendlichen gelingen würde, im Rahmen der für NAlS spezifischen Mischung aus

→ Freiraum (mit und ohne Langeweile oder Suche nach „thrills"),
→ alltagsnaher Unterstützung in der Anlaufstelle,
→ Kontakt zu den dort anwesenden „lockeren" Ansprechpartnern und

→ den verbindlichen Reflexionsgesprächen mit den Jugendamtsmitarbeitern am offiziellen Ort „Amt", Ideen zu entwickeln, was sie mit ihrem Leben anfangen wollen, was sie dafür klären müssten und wofür sie konkret Unterstützung benötigen. Übergangshilfe heißt, dass NAlS so lange dauern soll, bis der Jugendliche eine andere verbindlichere Hilfeform wünschen und annehmen kann oder seinen eigenen Weg außerhalb der Jugendhilfe gehen will und kann.

Als **Zielstellungen** wurden für das Projekt formuliert:
→ Existenzielle Absicherung der Jugendlichen erreichen (in Form von Wohnung und Geld), Verelendungsprozesse aufhalten oder zumindest abmildern
→ Erfahrungen machen lassen mit „Eigensteuerung" und den Konsequenzen eines weitgehend selbstbestimmten Lebens
→ Selbstklärungsprozesse anregen d. h. Entwicklung einer etwas geklärteren eigenen Perspektive innerhalb von 10 – 12 Monaten für die nächsten ein bis zwei Jahre (Schule, Ausbildung, Jugendhilfe, Therapie, Entgiftung oder etwas ganz anderes?)
→ Unterstützung beim Erlernen eines kompetenteren Umgangs mit Behörden und Ämtern (Anträge, polizeiliche Anmeldung, Personalausweis) insbesondere mit Blick auf die zukünftige Hilfeplanung im Jugendamt und den Kontakt mit dem Jobcenter

Erfahrungen: Die Erfahrungen aus den ersten Jahren waren durchaus ermutigend. Viele Jugendliche ließen sich auf die Gespräche mit den Erwachsenen – sei es im Jugendamt, sei es in der Anlaufstelle – ein und konnten davon profitieren. Dafür war es für die Fachkräfte wichtig neue Haltungen auszuprobieren: z. B. nicht zu schnell auf Veränderungsideen der Jugendlichen wie Schulbesuch oder Arbeitssuche einzugehen, sondern dazu eher eine skeptische Haltung einzunehmen: „Warum willst du dir das antun?". Häufig stellte sich im Nachhinein auch heraus, dass die Jugendlichen diese Ideen selbst nicht ernst genommen hatten, sondern meinten, diese für das Jugendamt oder ihre Eltern oder auch die eigene Normalitätserwartung formulieren zu müssen. Genauso wichtig war es aber auch, ihnen die Möglichkeit zu geben, über schlechte Erfahrungen im Elternhaus oder in voran gegangenen Hilfen zu sprechen und den Schmerz anzuerkennen, den sie dort erlitten hatten. In den ersten Jahren dauerte die Übergangshilfe bei NAlS in der Regel 10 bis 12 Monate, bis die Jugendlichen von sich aus einigermaßen klare und tragfähige weitere Schritte planen konnten.

Das Ausmaß an Selbstzerstörung im Rahmen von Drogenkonsum und Prostitution, das einige Jugendliche praktizierten, zwar nicht größer, aber sehr viel offener als in den Settings zuvor, war allerdings für alle Beteiligten erschreckend. Ähnliches galt für die massiven Zerstörungen in den Zimmern und im Haus (Feuer, Überschwemmungen) oder die „Bandenkriege", die NAlS-Jugendliche mit den ortsansässigen Jugendlichen führten. Dazu gab es immer wieder Jugendliche, die jeden Kontakt mit den Erwachsenen vermieden, teils weil ihr Misstrauen so stark war, teils aber auch, weil sie „dunklen Geschäften" nachgingen. Hier die Grenzen des Aushaltens, annehmbare Methoden des Begrenzens oder den rechten Zeitpunkt für Interventionen von außen durch Polizei und/oder Psychiatrie herauszufinden, erwies sich als kontinuierliche Herausforderung. Die ständig mitlaufenden Ängste in Bezug auf mögliche Verletzungen oder gar Todesfälle, die Selbstzweifel und psychischen Anspannungen der Mitarbeiter/innen konnten nur ausgehalten werden, weil es eine direkte und tragfähige Kommunikation zwischen Freiem und Öffentlichem Träger gab und alle, inklusive Vorgesetzte, Jugendgerichtshilfe und/oder Polizei, immer wieder bereit waren, sich an den schwierigen Abwägungsprozessen zu beteiligen.

2.2 Exkurs: NAlS als Übergangshilfe für Jugendliche in der „Stagnation" (D.W. Winnicott).

Man kann das Setting NAlS als ein Spezialangebot für besonders „schwierige" Jugendliche betrachten. Oder als eine Alternative zur Geschlossenen Unterbringung/Freiheitsentziehenden Maßnahmen. Man kann es allerdings auch als eine Antwort auf, eine **zentrale entwicklungspsychologische Aufgabe des Jugendalters** verstehen; eine Antwort, die sicher nicht jeder Jugendliche in dieser Ausschließlichkeit braucht, die aber doch weit über den spezifischen Personenkreis hinausweist und deutlich macht, warum diese Jugendlichen in anderen Einrichtungen scheitern. Der englische Psychoanalytiker D. W. Winnicott schreibt in einem Aufsatz mit dem Titel „Der mühsame Weg durch die Stagnation": „Es gibt nur eine wirkliche Möglichkeit der Heilung für die Adoleszenz (…) sie liegt im Verstreichen der Zeit und muss den allmählichen Reifungsprozessen überlassen bleiben. Beides führt am Ende zur Entstehung des erwachsenen Menschen. Man kann diesen Prozess nicht beschleunigen oder verlangsamen; allerdings kann man in ihn einbrechen und ihn zunichtemachen" (Winnicott, 1978, 117).

Offensichtlich handelt es sich bei den Jugendlichen, die aus herkömmlichen Jugendhilfeangeboten flüchten oder diese enttäuscht vermeiden, um Jugendliche, in deren Entwicklungsprozess „eingebrochen" wurde. Die sich selbst von der Jugendhilfe eher „beraubt" als versorgt sehen. Winnicott schreibt weiter: „Der Jugendliche sucht nach einer Kur, die sofort wirkt, lehnt aber zugleich eine Heilungsmöglichkeit nach der anderen ab, weil er in ihr irgendein unechtes Element entdeckt „ (ebd. 121). Im Allgemeinen lehnen Jugendliche Scheinlösungen ab. „Stattdessen müssen sie eine Art *Stagnation* durchmachen, eine Phase, in der sie sich überflüssig fühlen und in der sie sich noch nicht gefunden haben. (…) Man kann immer wieder beobachten, wie sich Jugendliche um einen Neuanfang bemühen, als gäbe es nichts, was sie von irgendjemandem übernehmen könnten. (…) Offensichtlich suchen junge Menschen eine Form der Identifizierung, die sie in ihrem Kampf nicht im Stich lässt, *dem Kampf sich real zu fühlen,* dem Kampf eine persönliche Identität herzustellen, sich nicht in eine zugewiesene Rolle zu fügen, sondern all das durchzumachen, was durchzumachen ist. Sie wissen nicht, was aus ihnen werden wird, sie wissen nicht, wo sie sind und sie warten. Denn alles ist in der Schwebe; sie fühlen sich unwirklich und das veranlasst sie gewisse Dinge zu tun, die sich für sie wirklich anfühlen" (ebd. 124), auch wenn sie sich nachträglich als Fehler oder Sackgasse herausstellen.

Mit Winnicott kann man NAlS als ein Setting beschreiben, das es Jugendlichen ermöglicht in die Stagnation einzutauchen, ohne zu schnell mit fremden Ideen belästigt zu werden, was sie tun sollen. Zugleich bekommen sie dort unaufdringliche Begleiter für den Weg durch die Stagnation angeboten und zur Seite gestellt. Sie können, müssen aber nicht auf diese zurückgreifen.

So die Idee. Freilich weiß auch Winnicott, dass dies nicht bei allen Jugendlichen gelingen kann. Der labile Prozess der „Reifung von innen heraus" wird von zwei Seiten „bedroht". Die eine Bedrohung ist die von außen: Wenn man sie zu früh auf äußere Vorgaben (Schule, Regeln etc.) festlegen will, was sich für sie „unecht" anfühlt und wozu sie noch keinen inneren Zugang haben. Die andere Gefahr ist, dass sie „bei einer psychischen Erkrankung von innen her verdorren" (ebd. 116). Damit würden die Jugendlichen in dieser Stagnation „hängenbleiben" und ihr Entwicklungspotential verschenken. Hoffnungslosigkeit, Verelendung, Suizid oder schleichende Auszehrung durch Alkohol und Drogen wären die Konsequenz.

Die besondere Schwierigkeit im Jugendalter für die Helfer ist in den Augen von Winnicott, dass man von außen nicht oder lange nicht erkennen kann, ob es sich bei der Mischung aus heftigem Agieren und Verweigerung um eine notwendige Stagnation im Sinne eines Übergangsstadiums handelt, aus der die Jugendlichen wieder auftauchen und erwachsen werden. Oder um den Beginn eines dramatischen Niedergangs ihrer Persönlichkeit. Diese Spannung bleibt; man kann sie nur „aushalten", nicht reduzieren, immer nur im Einzelfall entscheiden. Unter Umständen muss man einen Jugendlichen gegen seinen eigenen Wunsch „schützen" und in die Psychiatrie einweisen oder dafür sorgen, dass er in eine „geschlossene Gruppe" bzw. Freiheitsentziehende Maßnahme) kommt oder inhaftiert wird, freilich ohne zu wissen, ob diese strukturierten Umwelten ihm helfen können. Manchmal werden sie als „Orte, die gut genug sind und weiterbringen", angenommen, manchmal nicht.

Ein solcher Blick auf das Jugendalter, wie ihn Winnicott formuliert, kommt heute in der modernen Jugendhilfe kaum noch vor; er wird kaum noch gewagt, weil er die üblichen Hilfeplan-gestützten Sozialisierungsbemühungen kritisch bzw. als überflüssig, wenn nicht schädlich betrachtet. Und doch sprechen die hohe Abbruchrate von Jugendlichen in Einrichtungen bzw. die vielen Abbrüche von Schul- und Lehrverhältnissen genau von dieser mühsamen, ja sogar qualvollen Suche nach dem eigenen Weg durch das Jugendalter.

2.3 Wichtige Veränderungen im Lauf von 14 Jahren

Umgestaltungen von Settings ergeben sich nur teilweise auf Grund praktischer Erfahrungen im Setting oder mit einzelnen Setting-Elementen, deren Reflexion eine zielorientierte Veränderung oder Reform nahelegt. Häufig ergeben sich Setting-Veränderungen aus relativ zufälligen „Ereignissen" und/oder aus Anforderungen von Nachbar-Systemen, die das Setting zu Veränderungen nötigen, auch wo sie evtl. gar nicht gewünscht sind oder sogar als ungünstig eingeschätzt werden. So ist es auch bei NAlS der Fall: Einige Veränderungen wurden längere Zeit ins Auge gefasst und bewusst umgesetzt; andere geschahen eher auf Grund von externen Verschiebungen in der lokalen Jugendhilfelandschaft und/oder von äußerem Druck. Einige Veränderungen stellen – zumindest nachträglich betrachtet – eher „faule" Kompromisslösungen als überzeugende Adaptionen dar. Bei einigen konflikthaften Prozessen standen die Verantwortlichen sogar vor der Frage, ob es fachlich nicht sinnvoller sei, das ursprüngliche, inzwischen bewährte und für gut gehaltene Setting aufzugeben, als es zu verändern. Die Verantwortlichen bei NAlS entschlossen sich dann aber dafür, das Setting neuen Bedingungen anzupassen, auch wenn nicht klar war, ob es nach gravierenden Veränderungen noch seinen „Geist" würde bewahren können.

Im Folgenden schildern wir die wichtigsten Veränderungen chronologisch:

1) Bezogen auf die Einraumwohnungen hat sich das Konzept bewährt und in den ersten Jahren keine Veränderung erfahren. Aufgrund vieler Platz-Nachfragen anderer Bezirke wurde **2002 eine NAlS-Dependance mit 4 weiteren Plätzen** und einer eigenen Anlaufstelle eröffnet. Insgesamt besaß das Projekt damit 8 Plätze. Das dafür vorgesehene Gebäude befand sich in einem Hinterhof; die Wohnungen wurden für den neuen Zweck extra verkleinert und

die Balkone zugemauert, um ähnliche Bedingungen zu schaffen wie in den Primärwohnungen. Im Lauf der Entwicklung zeigte sich, dass eine Verpflanzung von NAlS an eine andere Stelle schwieriger war als gedacht. Anders als bei NAlS 1, wo im gleichen Gebäude auch das Büro des Trägers angesiedelt ist und auch ganz „normale" Mieter wohnen, lag der Hinterhof mit den neuen NAlS-Wohnungen sehr abseits, so dass kaum soziale Kontrolle gegeben war. Die Jugendlichen vermüllten die Umgebung, brachen die Wände zu anderen Wohnungen durch und entwickelten eine kriminelle Subkultur einiger eng aufeinander bezogener Jugendlichen, die andere Jugendliche massiv bedrängten und bedrohten. Auch die Ansprechpartner in der dortigen Anlaufstelle besaßen nicht das persönliche „Standing" und die Arbeitsdisziplin der Ansprechpartner in der ersten Anlaufstelle. Probleme mit Jugendlichen und Mitarbeiter(inne)n häuften sich, so dass mit Auslaufen des Mietvertrages kein Versuch unternommen wurde diese NAlS-Dependance zu erhalten.

2) Eine für die Zukunft wichtige Veränderung bahnte sich mit dem Weggang eines der beiden Jugendamtsmitarbeiter an (nach ca. 3 Jahren). Niemand aus dem Jugendamt war bereit, für ihn einzuspringen und den anderen Kollegen zu unterstützen. Deswegen begann ab 2001 eine ehemalige Ansprechpartnerin, die mittlerweile Koordinatorin geworden war und bereits in dieser Funktion beinahe wöchentlich zu Beratungen ins Jugendamt kam, den kranken Kollegen auch für die Gespräche mit den Jugendlichen zu vertreten. Ein Vorteil bestand sicher darin, dass nun auch eine in der Fallbetreuung langjährig erprobte und anerkannte Frau die Gespräche durchführte, und so die **männliche Perspektive durch eine weibliche ergänzt** wurde.

3) Eine weitere Veränderung ergab sich durch die **Schließung der Kasse** im Rahmen der Auflösung des Sozialamtes. Die wöchentlich auszuzahlende HLU wurde nun dem Freien Träger überwiesen und vom Koordinator am Dienstag ins Amt mitgebracht und dort direkt nach dem Gespräch ausbezahlt. Für die Jugendlichen fiel damit eine nicht unwesentliche Herausforderung weg: der Weg vom Jugendamt zur Kasse und damit eine weitere Begegnung mit Amtspersonen bzw. der unverrückbaren Realität.

4) In der **Anlaufstelle arbeiteten** bald schon auch **Sozialpädagog(inn)en**. Der erste Ansprechpartner gründete – auch aufgrund der positiven Erfahrungen mit der spontanen Einbeziehung von NAlS-Jugendlichen in externe Handwerkeraufträge – ein eigenes, aber beim Träger angesiedeltes Arbeitsprojekt für Jugendliche, die vom Arbeitsamt vermittelt werden. Dennoch können auch NAlS-Jugendliche weiterhin dort stundenweise mitarbeiten und sich Geld verdienen, wenn sie diese Beschäftigung mit dem für sie zuständigen Jugendamt

klären und die erforderlichen Unterlagen dafür organisieren (Lohnsteuerkarte etc.). Insofern hat sich hier ein neues Feld für das Erlernen sowohl von Arbeitshaltung als auch von Ämterkompetenz aufgetan. Dieses soll in den nächsten Jahren noch weiter ausgebaut werden.

5) Mit den Jahren wurden ein paar Bedingungen für die Aufnahme von Jugendlichen klarer formuliert wie z. B. pflegliche Behandlung der Wohnung, Einbehaltung eines Teils der HLU zur Finanzierung einer Kaution für mögliche Beschädigungen (für den Fall, dass diese nach dem Auszug repariert werden müssen) und die Anmeldung im Einwohnermeldeamt etc. Letzteres diente vor allem dazu eine offizielle Meldeadresse zu organisieren, an die Polizei, Gerichte, Inkasso-Unternehmen etc. ihre Briefe schicken konnten, um so von Seiten der Koordinatoren auf laufende Verfahren Einfluss nehmen zu können. Das war vor allem bei solchen Jugendlichen wichtig, die alle ihre Briefe ungeöffnet wegwarfen, und so rechtskräftigen Verurteilungen Vorschub leisteten, die man ohne weiteres hätte abwenden können. Die beim Träger eingehenden Briefe wurden den Jugendlichen am Dienstag übergeben; sie wurden nicht gezwungen sie vorzulesen oder den Inhalt öffentlich zu machen; aber mit dieser Prozedur wurde es wahrscheinlicher, dass die Mitarbeiter/innen mitbekamen in welchem „Schlamassel" der Jugendliche steckte und zeitnah eine sinnvolle Form der Unterstützung anzubieten. Nach den ersten Jahren, in denen viel Wert auf die Wahrung der Intimität der Jugendlichen gelegt und nur unregelmäßige Wohnungsbegehungen durchgeführt wurden, beschloss man diese Kontrollgänge regelmäßig durchzuführen und auch dann, wenn niemand in der Wohnung war. Mit allen diesen Veränderungen wurde deutlich, dass es bei NAIS neben den vielen Freiräumen auch Auflagen und Pflichten gab. Dennoch blieb der Freiraum, um sich selbst auszuprobieren und ohne Betreuer, die einem „dauernd reinreden wollen" das zentrale Settingelement auch im Erleben der Jugendlichen.

6) Systematisch betrachtet findet bei NAIS professionelle Betreuung durch Sozialpädagog/innen in dreierlei Formen statt, die sich häufig wesentlich von dem unterscheiden, was die Jugendlichen vorher in anderen Einrichtungen oder Betreuungsformen kennengelernt haben.

Betreuung 1 kann als „niedrigschwellig" charakterisiert werden und besteht in der Möglichkeit an 6 Tagen in der Woche in die Anlaufstelle zu kommen, um dort Wäsche zu waschen, zu telefonieren, mit den Ansprechpartnern zu sprechen oder sich Informationen (über das Internet), sowie Beratung und Unterstützung zu Themen, die die Jugendlichen selbst für wichtig halten, zu beschaffen. Diese Art der offenen Betreuung, die die Jugendlichen aufsuchen können, aber nicht müssen, nehmen die Jugendlichen nicht als „Betreuung" im klassischen Sinne wahr. Einige lassen sich gerade deshalb intensiv auf die Ansprechpartner ein und erzählen diesen viele wichtige Details aus ihrem Leben oder zeigen ihnen, wie es ihnen geht. **Betreuung 1** heißt aber auch, dass die Ansprechpartner die Augen und Ohren offen halten, und beobachten, was die Jugendlichen thematisieren oder durchblicken lassen und was sie tatsächlich tun oder unterlassen; ohne jedoch diese Beobachtungen immer oder sofort zum Thema zu machen. Immer dann, wenn sie das Beobachtete für wichtig halten, geben sie es an die Koordinatoren weiter, „füttern" diese also mit Informationen, mit denen diese auch gegenüber den Jugendlichen umgehen können und müssen. Natürlich muss diese Info-Weitergabe unter den Erwachsenen diskret erfolgen, da sich die Jugendlichen ansonsten nicht mehr zeigen oder frei äußern würden. So gibt es auch Jugendliche, die sich gar nicht oder nur sehr selten in der Anlaufstelle blicken ließen; manche argwöhnen, dort beobachtet oder kontrolliert zu werden und halten sich deswegen fern. So wählt jeder Jugendliche seine Form der Nähe und Distanz zur Anlaufstelle, die von den Ansprechpartnern nur wenig beeinflusst werden kann. Zu der **Betreuung 1** gehört aber auch, dass die Ansprechpartner wöchentlich mindestens einmal durch die Wohnungen gehen und dort feststellen, wie es aussieht, ob der Jugendliche dort lebt und ob sie Hinweise auf selbstgefährdendes oder fremdgefährdendes oder kriminelles Verhalten entdecken (Drogen, Waffen etc.). Auch diese Informationen geben sie an die Koordinatoren weiter. Zu diesem Teil der Betreuung gehört ebenfalls, dass die Ansprechpartner die Wohnungen warten und Beschädigungen in Ordnung bringen (lassen). Auch im Rahmen solcher Dienstleistungskontakte kommen manchmal gute Gespräche zustande.

Betreuung 2 findet dagegen nach wie vor im Jugendamt statt. Die Jugendlichen müssen einmal die Woche für ein Gespräch dorthin kommen und die Jugendamtsmitarbeiter (später wurden es dann die Koordinator/-innen) treffen. Diese verabreden sich auch mit den Jugendlichen zu Extra-Terminen, wenn die Jugendlichen dazu einen Auftrag erteilen. In seltenen Fällen verpflichten sie auch die Jugendlichen zu bestimmten Terminen wie z. B. einer amtsärztlichen Untersuchung oder einem Termin im Jugendgericht etc.

Zusammengenommen bilden **Betreuung 1 und Betreuung 2 ein relativ dichtes, aber auch robustes Betreuungsnetz**, das den Mitarbeiter(inne)n genügend Einblicke in den Alltag und die innere Dynamik der Jugendlichen gewährt und somit auch Anknüpfungspunkte für Gespräche oder Interventionen (siehe Kapitel 3). Dennoch wird dieses Betreuungsnetz von den Jugendlichen in der Regel nicht als bedrängend oder verfolgend erlebt, so dass sie vor Ort bleiben können. Hinzu kommt seit einigen Jahren noch eine **Betreu-ung 3:** Das ist die durch die Vertreter des Jugendamts, das den Jugendlichen bei NAlS untergebracht hat und sich regelmäßig bei den Koordinatoren, die inzwischen die Dienstagsgespräche führen, über die Situation des Jugend-lichen bei NAlS informieren kann. Diese können den Jugendlichen einladen und mit ihm über seine (krisenhafte) Situation sprechen (auch in Form eines HPG), zumal es ihnen obliegt, die Hilfe zu verlängern, umzuwandeln oder ggf. zu beenden.

7) Aufgrund der steten Nachfrage auf Seiten der Jugendämter suchte der Trä-ger im Stadtteil nach einzelnen kleinen **Wohnungen und mietete diese** an. Auf diese Weise konnte sich das Projekt NAlS in den Jahren zwischen 2006 und 2009 zeitweise bis auf 12 Plätze vergrößern: 4 Jugendliche wohnen nach wie vor direkt neben der Anlaufstelle. Bis zu 8 Jugendliche können in an-gemieteten Wohnungen im Kiez betreut werden. Die Anlaufstelle ist für alle fußläufig zu erreichen. Dort sind immer zwei Ansprechpartner vor Ort, meist ein Mann und eine Frau, um den Bedarfen von männlichen und weiblichen Jugendlichen gleichermaßen zu entsprechen. Der Vorteil dieser Lösung ist, dass Zusammenballungen von mehreren, riskant agierenden Jugendlichen gar nicht erst zustande kommen und sich die vereinzelt lebenden Jugend-lichen mit anderen Mietern auseinander setzen müssen. Einige Jugendliche kommen damit gut zu Recht und erhielten dadurch schon bei NAlS Wohnun-gen, die eher dem BEW-Standard als dem ursprünglichen NAlS-Standard ent-sprechen. Der Nachteil der Wohnungen auf dem „Freien Markt" liegt darin, dass etliche Jugendliche noch nicht in der Lage sind, dermaßen öffentlich zu wohnen und ihre Wohnungen über kurz oder lang gekündigt bekommen. Der Verlust des Wohnraumes kann manchmal nicht schnell genug aufgefan-gen werden, weswegen der Rauswurf aus der Wohnung immer wieder einmal auch zum Ende der Hilfe führte.

8) Die einschneidendste Veränderung in den Jahren seit 2008 stellt das **Aus-scheiden zweier wichtiger Gründungsfiguren** dar: der Jugendamtsleiter ging in Pension, sein Nachfolger hatte am Projekt NAlS kein besonderes Inte-resse mehr. Und auch der das Setting mitbegründende Bezirkssozialarbeiter schied aus, weil er in ein anderes Referat wechselte. Das Jugendamt nutz-te diese Situation, um sich vollständig aus der Verantwortung für die Diens-tagsgespräche zurück zu ziehen. Stattdessen sollten die Mitarbeiter/innen des Freien Trägers die Gespräche übernehmen. In Frage kamen dafür die „Koor-dinatoren", obwohl diese anfangs eine ganz andere Funktion besaßen. Zwar stellte das Jugendamt diesen einen Raum für die Gespräche im Jugendamt zur Verfügung. Aber der innige Schulterschluss von Öffentlichem und Freiem

Träger war damit aufgehoben. Später wurden die **Raumnutzungszeiten beschnitten**, was zu verkürzten Gesprächen mit den Jugendlichen führte und noch einmal später entschied sich der Träger nach Beschwerden über das Auftreten der Jugendlichen im Amt, die Gespräche in **anderen, weniger störungsanfälligen Räumen** gleich um die Ecke durchzuführen. Damit fiel nun auch die „Reise quer durch die Stadt" als wöchentliche Aufgabe an die Jugendlichen weg.

Der Ausstieg des Jugendamtes ab 2008 stellt einen erheblichen Eingriff in die Architektur des NAlS-Projektes dar: Ursprünglich wurden die Jugendlichen auf der einen Seite von den Ansprechpartner(inne)n in der Anlaufstelle des Freien Trägers und auf der anderen Seite durch die Gespräche und die Geldübergabe durch Jugendamtsmitarbeiter im Amt gestützt und getragen, wobei die Koordinatoren als dritte, verbindende Achse fungierten. Mit dem Wegfall der Säule Jugendamt, liegt das Projekt und damit auch die Verantwortung für das riskante Agieren der Jugendlichen ganz auf den Schultern des Freien Trägers. Damit erhöht sich nicht nur der direkte Verantwortungsdruck auf die Mitarbeiter/innen des Trägers. Damit verschiebt sich auch die inhaltliche Ausgestaltung der Verantwortung der für die Jugendlichen jeweils zuständigen Jugendamtsmitarbeiter/innen: Konnten sich diese früher ganz auf ihre eng mit NAlS kooperierenden Kollegen „vom Amt" verlassen (die beiden Jugendamtsmitarbeiter) und diesen die Fallverantwortung für den jeweiligen Jugendlichen während der Zeit bei NAlS übertragen, bleiben sie inzwischen Fall-verantwortlich und setzen auch die Hilfeplanung nicht mehr aus. Häufig kennen sie die Möglichkeiten und Grenzen des Settings NAlS zu wenig, so dass sie dieses unter- oder überfordern und immer wieder auch die Jugendlichen bzw. die Mitarbeiter/innen von NAlS zu misstrauisch beäugen oder in ihrer abweichenden „Handlungslogik" nicht verstehen.

Als Beobachter von außen hatten wir immer wieder den Eindruck, dass das Setting seit dieser Zeit einen Teil seiner inneren Stringenz verloren hat und mehr vor sich „hin driftete" als aktiv an fachlichen Leitlinien ausgerichtet wurde. Eine Auswirkung dieser Veränderungen ist, dass sich die durchschnittliche Verweildauer der Jugendlichen bei NAlS von anfangs 11 Monaten mittlerweile auf 7 Monate verkürzt hat. Verantwortlich dafür ist die Erwartungshaltung der Jugendamtsmitarbeiter, die häufig schon zu Beginn der NAlS-Zeit mit Hilfeplanung einsteigen oder bereits nach drei Monaten positive Entwicklungen sehen wollen. Zum Teil dürfte diese Verkürzung auch auf verbesserte Arbeitsweisen bei NAlS zurück zu führen sein, mit deren Hilfe man in der Arbeit mit den Jugendlichen schneller auf den Punkt kommt und so einigen Jugendlichen lange „Leerlaufzeiten" ersparen kann. Zugleich hat diese Beschleunigung aber sicher auch negative Effekte: mehr Abbrüche schon während der Zeit bei NAlS und mehr Abbrüche in der Hilfe danach, die dann doch zu rasch wieder eingesetzt hat. Kein Wunder, wenn man an die Bedeutung der „Stagnationsphase" bei D.W: Winnicott (siehe Exkurs 2.2) denkt und daran, dass deren Dauer eben nicht von außen zu steuern ist, sondern nur von innen gefühlt werden kann.

Interessant ist, dass sich diese Beobachtungen, die wir bei vielen Einzelfällen gemacht haben, was die Wirkung des Settings betrifft, scheinbar aufheben und statistisch nicht nachweisbar sind:

„Tendenziell gibt es zwar im alten, jugendamtsgestützten Setting mehr deutlich positive Verläufe, im späteren Setting allerdings mehr mittlere Bewertungen. Dieser Unterschied ist allerdings statistisch nicht signifikant" (s. Kap. 7.3).

So stellt sich die Frage, wie wichtig eine gute Setting-Gestaltung für die Ergebnisse ist. Können die konkreten Personen vor Ort und die Beziehungen, die sie anbieten, wichtigere Einflussgrößen darstellen als die Setting-Konstruktion? Kann es sogar sein, dass konzeptionell inkongruente Settings gleich gute Effekte erzielen wie sorgfältig geplante und konstruierte? Eventuell dadurch, dass in dem inkongruenter erscheinenden Setting andere positive Faktoren wirken, welche die Setting-Architekten zu Beginn gar nicht in den Blick bekommen hatten? Unsere Annahme einer größeren Effizienz in den Jahren 1997 bis 2003, an die wir auf Grund der stringenteren Setting-Konstruktion glauben, hat im Vergleich mit den späteren Jahren jedenfalls keine statistisch signifikanten Ergebnisse erbracht (siehe Kap.7.3).

Bei dem Blick auf 16 Jahre NAlS wird deutlich, dass ein erster konzeptioneller Guss immer wieder Veränderungen erfährt und die Vorstellung einer veränderungslosen Beibehaltung des Ursprünglichen nicht sinnvoll ist. Trotzdem muss man sich fragen, wer die großen und kleinen Veränderungen im Hinblick auf das, was das Setting ursprünglich war und wollte, reflektiert. Und darauf achtet, dass „gute" Settingelemente verteidigt und erhalten werden (Müller/Schwabe 2009). Wünschenswert wäre für ein so originelles, mutiges und riskantes Setting ein kontinuierlich angelegter und möglichst auch einflussreicher „Freundeskreis", der den Zustand und die Veränderungen des Settings immer wieder reflektiert und – mit Abstand zum Alltag und dessen Erfordernissen – neu „bedenkt" und sinnvoll weiter entwickelt. Leider fehlte im Fall von NAlS ein solcher Kreis.

3 Interaktionen und Interventionen in niedrigschwelligen Settings: „Weniger bringt manchmal mehr"

In diesem Kapitel wollen wir zeigen wie das Konzept von NAlS von den Mitarbeiter(inne)n umgesetzt wird. Dazu schildern wir 18 unterschiedliche Handlungsformen, die wir während unserer Zeit bei NAlS beobachten konnten.

Mit „Handlungsformen" sind, wie es dem Konzept entspricht, auch Formen der Nichtintervention bzw. des sparsamen Handelns gemeint. Immer wieder verzichten die Mitarbeiter/innen absichtlich auf bestimmte Handlungen, die naheliegen oder mit denen die Jugendlichen rechnen. Damit durchkreuzen sie deren Erwartungen und kreieren gleichzeitig eine „andere" Atmosphäre oder beziehen auf neue Weise Position zu „alten" Problemen.

Keine der hier skizzierten 18 Handlungsformen ist NAlS-spezifisch; die meisten davon sind auch in anderen sozialpädagogischen Settings beobachtbar wie z. B. in einer stationären Wohngruppe, in einer Familienhilfe oder bei der Mobilen Jugendarbeit. Das liegt daran, dass sie sich vier Grundformen sozialpädagogischen Handelns zuordnen lassen, die in vielen Hilfeformen eine zentrale Rolle spielen (siehe Schwabe 2010):

→ niedrigschwelliges Begleiten (1-8)
→ Versorgen (9 und 10)
→ Beraten/(Selbst-)Klärungshilfen geben (11-14)
→ Erziehen/Kontrollieren (15-18)

NAlS-spezifisch ist einerseits der Akzent auf den ersten acht Handlungsformen und andererseits die besondere Verknüpfung bzw. Mischung der zum Teil kontrastierenden Handlungsformen: das spezifische Gewicht, das dabei einzelnen Handlungsformen im Zusammenspiel mit den anderen zukommt. Jede der 18 Handlungsformen besitzt so etwas wie eine eigene Tonlage. Alle 18 „Töne" klingen im Alltag immer wieder zusammen; nicht alle auf einmal, sondern in bestimmten Zusammensetzungen und mit NAlS-typischen Wechseln und Rhythmen. Auf diese Weise kreieren sie einen spezifischen NAlS-„Sound". Dieser dürfte einmalig sein.

Die beiden Mitarbeitergruppen – Ansprechpartner und Koordinatoren (früher Bezirkssozialarbeiter, siehe Kapitel 2) – haben bezogen auf die 18 Tonlagen jeweils Schwerpunkte und Domänen, stimmen aber häufig auch Töne an oder spielen sich Rhythmen zu, die dann von der anderen Seite aufgenommen und weiter gespielt werden. Klar ist, dass nicht jeder Mitarbeiter in allen Tonlagen und über alle Rhythmuswechsel hinweg gleich gut ist. Aber auch deswegen spielt man im „Orchester".

3.1 Interaktionsbereich „niedrigschwelliges Begleiten"

1) Warten, kommen lassen, zugänglich sein, sich verwenden lassen
Jeden Tag außer Sonntag stehen den Jugendlichen in der Anlaufstelle zwei Ansprechpartner in der Zeit von 16.00-20.00 Uhr zu Verfügung. Die Jugendlichen können in dieser Zeit kommen, um Wäsche zu waschen, zu telefonieren, ins Internet zu gehen oder einfach nur zu plaudern. Den meisten Jugendlichen ist klar, dass die Ansprechpartner mit den Koordinatoren in enger Verbindung stehen und so alles, was sie hier von sich zeigen, auch an jene weitertransportiert werden kann. Gut drei Viertel der Jugendlichen nutzen dieses Angebot regelmäßig zwischen zwei und zwanzig Mal wöchentlich. Ein Viertel der Jugendlichen hält sich allerdings konsequent fern, so als sei ihnen bereits diese Form des Kontakts und/oder der Kontrolle zu viel. Die Jugendlichen, die häufiger kommen, wissen in der Regel, wer wann Dienst hat und richten die Art ihrer Besuche darauf ein: an den einen Ansprechpartner wenden sie sich eher mit technischen Problemen, an den anderen eher mit kommunikativen Bedürfnissen.

Immer wieder kommt es vor, dass ein Jugendlicher auftaucht, um etwas hoch Brisantes zu thematisieren wie z.B. Tobias, der auf eine bestimmte Ansprechpartnerin wartete, um ihr seine Sorgen bezüglich des Heroinkonsums zu schildern, den seine Freundin und er nicht mehr kontrollieren konnten (siehe Fallbericht 5.1).

Es gibt aber auch Nachmittage, an denen niemand kommt; oder nur kommt, um Wäsche zu waschen, aber nicht um zu plaudern. Dann wieder kommen vier Jugendliche auf einmal und verwandeln die Anlaufstelle in eine Kontakt- oder Flirtbörse oder auch in einen Konfliktschauplatz.

Die Betreuer müssen demnach warten können und mit allem rechnen. Sie müssen bei jedem Kontakt aufmerksam spüren, was der Jugendliche will und was nicht. Sie dürfen nicht enttäuscht sein, wenn jemand, den sie interessant finden, keinen Kontakt mit ihnen möchte. Gleichzeitig dürfen sie sich die beiden im Raum präsenten Ansprechpartner nicht so gut verstehen, dass der Jugendliche, den Eindruck hat, dass er stört. Und sie müssen für sich klar bekommen, für was sie sich verwenden lassen und wo sie den Jugendlichen Grenzen setzen. Im Alltag sieht das z.B. so aus:

16.25 ein Jugendlicher klopft, die Ansprechpartnerin geht an die Türe und öffnet sie. „Hey Samy", sagt sie. „Hey", nuschelt er. Nicht unfreundlich, aber auch nicht besonders aufmerksam. Er trägt trotz kaltem Wetter eine kurze Hose, ein kurzärmliges T-Shirt und Sportschuhe ohne Socken. Er sieht verschlafen aus, seine Haare sind verstrubbelt. In der Hand hält er eine Plastiktüte, offensichtlich mit Schmutzwäsche. Die Ansprechpartnerin tritt gut einen Meter zurück und betrachtet ihn aufmerksam. Er bückt sich und beginnt die Waschmaschine mit Kleidungsstücken zu füllen. Als er damit fertig ist und sie in Gang gesetzt hat, richtet er sich auf und dehnt sich „Ah, bin ich müde!". Nun scheint er sich auf sie beziehen zu wollen, denn er erklärt: „Ich hab noch gepennt bis eben, komm direkt von oben" (wo sein Zimmer liegt). Und nach einem weiteren Strecken, „mir ist nicht kalt ...!" Die Ansprechpartnerin nickt ihm freundlich zu: „Na denn ...". Er: „Ich geh mal hoch zu Inge ...", informiert er sie und geht wieder. „O.k. bis dann!", sagt die Ansprechpartnerin.

Wie man an dieser Szene sehen kann, führt das Waschenwollen von Samy zu einer kurzen Begegnung von Jugendlichem und Ansprechpartnerin. Samy weist bei dieser Begegnung zwei Besonderheiten auf: er sieht um 16.25 „verschlafen" aus. Und er trägt trotz kaltem Wetter eine Kleidung, die sich eher für einen Sommertag anbietet. Beides wird von der Ansprechpartnerin nicht thematisiert. Eine andere Betreuerin hätte z. B. „Guten Morgen" gesagt und damit, je nach Tonfall, humorvoll oder kritisch auf das offensichtliche Unausgeschlafensein fokussieren können. Oder sie hätte fragen können: „Ist Dir nicht kalt?". Aber die Ansprechpartnerin wählt eine deutlich zurückhaltende Form der Ansprache: „Hey" zeigt zunächst nur an, dass man den anderen registriert hat. Dazu nennt sie allerdings seinen Vornamen: „Samy" kann sich demnach persönlich begrüßt fühlen.

Der Jugendliche macht das, weswegen er gekommen ist: die Waschmaschine bedienen. Von sich aus nimmt er nach der kurzen Begrüßung keinen weiteren Kontakt auf. Vielleicht ist er dazu noch gar nicht in der Lage, vielleicht ist es aber auch für beide Seiten klar, dass es sich bei dieser Begegnung um einen Dienstleistungskontakt handelt, bei dem die Ansprechpartnerin in erster Linie als Türöffnerin fungiert und dass es deswegen von keiner Seite aus nötig ist den Kontakt zu vertiefen. Dennoch scheint sich Samy in den Räumen bzw. mit der Ansprechpartnerin vertraut zu fühlen. Zumindest könnte man das sich-Dehnen, mit dem er sich vor ihr in einer „privaten" Pose zeigt, so deuten.

Die Ansprechpartnerin kommentiert weder das sich-Strecken noch die Erklärung dafür. Spätestens in diesem Moment, registriert er dann allerdings, dass sie ihn anschaut bzw. schon die ganze Zeit angeschaut hat. In diesem Blick scheint er etwas zu sehen, das man mit „Interesse" umschreiben könnte. Denn nun erklärt er sich ihr, wenn auch knapp: er teilt ihr mit, dass er gerade erst aufgestanden ist und direkt aus seinem Zimmer kommt. Es folgt keinerlei Rechtfertigung für diesen späten Zeitpunkt des Aufstehens. Spätestens hier wird der Unterschied von NAIS zur Situation in einer Familie oder einem Heim deutlich: dort würde das Aufstehen um 16.00 mit hoher Wahrscheinlichkeit irgendeine Art von Erklärung erfordern oder mit einem Kommentar bedacht werden. Hier bei NAIS ist es Teil seines Freiraums, wann er aufsteht. Er schuldet dafür niemandem eine Erklärung und er scheint im Blick der Ansprechpartnerin auch keine Aufforderung dazu zu sehen. Allerdings sieht er in dem Blick etwas oder liest es dort hinein. Wenn er sagt „mir ist nicht kalt!", zeigt das, dass er denkt, sie würde meinen, dass er fröre. Er stellt klar, dass dem nicht so ist.

Die Ansprechpartnerin bestätigt seinen Eindruck (sie hatte sich etwas gedacht bei seinem Anblick); „na denn" bedeutet: „na dann ist es ja gut so, wie Du gekleidet bist. Hauptsache Du frierst nicht!" Sie macht deutlich, dass sie seine Erklärung akzeptiert und ihm keine Sorge aufdrängen will, die er nicht teilen kann.

Wie viel oder wenig der Jugendliche in dieser Begegnung an Nuancen wahrnimmt, wird sicher von seiner Sensibilität abhängen. Das Meiste wird zudem unterhalb seiner bewussten Wahrnehmungsschwelle bleiben. Und doch konstituieren sich über mehrere solcher Begegnungen so etwas wie Eindrücke oder Gefühle. Mehrere Begegnungen wie die oben geschilderte verdichten sich zu dem Eindruck: „Hier kann ich mich den Erwachsenen zeigen wie ich bin" oder „die interessieren sich für mich, die sorgen sich manchmal auch um mich, aber die mischen sich nicht sein" etc.

2) unaufdringlich beobachten, aufmerksam wahrnehmen, sich ein Bild machen

„19 Uhr 23: Evelyn schreit draußen auf dem Vorplatz laut herum; ein Ansprechpartner geht vor die Türe und nimmt die Szene in Augenschein. Er steht im Schatten des Hofes, so dass man ihn nicht sehen kann. Evelyns Freund steht an der Grundstücksgrenze und ruft, dass sie sich abregen soll. Sie erregt sich aber noch weiter und schreit, dass er abhauen soll. Was dieser auch tut. Danach wendet sie sich um und sieht den Ansprechpartner dort stehen. Sie wirkt gar nicht überrascht „Hast Du gesehen, so sein Arsch, der glaubt, er kann mit mir machen was er will, aber ich hab ihn rausgeschmissen ...!". Der Ansprechpartner nickt ihr zu, sagt aber nichts. Sie kommt auf ihn zu, beschwert sich weiter, der Ansprechpartner schaut sie freundlich an, aber schweigt weiter, sie stapft schimpfend hoch in ihr Zimmer".

Evelyn ist eine sechzehnjährige Jugendliche, die sich häufig heftig mit ihrem Freund streitet. Nachdem diese Auseinandersetzungen auch schon handgreiflich eskaliert sind und sie sich massiv bei den Ansprechpartnern über ihn beschwert hat, wurde ihm ein Hausverbot erteilt. Trotzdem ist sie weiter mit ihm zusammen. Die Beziehung erlebt täglich Auf und Abs.

In dieser Szene hört der Betreuer ihre wütenden Schreie und begibt sich deswegen nach draußen in ihre Nähe, freilich ohne sich direkt zu zeigen oder direkt zu intervenieren. Er bleibt im Hintergrund: einmal um mitzubekommen, was abgeht", zum anderen um „zur Not" eingreifen zu können, wie er uns später erklärt. Erst als sich Evelyn selbst vom Schauplatz losgerissen hat, entdeckt sie den Betreuer und spricht ihn als Augenzeugen an: „Hast Du gesehen ...". Es scheint, als ob sie bemerkt hat, dass er schon eine ganze Weile zugeschaut hat und die Szene ähnlich deutet wie sie: als einen aktiven Rausschmiss von ihrer Seite und damit als Ausdruck ihrer Stärke. Zumindest sucht sie dafür eine Art von Bestätigung von ihm. Aber das scheint dem Ansprechpartner offensichtlich zu viel an Positionierung: Er nickt ihr zwar zu, sagt aber nichts. Er möchte Beobachter der Szene sein, wenn nötig Schutz geben, aber nicht zum Kommentator derselben werden. Es ist Evelyns Beziehung, die sie zunächst alleine gestalten kann und muss. Wenn sie dafür Beratung möchte, muss sie diese aktiv anfragen. Das gilt umso mehr, als die Ansprechpartner den Eindruck haben, dass Evelyn einem ernsthaften Gespräch über dieses Thema bisher aus dem Weg gegangen ist und eine ungefragte Einmischung eher gegenteilige Effekte nach sich ziehen würde.

Dennoch ist es wichtig, dass Evelyn gemerkt hat, dass der Ansprechpartner präsent war und sie gesehen hat. Und auch bereit stand, um einzugreifen, falls es nötig ist. Auf diese Schutzfunktion scheint sich Evelyn ein Stück weit zu verlassen, denn ihre Streits finden oft nachmittags statt. Am Abend holt sie den Freund trotz des Hausverbotes immer wieder hoch in ihr Zimmer, aber nicht solange die Ansprechpartner im Haus sind. Trotz oder wegen ihrer großen Zurückhaltung stellen die Ansprechpartner demnach eine wichtige Instanz für Evelyn dar.

3) Den Freiraum bekräftigen über den „wissenden Blick" und den Verzicht auf Intervention trotz sichtbarer Risiken

19.34 Torben kommt in die Anlaufstelle, offensichtlich ein wenig angetrunken und will seine Wäsche abholen. Aber erst mal setzt er sich und raucht eine. Zuvor zieht er aus seinem voluminösen Parka zwei Flaschen mit Wodka, eine schon offen, die andere noch zu, und stellt sie auf den Tisch mit dem Telefon. Er sagt dazu nichts. Die beiden Ansprechpartner schauen sich an, und scheinen sich mit Blicken darauf zu verständigen, zunächst nichts dazu zu sagen. Torben zieht zweimal an seiner Zigarette: „Angebot bei Aldi, nur 6,99! Voll billig, Alter", sagt er grinsend, vermutlich mit provokativem Unterton. Ein Ansprechpartner: „Ah Angebot" und nickt mit dem Kopf, macht aber durch die Art und Weise, wie er das sagt, deutlich, dass er das nicht für die Wahrheit hält.

„Wird 'nen schöner Abend, bisschen feiern!", sagt Torben ein wenig trotzig.

„Was gibt's denn zu feiern?", fragt der andere Betreuer. Es klingt freundlich zugewandt. Torben schaut erstaunt, kratzt sich am Kopf: "Keine Ahnung, fällt mir bestimmt noch ein". Der Betreuer nickt und sagt etwas wie „ah so". Es klingt ein wenig betroffen, als habe er mehr verstanden, als Torben gesagt hat oder ausdrücken wollte. Alle drei schweigen; nach und nach breitet sich eine düstere bzw. traurige Atmosphäre aus. Zwei, drei Minuten, Torben raucht hastig und bewegt sich unruhig auf seinem Stuhl. Nach einer Weile steht er auf, packt die Wäsche in eine Plastiktüte, steckt die beiden Flaschen wieder in den Parka und verlässt die Anlaufstelle: „Tschö denn!". Die beiden Ansprechpartner, ernst aber nicht unfreundlich: „Schönen Abend, Torben!".

In dieser Szene wird deutlich, dass Torben ein riskantes Leben führt; erst klaut er, dann besäuft er sich. Beides hat schon zu Rauswürfen aus Jugendhilfeeinrichtungen geführt. Torben lässt sich dieses Symptom nicht so schnell nehmen wie es gut für ihn wäre. Er verteidigt es. Auch in dieser Szene, in der er seine Diebstähle und den Alkohol beinahe lustvoll präsentiert. Er weiß, dass die NAlS-Mitarbeiter/innen ihm den Schnaps nicht wegnehmen. Er weiß auch, dass sie wissen, dass er gestohlen hat. Aber immerhin hält er – wenn auch augenzwinkernd – den Anschein der Legalität aufrecht: er weiß, was legal ist (Kaufen) und was gesetzlich geahndet wird (Diebstahl). Nur hält ihn dieses Wissen nicht vom Stehlen und Trinken ab und auch die hundertste Erinnerung an die Norm seitens der Betreuer könnte das nicht leisten. Torben würde alles leugnen, die Betreuer kämen sich „verarscht" vor, das alles kann man sich und ihm ersparen. Stattdessen erfährt Torben bei NAlS einen neuen Umgang mit seinem Risikoverhalten: es wird wahrgenommen, aber nicht verharmlost; es wird toleriert, aber nicht für gut gehalten; die Kritik daran wird implizit deutlich gemacht, aber nicht „gepredigt". Das Bedrückende daran wird atmosphärisch zugelassen, ausgehalten und nicht mit „flotten" Sprüchen abgewehrt. Ernst genommen wird auch seine Intention „feiern" zu wollen. Und gerade durch die interessierte Nachfrage wird für Torben deutlich, dass es eigentlich nichts zu feiern gibt. Vielleicht auch, dass er niemanden hat, mit dem er zusammen feiern könnte. Vielleicht macht ihn diese Erkenntnis noch trauriger und wird er sich deshalb an diesem Abend noch „heftiger die Kante geben". Vielleicht muss er das noch ein paar Mal erleben, um zugeben zu können, dass er ein Problem hat: mit Alkohol, mit Einsamkeit oder überhaupt mit seiner Lebenssituation. Torben wird durch das sparsame Verhalten der Betreuer verdeutlicht, dass die Erwachsenen bei NAlS sich nicht als Kontrolleure und Verhinderer sehen. Dass er bei NAlS einen großen Spielraum hat, den er auch für Negatives und Destruktives nutzen kann, ohne dass ihm jemand in den Arm fällt. Damit wird implizit deutlich, dass er sich nur selbst retten kann; dass es freundliche Menschen gibt, die ihm zur Seite stehen, aber dass das Signals dazu von ihm ausgehen muss. Die Mitarbeiter müssen aushalten, dass er noch nicht will. Und trotzdem freundlich, aber auch ernst bzw. gesammelt bleiben, auch wenn er sie mit „coolen Sprüchen" abspeist.

4) Kommunikative Situationen eröffnen, ohne sie zu überfrachten: plaudern, „herum spinnen", reden lassen

Die meisten NAlS-Jugendlichen gehen ernsthaften Gesprächen mit Erwachsenen – zumindest am Anfang – aus dem Weg: sei es, weil sie glauben, diese nicht steuern zu können und damit dem Erwachsenen ausgeliefert zu sein, sei es, weil sie ihre Geheimnisse wahren und fürchten irgendwann lügen zu müssen oder verfolgt zu werden etc. Trotzdem äußern sie sich gerne bzw. verstricken andere gerne in Kommunikationen und testen so häufig auch, ob das Gesprächsniveau, das sie (wenn auch selten bewusst) vorschlagen, auch angenommen bzw. akzeptiert wird. Erst nach mehreren solchen Tests lassen sie sich u.U. mehr und näher ein. Für die Ansprechpartner bedeutet das als Anspruch, sich einerseits von den Jugendlichen kommunikativ verwenden zu lassen, sich andererseits aber auch aus allzu unfruchtbaren Rede-Situationen herauszuziehen oder diese zu beenden.

Die sechzehnjährige Tatjana ist zum zweiten Mal in ihrem Leben schwanger. Der Vater ist ein anderer Jugendlicher (Dorian), den sie bei NAlS kennen gelernt hat. Dieses Mal will sie das Kind austragen, auch wenn noch völlig unklar ist, wie die Beziehung weiter geht und wo sie demnächst wohnen wird:

> Tatjana kommt heute eigentlich nur um ihre Mutter anzurufen, versucht es auch die ganze Zeit, scheint es aber auch zu genießen in der Anlaufstelle herumzusitzen und mit den beiden Ansprechpartnern Petra und Klaus (A1 und A2) zu plaudern:
>
> Tatjana: „Lästert mal über Dorian, dann kann ich wenigstens mitmachen!"
>
> A 1: „Warum, was macht er denn?"
>
> Tatjana: „Gar nichts, das ist es ja!"
>
> A1: „Und was sollte er machen?"
>
> Tatjana: „Na ja Arbeit suchen, irgendwas machen, nicht nur rumhängen!"
>
> A 1: „Und nicht immer bei Dir rumhängen und Deine Wohnung besetzen, oder?"
>
> Tatjana: „Irgendwann kam ich nach Hause und da hatte er ne Kiste abgestellt und da so seine Plakate aufgehängt!"
>
> A2: „Was denn für Plakate?"

Tatjana: "Keine nackte Frauen, das gibt's bei mir nicht, irgendwelche Autos oder so was ...!", sie macht wieder einen Wählversuch.

A2: „Und, warst Du mal in seiner Wohnung, gibt es die noch?"

Tatjana: "Ich fürchte, da war er schon seit drei Monaten nicht mehr drin, aber immerhin hat er ne Badewanne!"

A2: „Und einen Balkon!"

Tatjana: „Na ja, ich zieh dann sowieso um, wenn er ins Gefängnis geht, brauch ich ja eh nicht hier zu sein, der bekommt ja dann eineinhalb Jahre, wahrscheinlich jedenfalls, dann kann ich auch nach Regensburg! Aber mein Kind will ich schon hier bekommen noch ...".

A1: „Ach dann wird er hier geboren?"

Tatjana: „ja, weil hier hab ich ja meine beste Freundin, die brauch ich doch für die Geburt, danach ziehe ich dann nach Bayern, nicht sofort, erst mal ins MuKi (d.h. Mutter-Kind-Heim, M.S.) aber dann und dann kümmert sich meine Mutter um das Kind und ich mach weiter Schule ..."

Schon der Gesprächskontext erscheint in hohem Maße unklar: einerseits will Tatjana telefonieren, das Plaudern mit den Ansprechpartnern soll lediglich die Wartezeit überbrücken, bis die Mutter endlich erreichbar ist. Andererseits scheint die Plauderei aber interessant genug, um weiterhin sitzen zu bleiben. Tatjana schlägt auf scherzhafte Weise ein brisantes Thema vor „Lästern über ihren Freund"; einerseits scheint es dafür einen Bedarf zu geben, wahrscheinlich Enttäuschungen, die sie mit ihm erlebt hat. Vielleicht vermutet sie auch, dass die Ansprechpartner ebenfalls etwas gegen ihn haben und möchte auf diese Weise erfahren, wie sie zu ihm bzw. zu ihm als ihren Freund und den Vater ihres ungeborenen Kindes stehen. Andererseits lanciert sie diesen Vorschlag auf eine so unverblümte Weise, die ein gemeinsames „Lästern" fast schon wieder verbietet. Wahrscheinlich testet sie mit dem Vorschlag auch die Gesprächsbereitschaft der Ansprechpartner und ob diese in der Lage sind ebenfalls eher „locker" mit dem Themenkomplex „Freund, Beziehung, Schwangerschaft" umzugehen.

Die Ansprechpartner gehen höflich interessiert mit Fragen darauf ein, ohne das Thema „Lästern" inhaltlich zu bedienen. Aber ganz geheuer scheint es ihnen nicht zu sein. Als sie es eher auf die Wohnung des Freundes lenken, führt Tatjana es zurück auf ihre Zukunftsplanung. Offensichtlich rechnet sie damit, dass ihr Freund inhaftiert wird; der Vorteil wäre, dass sie ihn dann los wäre und mit (zu???) ihrer Mutter nach Regensburg ziehen kann. Aber die Geschichte hat noch eine Fortsetzung:

Ansprechpartnerin Petra bietet Mohrrüben „aus dem Bioladen" an. Alle greifen zu, Tatjana isst mit sichtbarem Genuss ....

Dann geht es um fehlende Glühbirnen in Tajanas Wohnung. Beide Ansprechpartner stehen auf und suchen nach neuen Birnen.

Tatjana fast triumphierend: "Schau mal, so leicht kann man Euch beschäftigen!"

Als sie keine finden, dreht Ansprechpartner Klaus eine Birne aus einer unbenutzten Lampe in der Werkstatt und reicht sie Tatjana. Sie steckt sie erst in ihre Handtasche, gibt sie dann aber doch zurück, da sie ja zuerst nach Neukölln fährt und die Birne dabei in der Tasche stört.

„Hast Du noch ne Mohrrübe?"

Petra: „ja, klar!"

Dann entwickelt sich das Gespräch in Richtung „Wohnen".

Tatjana plötzlich zu Petra: „Kann ich nicht bei Dir einziehen, das wär' doch toll?"

Petra: „Na da wird es ganz schön eng bei mir! Da kannste nur auf'm Balkon schlafen! Mit Blick in den Himmel ...?"

Tatjana zu Klaus und Petra: „Da suchen wir drei uns eben ne WG mit Dir (zu Klaus) und Deinen Kindern, da finden wir sicher noch so ein paar Leute und Dorian kommt auch mit, dann sind wir zehn Personen. Du bist doch auch Pole, Klaus und Dorian sind Polen und ich bin ja auch ne halbe Polin ...". Tatjana macht weitere Wählversuche, endlich erreicht sie die Mutter.

Das gemeinsame Essen von gesundem Gemüse, welches von der Ansprechpartnerin angeboten wird, unterbricht das Thema „Zukunft". Aber auch bei den Glühbirnen geht es um „Versorgen". Tatjana genießt es, wenn auch auf eine etwas spöttische Art und Weise, dass beide Ansprechpartner sofort losziehen, um sie mit neuen Birnen zu versorgen. Vielleicht ist es der doppelte Bezug auf Häuslichkeit (Essen und Licht), der Tatjana auf die Idee des gemeinsamen Wohnens bringt. Auch hier handelt es sich um eine nicht ganz ernst gemeinte, eher belustigende „Herum-Spinnerei", mit der doch auch das Zukunftsthema wieder aufgegriffen wird. Die Ansprechpartnerin macht einerseits klar, dass diese Idee unrealistisch ist („ganz schön eng"), lässt sich aber doch auf die Phantasie ein, indem sie den Balkon anbietet. Diese „halbe" Absage inspiriert Tatjana zu der Idee einer Wohngemeinschaft, in die sie auch den Ansprechpartner einbindet, von dem sie weiß dass er verheiratet ist und zwei Kinder hat. Über ihn schlägt sie dann auch wieder eine Brücke zu ihrem Freund, der ebenfalls Pole ist, das scheint ein einigendes Band darzustellen. Das alles ist von Tatjana nicht ernst gemeint, es wird so dahin gesagt, aber hat doch auch einen ernsten Hintergrund. Die Ansprechpartner halten mit ihren Kommentaren eine gute Mitte: sie wehren die Phantasie nicht ab, aber lassen es auch bei der Phantasie bewenden.

Das bedeutsame, aber im Moment nicht weiter auflösbare Problem „wo will Tatjana demnächst leben und wie hält sie es dabei mit dem Vater des Kindes?" wurde im Verlauf der Kommunikation mehr als deutlich, aber auch der

Wunsch von Tatjana es nur „halbernst" zu behandeln. Wenn man bedenkt, dass ihr die Themen sehr nahe gehen, so dürfte der Versuch das Thema zu benennen, es aber gleichzeitig auf Distanz zu halten, für sie bereits einen Gewinn darstellen. Vielleicht nähert sie sich ihm so an und erlebt, dass das Thema sie nicht überwältigen muss.

Die Ansprechpartner merken sich Art und Inhalte des Gespräches und geben es an die Koordinatorinnen weiter. Drei Tage später kommt es im Amt zu einer vertieften und ernsthafteren Behandlung des Themas, so dass man das Geplänkel in der Anlaufstelle nachträglich als eine Art Vorbereitung deuten kann.

5) Eigene Wahrnehmungen ernst nehmen und ansprechen, Interesse zeigen, vorwurfsarm nachfragen, aber auch Stopp-Signale akzeptieren

Die Ansprechpartnerin begrüßt die Jugendliche Yvonne, die in die Anlaufstelle hereinkommt.

„Hallo, Yvonne, alles klar?", dann stutzt sie: „Schau mich mal an!" und macht einen Schritt auf Yvonne zu. Die Jugendliche macht eine Bewegung zur Seite, hebt sie Hände vors Gesicht und wehrt unwillig ab: „Was denn, Mann?".

Die Ansprechpartnerin: „Du hast was genommen, stimmt's?"

„Nee, hab ich gar nicht …!", genervter, nöhlender Tonfall.

„Komm, Du hast was genommen, ich seh das an Deinen Augen … alles in Ordnung mit Dir?"

Die Jugendliche nimmt die Hände herunter und lässt sich in die Augen sehen.

„Ja, nee, lass mich, ach ich weiß nicht ….!".

Beide stehen sich einen Moment schweigend gegenüber.

„Was Blödes passiert? Oder was Gutes?"

„Mmh …", macht eine wegwerfende Handbewegung.

„Willst du was erzählen?"

„Nee, jetzt nicht!""

„Aber Dir ist halbwegs wohl?"

Nach kurzem Zögern, indem sie ihren Zustand zu überprüfen scheint: „Schon … ja …". Die Jugendliche schaut jetzt anders, ernster, zentrierter, aber das kann auch täuschen.

„Also, was kann ich für Dich tun?".

„Ähh, ich wollte fragen, ob Post gekommen ist, meine Mutter wollte mir doch was schicken?".

In dieser Situation war es der Ansprechpartnerin offensichtlich wichtig, zu zeigen, dass sie den vermuteten Drogenkonsum der Jugendlichen wahrnimmt und ansprechen kann. Diesen Zustand immer zu übersehen, wäre wahrscheinlich ebenso unproduktiv, wie ihn jedes Mal zu thematisieren. Genauso wichtig, ist es ihr aber auch, diese Wahrnehmung nicht mit dem in diesem Zusammenhang wahrscheinlich gewohnten Vorwurfsmuster kurzzuschließen: „alles in Ordnung mit Dir?", drückt in erster Linie Sorge um das Wohlergehen der Jugendlichen aus und unterstellt, dass es auch mit Droge „in Ordnung" sein könnte oder es einem auch mit Droge „halbwegs wohl" sein kann. Darauf bezieht sich auch die Frage, nach dem was sie erlebt hat: es kann „blöd" oder „gut" sein. Die Ansprechpartnerin zeigt sich da offen in beide Richtungen. Fokussiert wird also nicht auf die Drogeneinnahme an sich, sondern auf die damit verbundenen, vorausgegangenen oder nachfolgenden Stimmungen, Ereignisse oder Zustände. Der Jugendlichen wird dabei überlassen, wie weit sie sich auf dieses Gesprächsangebot einlässt. Wichtiger als das Darüber-sprechen scheint hier, dass die Jugendliche kurz innehält, sich wahrnimmt und ihre Entscheidung trifft. In dieser Situation scheint es im Schweigen zu einem kurzen Moment der Selbstbesinnung zu kommen, vielleicht auch zu einer Überprüfung des nicht sprechen Wollens. Das scheint aber stimmig zu sein und wird akzeptiert.

Als die Jugendliche das „halbwegs wohl" mit „schon" bestätigt, zeigt die Ansprechpartnerin, dass sie bereit ist, zum nächsten Thema des Kontaktes überzugehen. „Was kann ich für Dich tun?". Offensichtlich hat auch sie sich in der Zwischenzeit davon überzeugt, dass die Jugendliche trotz Drogenkonsum ansprechbar d.h. nicht unmittelbar gefährdet ist.

Wie man sehen kann, übernimmt die Ansprechpartnerin in dieser Situation ganz klar die Initiative, bleibt auch „am Drücker", erweist sich aber auch als „responsiv". Sie testet die Bereitschaft des Mädchens aus; und sie erfüllt ihren Aufsichts- bzw. Kontroll-Auftrag: bei Gefahr in Verzug hätte sie u. U. den Krankenwagen anrufen und die Jugendliche in eine Klinik begleiten müssen.

6) Auf Augenhöhe „kabbeln": frotzeln, verbales Pingpong, spielerischer Schlagabtausch

Die meisten NAIS-Jugendlichen sind sehr erfahren im Umgang mit Sozialpädagogen und wissen gut, wie diese „üblicherweise" kommunizieren und wie man diese kommunikativ herausfordern oder bedienen kann. Insofern ist es immer wieder wichtig, die Kommunikation von Seiten der Mitarbeiter auf neue, überraschende Wege zu verlegen, um damit eingespielte Muster zu durchkreuzen oder Öffnungen zu ermöglichen. Überraschend war für uns zu beobachten, dass dies immer wieder auch mit Mitteln des verbalen „Kabbelns" geschieht, d.h. einem halb aggressiven, halb spielerischen Schlagabtausch, in dem es um Wortwitz und Schlagfertigkeit geht, und man gegenseitig austesten kann, ob man dem anderen überlegen ist oder sich auf „Augenhöhe" mit ihm bewegen kann. Solche kommunikativen „Fights" scheinen auch in der Hip-Hop-Kultur in ritualisierter Form eine wichtige Rolle zu spielen („Battle", jemanden „dissen" etc.), was vielleicht mit erklärt, warum diese jugendkulturelle Strömung vielen Jugendlichen so attraktiv erscheint. Während die Irritationen meist einseitige Interventionen sind, geht es in diesem Feld um ein gemeinsames Spielfeld mit unterschiedlichen Variationen.

Der neu aufgenommene Markus sitzt, nachdem die offizielle Aufnahmeprozedur beendet ist und sein Vater bzw. der Jugendamtsmitarbeiter gegangen sind, mit den beiden Koordinatoren in der Anlaufstelle. Nach kurzer Zeit berichtet Markus prahlerisch:

„Na und dann hab ich Hurensohn gesagt zu dem Richter, näh?!"

Mitarbeiterin 1: „Warum denn dette?", spricht mit übertriebener Verwunderung und macht dazu absichtlich große Augen

Markus: „Na der hat mich vier Mal nach meinem Namen gefragt der Idiot und dann hab ich ihm eben Mal die Meinung gegeigt! Musst ich ja?!", zuckt dabei theatralisch mit den Schultern.

Mitarbeiterin 2: „Au Backe, dann können wir uns ja auch auf was gefasst machen oder?", zeigt sich übertrieben beeindruckt

Markus generös: „Nee, ich kann mich ja auch anpassen! Muss ja …"

Mitarbeiterin 1 „Anpassen, was n dat?"

Markus: „Na ich muss mich ja schließlich anpassen hier an Euch oder die Regeln oder wat!"

Mitarbeiterin 1 verwundert: „Wer sagt denn das? Warum willst Du Dich anpassen?"

Markus: „Naja, das gehört sich ja so!"

Mitarbeiterin 2 „Ach machst Du immer, was sich gehört, legst Du da etwa Wert drauf?"

Markus: „Ne nich immer, aber ich kann mich schon anpassen, wenn ich will!"

Mitarbeiterin 2: "Klingt ja ganz schön arrogant!"

Markus: „Nicht arrogant, ist Aktion und Reaktion, wie Du mir so ich Dir, aber ich hab nichts gegen Benehmen, aber da müssen sich die Leute halt auch mir gegenüber benehmen!"

Mitarbeiterin 1: "Was ist denn das Benehmen? Was verstehst Du dadrunter?"

Der Schlagabtausch beginnt mit einer aggressiven Beleidigung gegenüber einem Richter, von der Markus prahlerisch berichtet. Damit scheint er die beiden Frauen beeindrucken bzw. sich bei NAlS als „gefährlicher Bursche" einführen zu wollen. Aber statt diese auf Distanz zu bringen, wird er im weiteren Gesprächsverlauf von ihnen in „die Mangel genommen" d. h. rechts und links mit Fragen und Kommentaren bombardiert. Dies beinhaltet einerseits eine Spitze gegen Markus nach dem Motto. „Wir nehmen Dich nicht ganz ernst", stellt aber andererseits auch eine Einladung zu einer Art Stegreif-Comedy dar. Die Pädagogen mimen die Dummchen, Markus muss sehen, wie der damit umgeht. Markus scheint das vorgeschlagene Spiel erst nicht zu verstehen, und macht weiter „auf harten Mann" (der „Idiot", „Meinung gegeigt"), schwenkt dann aber spätestens nach der gespielten Angst („au backe ....!") auf den ironischen Tonfall ein. Nun kontrastiert er den anfangs dargestellten „Beleidiger" und präsentiert sich als einen um Anpassung bemühten Gentleman. Auch hier stellen sich die Mitarbeiter/innen dumm und geben vor nicht zu wissen, was „Anpassung" und „Benehmen" meinen, was er ihnen geduldig erklärt. Dabei ergibt sich eine Art Rollentausch: der „böse Bube" erklärt, dass er auf Anpassung und Benehmen durchaus Wert legt. Es scheint so, als ob die Mitarbeiter/innen dem Jugendlichen immer eine „Nase" voraus sind und ihn überraschen; zugleich macht er deutlich, dass er ihnen zu folgen in der Lage ist. Die ganze Atmosphäre wirkt spielerisch und fast ausgelassen und scheint eine andere Art der gegenseitigen persönlichen Vorstellung zu sein, als die offizielle, die diesem „Geplänkel" voran ging.

Ein anderer weichenstellender Dialog ergibt sich mit Markus und einer Mitarbeiterin beim ersten Termin im Jugendamt:

Markus: „aber wenn ich hier nichts Neues bekomme, dann brauch ich gefälligst meine Anziehsachen da aus dem anderen Heim, wo ich vorher war!"

Mitarbeiterin: "wenn Du die noch her kriegst?"

Markus. „Das sind meinen Sachen, da hab ich ein Anrecht drauf!"

Mitarbeiterin: „Tja, da musst Du die Frau vom Jugendamt nerven, dass die noch mal Kontakt mit denen aufnimmt!"

Markus: „Wieso mit der, wozu gibt es Anwälte, mein Vater holt auch sofort nen Anwalt, wenn was schräg läuft!"

Mitarbeiterin: „Na dann habt ihr ja was gemeinsam!"

Markus: „Nee ernsthaft, entweder gibt mir das Jugendamt Geld, dann fahr ich da selbst hin und hol meine Klamotten, oder das Arsch da draußen, der Betreuer kommt hierher und bringt meine Sachen oder die Frau vom Jugendamt bewegt ihren Arsch dahin."

Mitarbeiterin: „Irgendein Arsch muss sich bewegen, so viel steht fest!"

Markus. „Also wenn ich da hingehe und das hole, dann bekommt der Betreuer noch ne Bombe verpasst, voll in die Fresse, da kann er mit rechnen."

Mitarbeiterin. „Wieso erzählst Du mir das ...?"

Markus: "Ich mach alles immer offen, ich sag vorher an, was ich mache, ist doch besser so oder?"

Mitarbeiterin: „Ach so, ich dachte Du wolltest mir damit auch ein bisschen drohen?"

Markus: „Nä-ä-ä-h .... ich doch nicht, hab ich gar nicht nötig!"

Mitarbeiterin: „Na, da bin ich aber froh!"

Wenn man bedenkt, dass Markus erst vor kurzem aufgenommen wurde und die Beziehung zur Mitarbeiterin noch unklar ist bzw. sich erst noch konstituieren muss, kann man diese Sequenz auch als eine Art gegenseitige Vorstellung begreifen. Markus stellt sich als jemand dar, der energisch und grob fordern kann. Die Mitarbeiterin als jemand, die davon zunächst unbeeindruckt bleibt und es ihm überlässt, wie er sich versorgt. Ähnliche Konflikte wie zwischen ihm und dem Heim, könnten aber bald auch zwischen den Beiden entstehen, weswegen man diesen Wortwechsel auch als eine Art Probelauf für zukünftige Auseinandersetzungen begreifen kann. In diesem Kontext scheint es logisch, dass er seine Selbstdarstellung um die Momente von Macht (Anwalt) und Beschimpfung steigert, wohl auch um zu testen, wie sie auf solche „Unflätigkeiten" reagiert. Die Mitarbeiterin kontert mit einer coolen Bemerkung „irgendein Arsch muss sich bewegen, so viel steht fest!". Als er diese Coolness mit offenen Gewaltschilderungen zu toppen versucht („ne Bombe verpasst", "voll in die Fresse") unterbricht sie seine Angeberei mit einer Frage „warum erzählst Du mir das?". Sie meint wahrgenommen zu haben, dass Markus nicht nur sein Gewaltpotential darstellen, sondern ihr damit auch Angst machen möchte. Mit dieser Idee konfrontiert, dementiert er allerdings sofort, worüber sie sich „übertrieben" froh zeigt. Damit ist klargestellt, dass solche Androhungen bei ihr keinen Sinn machen. Beide kehren zum zivilisierten Umgangston zurück, nachdem sie sich spielerisch, wenn auch mit unterschiedlichen Mitteln, die „Zähne gezeigt" und einander Stand gehalten haben.

7) Bildungsprozesse „by the way" anstoßen, ermutigen und begleiten
Einerseits können sich die NAlS-Jugendlichen in prekären Situationen teilweise besser „durchs Leben schlagen" als ihre Altersgenossen. Andererseits stoßen die Mitarbeiter/innen bei NAlS immer wieder auf gravierende Lücken in deren „Weltwissen" oder deren alltagspraktischen Kompetenzen. Gleichzeitig zeigen sich die Jugendlichen gegenüber Belehrungsversuchen voller Widerstand. Häufig kränkt es sie, etwas nicht zu können und auf Hilfe angewiesen zu sein. Wie man mit solchen Situationen so umgehen kann, dass die Jugendlichen sich eher auf Lernprozesse einlassen, schildern die nächsten beiden Beispiele:

Evelyn vor der Waschmaschine: „Du Heidi, ich weiß nicht, ob man die Tabs so direkt da rein machen kann ...?"

Ansprechpartnerin Heidi: „Hast Du das bisher so gemacht?"

Evelyn: „Ja, wieso?" und nickt dabei.

Heidi: „Ja, dann weiß ich auch, warum Deine Decke so verklebt war, weißt de noch neulich, wo sich das gar nicht aufgelöst hat?"

Evelyn: „Ja, ja, ja, das war so voll eklig verschmiert ..."

Heidi: „Ja und wir haben uns doch noch voll gewundert warum?"

Evelyn: „Ja stimmt ... Also soll ich die besser wieder raus machen?"

Petra: „Kannst sie auch drin lassen. Was kommt denn besser, Deiner Meinung nach?"

Evelyn: „Ich mach sie oben rin in die Klappe, unten nicht mehr, versprochen!"

Petra: „Na ja, Du siehst ja was raus kommt?"

Evelyn: „Ja ich glaub schon, rechte oder linke Kammer?"

Petra: „Ich denke, rechte!"

Evelyn: „O.k., rechts, ist hier ....! So fertig!"

Petra: „Sieht gut aus, hast Du im Griff das nächste Mal".

Evelyn kichert: „Ja, denk schon ..."

Die Szene zeigt einerseits, dass sich Evelyn traut sich an die Ansprechpartnerin zu wenden, aber auch, wie schwer sie sich damit tut etwas für sich zu lernen. Als sie die Mitarbeiterin sehr dezent auf ihren „Fehler" hinweist, ist sich Evelyn noch immer unsicher, was konkret zu tun ist. Man könnte dabei an ein Muster „erlernter Hilflosigkeit" denken, das sie in dieser Situation aktiviert. Man könnte aber auch daran denken, dass Lernen für Evelyn generell heißt, sich in eine kindlich-unterwürfige Haltung zu begeben, nach dem Motto: „Ich mache es für Dich, Mama!". Auch ihr „versprochen", (d. h. „ich mach das nicht mehr!") deutet in die Richtung. Wenn sie den Fehler in Zukunft vermeidet, denkt sie eventuell in erster Linie an die Betreuerin und deren Zufriedenheit, nicht an sich und ihren Vorteil. Insofern ist es sinnvoll, dass die Ansprechpartnerin ihr zeigt, dass es nicht um sie geht: Von ihr aus könnte das Evelyn weiter so machen. Sie gibt ihr auf zu überlegen: „Was kommt denn Deiner Meinung nach besser?" und versucht sie auf das sichtbare Ergebnis des Waschprozesse zu lenken.

Umso erfreulicher ist es, dass Evelyn ihren Lernprozess zwei Tage später mit einem männlichen Ansprechpartner fortsetzen kann.

Er: „Und was ist mit Temperatur?"

Sie: „Was soll damit sein?"

Er: „Na 100 Grad, meinste dett ist gut?"

Sie: „Ist ja für Weißwäsche!"

Er: „Und Du bist Dir sicher, dass das alles für 100 Grad ist, die ganze Wäsche, hast de geguckt?"

Sie: „Na ja, weiß is se ja!"

Er: „Also passt das?"

Sie: „Ich guck lieber noch mal nach!"

Sie öffnet die Trommel noch mal und schaut in das erste Wäscheteil, liest „30 Grad", holt noch eines, „30 oder 60 Grad", dann folgert sie: „Ist doch nicht 100".

Er: „Also wie viel machst de?".

Sie: „Stell ich mal 30, kann ich ja auch noch mal waschen, wenn's nicht sauber wird ..."

Er. „Ja stimmt, kannst Du!"

In den beiden Beispielen zeigt sich, wie Lernprozesse auch über mehrere Tage und Personen hinweg angestoßen werden und ins Laufen kommen. Häufig werden die Mitarbeiter es gar nicht mitbekommen, dass jeder von ihnen an ein oder zwei Stellen mit einem Jugendlichen an demselben Thema „übt" oder „lernt".

8) Unproduktive Situationen beenden, sich nicht als „Pausenfüller" instrumentalisieren lassen

Manchmal geht es für die Ansprechpartner auch darum unproduktive Gesprächssituationen als solche zu markieren, sich nicht „vollschwallen" zu lassen bzw. sich dagegen zu wehren und sie auf eine nicht brüskierende Art und Weise zu beenden:

Samy kommt an diesem Tag schon das dritte Mal. Offensichtlich war er am Morgen nicht in der Schule und langweilt sich. Nachdem er ein Telefonat beendet hat, wendet er sich gähnend an die Ansprechpartner 1 (Klaus) und 2 (Petra): „Wie sieht das hier eigentlich aus mit Weihnachtsgeld?"

A 1: "Nee, so was gab's mal früher, gibt's aber nicht mehr!"

Samy: „Könnt ihr da nichts machen, damit ich vielleicht doch so was bekomme?"

A 2: „Na ja, am besten stellst Du Dir eine Sekretärin an und die kann das ja dann für Dich auskundschaften!"

Samy: „Aber ihr seid doch zuständig für mich und kennt Euch da viel besser aus mit den ganzen Ämtern, vielleicht gibt es ja dann noch ein anderes Amt, das ich noch nicht kenne?"

A 1: „Nee Samy, da ist nichts, sehe ich keine Möglichkeit!"

Samy: „Kein Geld für Weihnachten, nicht für Sylvester, nicht mal für Ostern?"

A 1: „So sieht es aus!"

Samy: „Und was bekomme ich eigentlich, wenn ich mal weg bin von NAlS in so einer BEW-Betreuung, wie viel Geld bekomme ich denn dann?"

A 2: „Theoretisch die gleiche Summe wie bei NAlS auch, sag mal wartest Du auf deine Freundin, oder was machst Du hier?"

Samy: „Naja ich warte, ich will nicht hoch, ist so weit, warum gibt es hier keinen Aufzug?"

A 2: „Na ja du bist ja nicht behindert, oder?"

Samy: „Doch schon, mir muss man zum Beispiel immer alles fünf Mal erklären!"

A 1: „aber Du bist doch noch jung und dynamisch?!"

Samy: „Ich, ich möchte Rentner sein, dann müsste ich wenigstens nichts mehr machen für mein Geld!", er beginnt an der Telefonschnur herumzufummeln.

A 2: „vielleicht sollten wir die mal entheddern .....". Petra reicht ihm das Telefon mit der verhedderten Schnur herüber. Samy stöhnt, greift nach dem Telefon, stellt es dann aber doch wieder auf den Boden.

A 2: „Dir ist jetzt gerade langweilig?!"

Samy: "Nee mir ist nicht langweilig! Heute ist Halloween, kriegen wir da nicht mal ein Geschenk hier?"

A 1: „Nee so was haben wir nicht! Kriegst Du unterm Weihnachtsbaum ...."

Samy erhebt sich: „also Tschau, Tschau" und trollt sich nach draußen.

Samy eröffnet das Reden mit den Ansprechpartnern mitten aus einem Gähnen heraus und zeigt so, dass ihm das Thema nicht wirklich unter den Nägeln brennt. Er fragt nach Weihnachtsgeld und hört, dass es keines gibt. Wahrscheinlich wusste er das bereits vorher, dennoch will er, dass die Erwachsenen etwas für ihn tun oder sich zumindest weiter mit ihm beschäftigen. Als ihm ironisch geraten wird, sich eine „Sekretärin" zu engagieren, kontert er mit einer Zuschreibung von „Zuständigkeit" und ködert die Ansprechpartner mit der Unterstellung besonderer Kenntnisse und Kompetenzen. Aber darauf lassen diese sich nicht ein. Mittlerweile ist klar, dass es hier nicht um das vordergründige Thema geht, sondern eine Art von verbalem „Pingpong". Anders als beim lustvollen „Gefrotzel" (siehe 3.5), das von beiden Seiten gewünscht wird, scheint es sich aber hier um eine kommunikative Situation zu handeln, in der sich die Ansprechpartner ausgenutzt fühlen: wie häufig, scheint es Samy langweilig zu sein und er hängt bei ihnen ab und „labert" sie voll. Vielleicht haben sie sich auch schon über die vielen Telefonate an diesem Tag geärgert, das aber nicht offen thematisiert. Samy scheint diesen insgeheimen Vorwurf zu spüren: Er präsentiert sich im Hinblick auf materielle Ansprüche noch mehrfach als „Ausnutzer", der immer weitere, beinahe unverschämte Forderungen stellt (Aufzug, Rentner). Erst die klare Frage von Hanne verlässt diese unerfreuliche Ebene: „... wartest Du auf Deine Freundin, oder was machst du hier?"

Damit scheint der entscheidende Punkt getroffen: jetzt kann Samy einräumen, dass er wartet und nur zu faul ist nach oben in sein Zimmer zu gehen.

Die direkte Frage nach der „Langeweile", verneint er zwar, aber als ihm eine Art von Arbeit angeboten wird, das Entheddern der Telefonschnur, wird es ihm endgültig zu ungemütlich. Er verabschiedet sich rasch und geht.

Wie man sieht, handelt es sich bei der Arbeit der Ansprechpartner um ein spannungsreiches Geschäft: sie wollen und müssen da sein und den Jugendlichen niedrigschwellige Formen der Kommunikation ermöglichen. Sie wollen aber auch nicht, dass sich die Jugendlichen die von ihnen erlebte Langeweile bei den Ansprechpartnern durch „blödes Herumgerede" oder gar provokative Spiele etc. vertreiben. Das ist zunächst persönlich motiviert: man will sich nicht als „Pausenclown" instrumentalisieren lassen. Das ist aber auch konzeptionell begründet: Zum Freiraum bei NAlS gehört eben auch die Langeweile, die ein Stück weit erlebt und durchlitten werden muss, damit sich daraus eine Sehnsucht nach produktivem Tun entwickeln kann. Deswegen ist wichtig die angetragene Zuständigkeit für Langeweile zurückzuweisen. Freilich muss bei jedem kommunikativen Angebot auf Seiten der Jugendlichen geprüft werden, ob es schon oder noch produktiv für ihren Zugang zum Projekt ist oder eben nur dem „Zeit Totschlagen" dient.

3.2 Interaktionsbereich „Versorgen"

9) Existenz sichern und Alltagsunterstützungen gewähren, ohne die Abhängigkeit des Jugendlichen auszunutzen

Die Mitarbeiter/innen stellen den Jugendlichen eine kleine Wohnung zu Verfügung, in der es Licht, Wasser und Heizung gibt. Zusätzlich bekommen sie jede Woche einen Teil ihrer HLU ausgezahlt. Damit ist eine erste existenzielle Absicherung erfolgt. Trotzdem nehmen nicht alle Jugendlichen diese Wohnung an. Einigen erscheint sie zu klein und zu schäbig; andere können sich aus bisherigen Beziehungs- und Wohnsituationen nicht lösen, auch wenn diese mit Nachteilen wie Gewalt oder Abhängigkeit etc. verbunden sind. Wieder anderen erscheint der Sozialraum so fremd und unsicher, dass sich nicht in die Nähe der Anlaufstelle trauen. Bei mehreren Jugendlichen mischen sich mehrere dieser Gründe. Auch bei den Jugendlichen, welche die Wohnung annehmen, sind häufig ambivalente Gefühle zu beobachten.

Samy telefoniert mit einem „Kumpel":

„Hallo, wie geht's?"

Offensichtlich beklagt sich der Bekannte darüber, dass er friert.

„Ich friere nicht, ich hab Heizung an!"

Erst geht es um Halloween:„was ist heute, Halloween, kann sein, aber das feier' ich nicht!" (...) „früher, Mann, klar, da bin ich auch rumgezogen, aber soll ich jetzt Maske aufsetzen und Buh machen ...?"

Dann geht es um ein Mädchen:

„Alzheimer hast Du, Idiot, Alter, Mann, erinnerst Du Dich nicht an die, die bei Marko?"

Der andere scheint sich nicht an sie zu erinnern. Themawechsel:

„Ich hab's warm. Kannst ja kommen! Ja, komm Alter!" (...)

„Kennst Du X (Stadtteil)? Kennst Du Y (Straße), da ist Wohnung!"

„Wer das alles bezahlt? Jugendamt. Ich bekomme die Woche 66 Euro und fertig! Ist doch cool, Alter!"

Offensichtlich fragt der Freund, wie die Wohnung aussieht.

„Kennst Du Knast? Das ist eine Knastzelle hier. 10 qm und Knast ist 8 qm, ich schwöre Alter, ey. Komm gucken, dann siehst Du!"

„Ich kann stolz auf mich sein, dass ich noch nicht Knast bin. Ich muss mein Zimmer nicht teilen, höchstens teile ich das mit der Küche, alles in einem Zimmer, krass, was?"

„Heute schläft meine Freundin bei mir, voll o.k., Alter!"

„Muss mir nicht viel anhören, die ganze Zeit so: Zimmer aufräumen, nach Hause kommen, den ganzen Fuck gibt's nicht mehr ...!"

Samys Schilderungen seiner Wohnung schwanken zwischen „Knastzelle" und „sturmfreier Bude". Er verhehlt nicht, dass der Raum winzig ist, aber er schildert ihn auch als einen warmen Ort, an dem man seine Freundin empfangen kann und nicht befürchten muss, mit Eltern oder Erziehern wegen Ordnung und Sauberkeit Stress zu bekommen. Interessanterweise hält Samy seine Wohnung penibel sauber, man könnte ihm beinahe zwanghafte Reinlichkeit unterstellen. Trotzdem knüpft er mit dem Freund an ein Klischee an, das nicht nur für viele junge Migranten Realität ist: kein eigenes Zimmer, viele Vorschriften, dauernde Bevormundung in der elterlichen Wohnung. Hier hat Samy dem „Kumpel" wohl deutlich etwas voraus. Die Assoziation zur Knastzelle hat bei Samy auch noch eine zweite Bedeutung: er weiß, wie eine Gefängniszelle aussieht, er war und ist immer wieder nahe davor inhaftiert zu werden und insofern fühlt er sich in seinem Zimmer einerseits an diese Möglichkeit erinnert und ist doch gleichzeitig stolz darauf, dass er das bisher vermeiden konnte.

Beim Thema Geld gerät er in eine prahlerische Stimmung: „Wer das alles bezahlt? Jugendamt. Ich bekomme die Woche 66 Euro und fertig. Ist doch cool, Alter!".

Wenn man das so hört, fühlt man sich an Klischees von Ausländern und Sozialhilfeempfängern erinnert, die den Staat „ja nur ausnutzen". Was Samy hier freilich verschweigt, ist, dass seine Familie aus einer Wohnung zwangsgeräumt und er aus einer anderen von seiner Mutter „rausgeworfen" wurde und einige Tage „auf der Straße stand". Im Kontakt mit seinem Kumpel präsentiert er sich ganz als der Gewinner. Die existenzielle Unsicherheit, die er erlebt hat, erwähnt er mit keinem Wort.

Koordinatorin Irma erzählt mir vor Steffen, dass es für ihn bereits die zweite Phase bei NAlS ist:

„Naja, Du bist ja auch schon das zweete Mal hier; warst ja von Februar bis April bei uns und dann wolltest De ja doch lieber in ne TWG (therapeutische Wohngemeinschaft), fandest ja die Wohnung hier so trist und alles und dann hast de's da aber auch nicht lange ausgehalten, oder ...?"

Steffen: Ne dat war nen Fehler, viel zu viele Regeln und so, hätt' ich eigentlich wissen müssen, vorher".

Irma: „Ja, und bist dann wieder zurück und jetzt has' de sogar unsere hässlichste Wohnung nich? Kann man nich anders sagen, leider ..."

Steffen: „Na ja, die is schon schlimm, aber halt auch gut, besser als dort auf jeden Fall!"

An diesem Beispiel wird deutlich, dass die Jugendlichen immer wieder hin und her schwanken. In der NAlS-Wohnung ist es ihnen oft zu klein und eng und sie langweilen sich. In einer Hilfeform, die sie sozial und von den Regelansprüchen mehr fordert, halten sie es nicht aus, auch wenn der Komfort dort höher ist. Zumindest im Moment scheint Steffen auch mit der „hässlichsten" Wohnung ganz zufrieden. Vielleicht ist es der einzige Ort, an dem er es momentan aushält. Gleichzeitig ist es bei der „hässlichsten" Wohnung wahrscheinlich, dass er bald auch wieder ein Motiv hat, sich verbessern zu wollen.

Wie wichtig die Möglichkeit des regelmäßigen Waschens ist, kann man auch daran ersehen, dass fast alle NAlS-Jugendlichen beinahe immer „adrett" aussehen; oft mit hellen Hosen oder Sweatshirts, denen man ansieht, dass sie frisch gewaschen sind. Nur wenige Jugendliche machen einen verwahrlosten oder schmutzigen Eindruck. Offensichtlich sind viele Jugendlichen um ihren äußeren Eindruck bemüht und wollen nicht in die „Schmuddel-Ecke" gestellt werden. Wahrscheinlich geht es dabei um die Anerkennung von den Peers oder zumindest um die Vermeidung von Ausgrenzung; vielleicht auch um eine Art von Gedankenzauber wie: „ich mag zwar abgerutscht sein und mein Leben nicht auf die Reihe bekommen, aber ich sehe immer noch ordentlich aus!".

10) Versorgungslücken zulassen bzw. entstehen lassen und den Jugendlichen dabei auf eigene oder fremde Kompetenzen verweisen

NAlS will eine existenzielle Absicherung ermöglichen, aber keine Rundum-Versorgung leisten. Deswegen wird der Standard in den Wohnungen bewusst bescheiden gehalten. Was die Jugendlichen zu welchem Zeitpunkt vermissen, kann sehr unterschiedlich sein.

Koordinatorin „Und wie ist es in Dir in der Wohnung?"

Markus: „Ich langweile mich zu Tode! Keine High-Tech-Dimension, nichts. Ich hab jetzt zwar meinen Freiraum, aber keinen Fernseher!"

Koordinatorin: „Das scheint ja ziemlich hart für Dich zu sein?!"

Markus: „Gott sein Dank, nicht mehr lang, ein Kumpel von mir ist gerade in Thailand unterwegs, der bringt mir nen neuen Flachbildschirm mit und nen I-Pod und …"

Koordinatorin: „na, dann bist Du ja bald wieder bestens versorgt. Was hast Du sonst noch für Fragen?"

Markus: „Ja geht denn der Kabelanschluss in meinem Zimmer?"

„Das kann ich Dir nicht sagen … musst Du mal nen Nachbarn fragen oder jemand von der Hausverwaltung, aber ob dann der in Deiner Wohnung geht, dafür kann ich auch keine Garantie übernehmen."

Markus „ich würde mir nämlich sonst en Fernseher organisieren, so lange wie der Kumpel noch weg ist, könnt ich doch machen für meine 50 Euro Wochengeld einen kaufen?"

„Könntest Du machen, musst Du nur schauen, wie Du auch was zu essen bekommst!"

Das nächste Mal fehlt etwas anderes:

Markus „Alles schon eingerichtet, ich brauch nur noch nen Schrank, weil die Klamotten, wenn die so rumfliegen, das kann ich nicht leiden!"

Koordinatorin: „Tja, das ist bei uns nicht vorgesehen, da musst Du Dir selbst was organisieren!"

Markus: „Oder wenn ich mir so Platten kaufe, von meinem Geld, aus Holz … Krieg ich dann von Euch so Werkzeug, um das zusammenzubauen, vier Platten und paar Schrauben, dann bau ich mir den selbst!"

Koordinatorin: „Ja das is ne gute Möglichkeit, kannste auch in der Holzwerkstatt bauen, da bei den Ansprechpartnern…die haben auch Maschinen und Werkzeuge da …"

Markus: "Nee, ich latsch doch nicht dahin mit den Brettern, mach die zusammen und dann muss ich mein Regal wieder zurückschleppen in meine Wohnung, das ist ja voll weit!"

Markus: „Die helfen Dir auch das fertige Ding zu fahren! Wenn Du willst? Musst Du die natürlich vorher fragen …! Aber das bleibt dir überlassen".

Beides Mal bleibt die Koordinatorin klar bei dem Prinzip, dass die Einrichtung nicht perfekt, ja noch nicht einmal vollständig ist, und Markus sich selbst um alles Weitere kümmern muss. Diese Haltung ermöglicht die Eigenaktivität des Jugendlichen, der sicher stolz darauf ist, wenn er seine Wohnung an für ihn wichtigen Punkten selbst geschaffen hat. Bei Markus scheint das gut aufzugehen. Er scheint es lieber alleine hinzubekommen als sich an die Ansprechpartner zu wenden. Aber wer weiß, vielleicht überlegt er es sich noch. Andere Jugendliche leben monatelang ohne Schrank oder Regal, aber erfahren so auch hautnah, wie sich eine Versorgungslücke anfühlt.

Dasselbe Prinzip gilt auch für Beschädigungen, die die Jugendlichen selbst zu verantworten haben: Bezogen auf Evelyn berichtet eine Ansprechpartnerin:

> „Evelyn hat da vor lauter Wut über ihren Freund die Scheibe raus gekloppt .... da hat es natürlich gezogen in ihrem Zimmer und war kalt. Da haben wir ihr gesagt, na klar, ich geh mit Dir mit zum Glaser, jeder von uns, ich helf dir auch beim Ausmessen und so, aber Du musst auf mich zukommen und du musst das Ding bezahlen und dazu musst Du auch vorher ins Amt, damit du Kohle hast. Und dann hat das halt gedauert, ein oder zwei Wochen, aber dann kam sie und dann haben wir das erledigt, ratz fatz!"

Aber auch auf andere Weise können Versorgungslücken entstehen bzw. aufgemacht werden:

> Als sich das Gespräch im Jugendamt zum Ende neigt, weist die Koordinatorin Steffen noch auf seine Monatsmarke für den öffentlichen Nahverkehr hin. „Du, deine Marke liegt bei uns seit über einer Woche!"
>
> Steffen: „Ja, Mensch, ich hasse es (beim Schwarzfahren) erwischt zu werden!"
>
> K: „Na ja bei uns liegt sie gut! Hat aber wenig Sinn!"
>
> Steffen: „Ja, ich komm und hol sie ...!"
>
> K: "Sehen wir mal. Ich bring sie dir nicht, so viel ist klar!"

Auch wenn sich Irma von der Geschäftsstelle, wo die Monatskarte liegt, zum Jugendamt bewegt, in der sie Steffen trifft und die Karte leicht für ihn mit nehmen könnte, macht sie klar, dass er sie sich selbst holen muss. Hier wird eine klare Grenze für Versorgung und Hinterher-Tragen aufgemacht und aufrecht erhalten. Weil die Mitarbeiterin auch von der inneren Haltung her so klar dazu steht, scheint auch Steffen diese zu akzeptieren. Er macht keinerlei Versuch sich zu beschweren oder sie mit Bitten zu erweichen. Insgeheim ist er vielleicht sogar froh darüber, nicht wie ein Kind behandelt zu werden, sondern wie ein für sich selbst verantwortlicher Mann.

3.3 Interaktionsbereich „Beraten/(Selbst-)Klärungshilfen anbieten"

11) Regelmäßig zum Reflektieren „auffordern": „Erzähl mal: Was war los in der letzten Woche?"

Einmal in der Woche müssen die Jugendlichen an einem festgelegten Tag ca. 30 Minuten mit einem der Koordinator/innen sprechen. Anders als in der unverbindlichen Situation der Anlaufstelle handelt sich hier um ein ritualisiertes Geschehen, das die Jugendlichen bedienen müssen, wenn sie den Wochenbetrag ihrer „Hilfe zum Lebensunterhalt" erhalten wollen. Insofern stellt das Gespräch einen Zwangskontext dar: man wird hier zum Gespräch gezwungen, aber wie man es inhaltlich füllt, kann und soll durchaus sehr unterschiedlich ausfallen (Schwabe 2008. S.29 ff).

Einige Jugendliche kommen nach unserem Eindruck gerne und haben sich auch darauf vorbereitet, andere absolvieren das Gespräch wie einen lästigen Pflichttermin. Dabei durchlaufen fast alle Jugendlichen eine Entwicklung, auch wenn diese nicht immer gradlinig von „unfreiwillig" zu „selbst bestimmter Rede verläuft.

Dienstag 9 Uhr 20. Steffen treffen wir auf der Bank vor dem Zimmer, in dem die Gespräche stattfinden. Ein Kumpel in typischer Rapper-Kleidung sitzt bei ihm. Steffen fragt, ob der Freund mit reinkommen kann, was die Mitarbeiterin Irma verneint. Ohne zu protestieren kommt er sofort und setzt sich an den Tisch. Beinahe sofort sagt er:

„Ich hab gar nichts gemacht!".

Das bezieht sich auf Vorhaben wie Besuch beim Arbeitsamt, Organisation seiner Arbeitsstunden etc., die er sich das letzte Mal vorgenommen hatte. Seine Worte klingen nach einem peinlichen Eingeständnis, das er schnell hinter sich bringen will. Keine Spur von Abwehr oder Trotz etc.

Koordinatorin: „Mensch, Du hast ja ganz rote Augen?"

Steffen: „Na ja, hab ja och gar nicht geschlafen die Nacht!"

K: „Wo warst De?", klingt interessiert

Steffen: „Na ja Party waren wir bis 3.00 morgens und dann hab ich gedacht, wenn ich jetzt pennen gehe, dann wach ich gar nicht mehr auf und hab lieber weiter gemacht und bin dann direkt hier her ....".

Die Koordinatorin sagt etwas Anerkennendes:

Steffen verfällt deutlich stärker in seinen Dialekt: „Ick hab nüscht jemacht, aber dat hat auch nen Grund!" Dabei funkeln seine Augen ein wenig.

K: "Erzähl mal, was hast De denn stattdessen gemacht?"

Steffen erzählt, dass er zusammen mit dem Freund, der draußen wartet, unterwegs in München, Augsburg und auch bei einer Jugendmesse in Berlin war. Der Freund hatte mehrere Auftritte. Steffen hat ihn dabei begleitet, die Reise mit der Videokamera dokumentiert und dafür Fahr- und Verpflegungskosten erhalten. Insofern war es eine Art von Arbeit. Insgesamt wirkt er sehr stolz bei seinen Schilderungen.

An diesem Beispiel kann man sehen, dass die Treffen im Jugendamt häufig eine Art Evaluationscharakter haben. Der Jugendliche stößt im Gespräch auf Themen, die er bearbeiten will oder muss (Eigen- oder Fremdziele, vgl. Schwabe 2007, 56). Die Mitarbeiterin prüft mit ihm die Dringlichkeit der Aufgabe bzw. die Ernsthaftigkeit seiner Bereitschaft zum Handeln. Daraus entsteht ein Vorhaben, oder auch nicht. In der nächsten Woche schaut man gemeinsam, was umgesetzt wurde und was nicht.

Offensichtlich ist es Steffen peinlich die geplanten Aufgaben nicht umgesetzt zu haben. Einmal platzt er ganz am Anfang damit heraus, in Hochdeutsch. Als er emotional besser angekoppelt ist an Irma, wiederholt er zudem das Ganze in Dialekt. Jetzt mit dem Hinweis auf „gute Gründe". Irma greift das mit dem Satz: „Was hast De denn stattdessen gemacht?" auf und unterstellt ihm so, dass er an Stelle des Geplanten etwas anderes Positives getan hat. Damit trifft sie bezogen auf sein Selbstbild voll ins Schwarze. Es zeigt sich, dass er viel „rumgekommen" und mächtig stolz auf seine Leistungen als Filmer ist.

Eine andere Szene:

Dienstag ca. 11.40. Julia kommt relativ spät, vielleicht auch um das Gespräch eher kurz zu halten, aber die Koordinatorin nimmt sich für sie Zeit bis 12.30. Julia ist 16 Jahre, eher klein und rund mit kurzen, rabenschwarzen (gefärbten?) Haaren. Ihre Augen sind dick mit Kajalstift umrandet.

K: „Die letzten beiden Male kamst Du ja nicht … Was gibt es heute, was steht an?"

Julia: „Naja, ich hab es jetzt endlich mal geschafft, mit der Wohnung, mal meine Sachen hin zu bringen … Karin (eine Mitarbeiterin) hat mir geholfen, die hab ich angerufen und die hat mich ja auch gefahren!"

K: „Und wie war das?"

Julia „Ja gut, haben wir die Kisten mal hoch getragen in den vierten Stock …, war voll schwer so, hat mir ja auch ne Freundin geholfen, aber nachher hat sie mir meine Monatsmarke stibitzt, das fand ich gemein. Aber das macht sie öfters, so was, mein Freund sagt auch immer, wenn die kommt, dann lass ich nichts liegen, aber zugegeben hat sie es nicht!"

K: „Und wie ist das jetzt, wie sieht deine Wohnung aus?"

Julia: „Na also, ausgepackt hab ich noch nicht alles, nur so ein paar Sachen, meine Musikanlage und so, die hab ich und sonst steht da noch so viel rum und geschlafen hab ich da auch noch nicht, morgen will ich da auch schlafen, vielleicht … mal sehen."

K: „Und was ist sonst noch so passiert, die letzten 14 Tage?"

Julia:„Naja ich hab nen Kleidergeldantrag gestellt beim meinem Jugendamt ... aber noch nichts gehört, ich frier mir draußen ein Eichhörnchen ab! Ham Sie denn was gehört von der Frau Schmidt?"

Julia ist zweimal nicht zu den Terminen erschienen. Sie wohnt (noch) bei ihrem Freund und ist deswegen weder auf das Zimmer bei NAIS, noch auf das Geld im Jugendamt angewiesen. Die Mitarbeiterin Karin spricht das zwar an, aber macht in dieser Situation keinen Vorwurf daraus. Heute kommt sie, vielleicht auch, weil sie etwas Neues zu erzählen hat, von dem sie weiß, dass es die Mitarbeiterin als Fortschritt bewerten wird: sie hat ihre Besitztümer in die eigene Wohnung gebracht und damit einen ersten Schritt zum Einziehen gemacht. Ob sie dort schlafen kann bzw. will, steht freilich noch auf einem anderen Blatt. Vielleicht war es aber auch die Kälte und die fehlende Kleidung, die sie zum Kommen veranlasst haben. Sie hat offensichtlich selbst einen Kleidergeldantrag gestellt (siehe „Versorgungslücken zulassen") und wartet nun auf einen Bescheid. Vielleicht hofft sie, dass die Mitarbeiterin mehr darüber weiß.

So kann es verschiedene Gründe für das Kommen geben; das bloße Kommen reicht für ein gutes Gespräch noch nicht aus. Aber es ist die Grundlage dafür. Später im Verlauf dieses Termins werden Julia und die Mitarbeiterin ausführlich darüber reden, was ein Einzug in die eigene Wohnung bedeuten würde und warum er ihr so schwer fällt.

Nicht immer lässt sich das Erzählen so glatt an:

Zwei Wochen später: Julia kommt gegen 11.00. Einen Zwischentermin in der eigenen Wohnung hat sie telefonisch abgesagt.

Julia (schlecht gelaunt oder trotzig): „hab gar keinen Bock hier zu reden!"

K: „Was gäbe es denn zu erzählen?"

Julia: „nichts" und nach kurzem Schweigen: „man wird ja noch „Geheimnisse haben dürfen".

Koordinatorin „musst Du ja nicht erzählen ...!"

Dann schweigen beide.

Julia nach 2 Minuten: „Ich mag diese Stille nicht!"

K: „Dann erzähl irgendetwas, wenn Du willst, kannst Du auch ein Lied singen ..."

Julia nach einem Seufzer: „Meine Freundin hat mir jetzt einen Hasen angeschleppt, den Hund hat sie wieder abgeschafft. Also sie hat jetzt einen und ich einen, da hat sie mich überredet zu und die sind beide bei ihr in der Wohnung. Ich darf meinen immer rausnehmen, wenn ich will und einmal besorgt sie die Streu und ich das Futter eine Woche lang und dann umgekehrt ..."

Koordinatorin ein bisschen spitz: „Und das findest de jut?"

Julia: „Ja, na ja schon, war ja nicht meine Idee, aber ist schon o.k. Bin mal gespannt, was sie als nächstes anschleppt!"

Wieder schweigen beide …

Julia nach einer Minute: „Ich wollte noch fragen, ob sich Fr. Schmidt schon gemeldet hat?"

Wieder geht um Kleidergeld, das sie beantragt hat … Julia sagt, dass sie friert, sitzt auch in einem dünnen Jäckchen da, dass sie mir leid tut. Die Koordinatorin verweist sie wieder auf Frau Schmidt und sagt, sie kann bezogen auf Kleidung nichts tun für sie.

K: „Wie schätzt Du das denn ein, wie zufrieden die Frau Schmidt ist, mit Deiner Entwicklung?"

Julia: „Schon zufrieden, meine Sachen sind ja jetzt drüben in der Wohnung und wenn sie will, dass ich zur Schule gehe, soll sie mir halt ne Schule geben, da wo ich hingehen kann!"

K: „Und Du meinst die Frau Schmidt kann das?"

Julia: „Es gibt ja keine Schule, die mich nimmt!"

K: „Also ist Frau Schmidt zufrieden?"

In dieser Sequenz kann man sehen, dass das wöchentliche Gespräch auf dem Amt keine Selbstverständlichkeit ist. Die Jugendliche verweigert sich zunächst mit dem Hinweis auf ein „Geheimnis". Die Koordinatorin achtet dieses, schweigt dann aber ihrerseits. Wahrscheinlich hat sie keine Lust der Jugendlichen irgendetwas mühsam „aus der Nase zu ziehen". Außerdem hat sie sich darüber geärgert, dass Julia vor einigen Tagen ein Treffen in der Wohnung wenige Stunden zuvor abgesagt hat. Warum sie diesen Ärger nicht anspricht, muss offen bleiben. Sie insistiert allerdings darauf, dass die Jugendliche in eine aktive Rolle gehen und „irgendwas erzählen muss", „wenn Du willst, kannst Du auch ein Lied singen!". Das hört sich grob an, scheint aber einen adäquaten Umgang mit der Verweigerungshaltung von Julia darzustellen. Es kommt zu einer ersten kleinen Erzählung über neu angeschaffte Tiere, die aber bald wieder endet.

Julia bringt von sich aus das Thema auf das Jugendamt und das beantragte Kleidergeld, wofür sich die Mitarbeiterin als nicht zuständig erklärt. Aber mit dem Jugendamt ist ein Thema gefunden, das beide beschäftigt. Da demnächst ein Hilfeplangespräch mit Frau Schmidt ansteht, befragt die Mitarbeiterin Julia mit zirkulären Fragen: was denkt sie, was Frau Schmidt über ihre Entwicklung denkt? Auch dieses Gespräch lässt sich zunächst zäh an, führt später aber zu einem engagierten Dialog mit interessanten Ergebnissen.

Auch wenn die Mitarbeiterin ihren Anspruch Julia in eine aktive Erzähl-Rolle zu bringen im Verlauf des Treffens aufgibt, so dürfte der ganze Vorspann doch ihre Erwartung deutlich gemacht haben, dass Julia bei diesem Termin etwas erzählen soll. Wenn das nicht geschieht, „knirscht" es erst mal.

12) Selbstklärung unterstützen: „Willst Du das?" oder „Was willst Du wirklich?"

Die Jugendlichen bei NAIS befinden sich häufig in schwierigen Entscheidungssituationen. Sie wissen oft sehr genau, was andere Personen, ihre Eltern, ihr Freund oder die Jugendamtsmitarbeiter von ihnen erwarten und sind immer wieder auch geneigt, diesen Erwartungen nachzukommen, weil sie die Anerkennung oder Zuneigung dieser Personen erwerben möchten. Da ihre Beziehungen andererseits aber von tiefer Ambivalenz geprägt sind, erweisen sich Entscheidungen, die andern zu Liebe gefällt wurden, später bei der Umsetzung oftmals als brüchig oder nicht stimmig. Die Energie erlahmt und neue Enttäuschungen sind vorprogrammiert. Insofern kommt es in der Zeit bei NAIS wesentlich darauf an herauszufinden, was sie selbst wollen. Aber dieser „eigene Weg" liegt nicht als fertiges Konzept in ihnen, sondern ist etwas, das mühsam und in kleinen Schritten entwickelt werden muss.

Bei einem wöchentlichen Termin auf dem Jugendamt:

Koordinatorin: „Wie war denn Dein Termin bei MuKi (Mutter-Kind-Einrichtung, M.S.) letzte Woche?"

Tatjana: „Da war ich gar nicht, ich hab den Zettel verloren mit der Adresse und außerdem ging es ja nur darum, dass die mir weitere Adressen sagen …"!

K: „Vielleicht willst Du das ja auch gar nicht wirklich mit dem MuKi?"

Tatjana überlegt kurz: „Ja-a, nee-e, Mutter-Kind-Heim will ich nicht, das stimmt schon, aber ganz alleine will ich ja auch nicht, weißt De, vor allem so die ersten drei, vier Tage, wo das Baby neu ist, also vieles weiß ich ja nicht, da brauch ich schon ne Unterstützung …"

K: „Aber mit Mutter und Bayern, dort das Kind bekommen, das ist es eben auch nicht so richtig …?"

Tatjana: „Nee uf keenen Fall, erst danach, dann mal schauen …"

K: „Ich hab Dir ja angeboten, dass ich mit Dir da zusammen hingehen zu MuKi, was ist damit, willst Du das?"

Tatjana: „Was haben die denn da für Regeln, also wenn die sagen um 19.30 zu Hause und so, dann ist das auch nichts für mich!"

K: „Na ja, genau solche Sachen könnte man ja vorher rausfinden und besprechen!"

Tatjana: …????… (unverständlich)

K: „mmh, alle nerven Dich, alle wollen nur das Beste für Dich, aber was ist das Beste?"

Tatjana ratlos: „Ja, dat wees ich och nich …"

K: "Im Moment ist der Stiefvater nicht da, da geht es mit Deiner Mutter dann besonders gut!"

Tatjana: „Ja, mit der hab ich gestern ganz lange telefoniert ..."
K: „Aber wie das wäre, wenn ihr wieder zusammenwohnt?"
Tatjana: „Mmh, wahrscheinlich, nich so gut!"
Mitarbeiterin:„o.k., was ist wichtig für Dich? Was willst Du machen?"
Tatjana: „Anrufen bei MuKi und neuen Termin ausmachen!"
K: „Willst Du das jetzt machen von hier oder später bei Dir?"
Tatjana: „Ja, schon lieber jetzt, weil, wenn ich dann bei meiner Mutter bin, ist es eh wieder zu spät!"
Tatjana ruft an: in einem sehr höflichen Ton entschuldigt sie sich für ihr Nichtkommen in der letzten Woche und macht einen neuen Termin aus.

Tatjana war nicht zum Informationsgespräch im Mutter-Kind-Heim, wie sie sich vorgenommen hat. Rückblickend wird klar, dass sie Angst davor hat dort sofort für längere Zeit verpflichtet zu werden, für sich selbst aber nur einen Hilfebedarf von drei, vier Tagen sieht. Wie realistisch das ist, und ob es nicht sogar nötig ist, mit Blick auf das neu geborene Kind, mehr und intensivere Hilfen zu planen, wird hier nicht untersucht. Das Gespräch steht ganz unter dem Motto: Was willst Du?

Immerhin kann Tatjana für diesen Tag herausfinden, dass sie nicht mit ihrer Mutter mitziehen will, auch wenn sie sich zurzeit gut verstehen. Ob die Mutter das möchte und wie Tatjana mit der Enttäuschung umgehen kann, die sie der Mutter eventuell bereitet, wird hier nicht untersucht. Deutlich wird auch, dass es für Tatjana wesentlich darauf ankommt, wie die Regeln im Mutter-Kind-Heim sind. Sie ist nicht bereit sich dort in Bezug auf ihre Autonomie wesentlich einschränken zu lassen. Was aber dort von ihr genau verlangt wird, scheint unklar. Deswegen ist ein Klärungsgespräch vor Ort ein nächster wichtiger Schritt. Wann sie das angehen will, wird von der Mitarbeiterin sehr sorgfältig untersucht und bleibt ganz in der Regie von Tatjana. Sie entscheidet den Anruf sofort zu erledigen.

Häufig verstricken sich die Jugendlichen bei der Umsetzung ihrer Pläne mit anderen und geraten in Konfliktkreisläufe, deren Dynamik sie selbst bedienen, aber kaum durchblicken. Auch dafür bedarf es sorgfältiger Klärungsprozesse, die aber die Verantwortung für das Handeln beim Jugendlichen belassen:
Samy war ein paar Tage nicht in der Schule und beschwert sich wortreich darüber, dass ihn dort alle vollmeckern:
Koordinatorin: „Weswegen meckern die alle an dir rum?"
Samy grinst: "Na weil ich nicht immer da bin!"
K: „Aha. Wie viele Fehltage denkst Du denn, dass Du hast?"
Samy: "Keine Ahnung; aber letztes Jahr hatte ich 50 und dieses Jahr viel weniger, höchstens 10, na ja mit letzter Woche hab ich vielleicht 20 Tage, also noch viel weniger als vorher!"

K: „Das Jahr hat ja erst angefangen, wenn Du willst, schaffst du auch noch 50 bis zum Ende, kommt darauf an, was Du Dir vornimmst?!"

Samy: „Will ich aber nicht!"

K: „Was willst denn Du?"

Samy: „Zur Schule gehen!"

K: „Und warum hat das dann letzte Woche nicht geklappt?"

Samy: „Ja ich war ja krank und der Arzt will ja 2 Euro fünfzig für die Krankmeldung, geben Sie mir 2,50 und ich gehe sofort zum Arzt und bringe dann die Scheine!"

K: „Bekommst Du sicher nicht von mir, musst Du halt einen Arzt suchen, der nicht so viel verlangt ..."

Samy: „Aber so viel wollen alle".

Koordinatorin: „Das weiß ich nicht, ist ja auch Dein Problem, was hattest Du denn?"

Samy: „Meine Hände sind aufgeplatzt, war von der Kälte, das tut voll weh, hat meine Mutter auch!"

K: „Und wie soll das heilen, wenn Du damit nicht zum Arzt gehst?"

Samy: „Ich hab meine Tante gefragt, die ist ja Krankenschwester und ich hab so Creme gemopst aus dem Krankenhaus, Linola oder so was ..."

K: „Gut! Zurück zur Schule. Du warst also krank und hast keine Entschuldigung gebracht!"

Samy: „Also die letzten paar Tage hab ich keinen Bock gehabt, ehrlich gesagt!"

K: „Keinen Bock, ich hab noch ne andere Vermutung!"

Samy: „Wie, naja, dass die mich auf den Kieker hat und ich deswegen nicht mehr will?"

K: „Warum hat die dich noch mal auf dem Kieker?"

Samy: „Naja weil ich einen Tag komme und einen nicht, eben 50 zu 50. aber ich muss 100 % geben, mehr als 100 %, ich weiß schon, ich brauch ja den Abschluss!"

K: „Aber zu Deinen Regeln!"

Samy: „Was meinen Sie damit?"

K: „Naja du kommst eben so oft wie Du denkst, dass es reicht!"

Samy: „Nein, nein, ich schwöre, ich hab den Scheißwecker nicht gehört"

K: „Das brauchen wir jetzt nicht vertiefen"

Samy: zuckt mit den Schultern: „Ja ich weiß, ich will es ja selbst ...".

K: „aber das war noch nicht meine Vermutung, von der ich eben sprach, warum Du nicht gegangen bist die letzen Tage ... noch ne Idee dazu?".

In diesem Gespräch erkennt Samy zumindest ansatzweise, dass die Lehrer genaue Vorstellungen von regelmäßigem Schulbesuch oder Umgang mit Krankheiten haben, die er bedienen oder übersehen kann. Entscheidet er sich für

Letzteres, kurbelt er selbst den Mecker-Kreislauf an, den er so hasst und der ihn dann wiederum am Schulbesuch hindert. Auch bezogen auf die bisher angefallenen Fehltage muss er erkennen, dass er sich bisher etwas in die Tasche gelogen hat: so wenige wie er möchte, waren es nicht. Immerhin kann er seine Ausflüchte irgendwann beiseitelassen und einräumen, dass er keine Lust gehabt hat. Aber auch damit ist der Selbstklärungsprozess noch nicht abgeschlossen: die Mitarbeiterin hat weitere Vermutungen dazu, aber mutet Samy zu, diese selbst herauszufinden. Ihm die eigenen Vermutungen einfach mitzuteilen, würde nicht weiterhelfen, weil er nur das selbst Entdeckte annehmen kann.

Das Thema „was will ich wirklich?" betrifft auch das Verhältnis zu den Mitarbeiter(inne)n von NAlS. Was will ich als Jugendlicher von denen? Wie weit will ich mich ihnen gegenüber öffnen bzw. wie leicht lasse ich mich von diesen zu mehr Gesprächen oder zu bestimmten Planungen „verführen", bereue es aber anschließend, weil sie sich nicht „echt" oder „als mein Ding" anfühlen? Nachdem Mitarbeiterin Karin bereits erlebt hat, dass Julia zu Terminen nicht kommt, macht sie an der Frage, ob und wo die Beiden sich treffen könnten, eine genaue Erkundung:

Mitarbeiterin: „Also so ein Treffen mit mir, möchtest Du das mal ausprobieren?"

Julia: „Ja, schon!"

Mitarbeiterin: „Wie wär's denn, wenn ich mich auf den Weg machen würde zu Dir?"

Julia: „Oder wenn man sich in der Mitte treffen würde?"

Mitarbeiterin: „Na ich würde schon zu Dir kommen … wollen wir das mal versuchen?"

Julia: „Wenn Sie so lange fahren wollen?"

Mitarbeiterin: „Das kannst Du mir eigentlich nicht zumuten, so was für Dich zu tun?"

Julia: „Na ja, ist ja schon ein bisschen anstrengend die Fahrt und so …"

Mitarbeiterin: „Und kann ich das für Dich tun? Willst Du das?"

Julia zieht eine Schnute: „mmh, weiß nicht …?"

Mitarbeiterin: „Würdest Du das gut finden, wenn ich das für Dich tun würde?"

Julia zuckt mit den Schultern, schaut ein wenig ängstlich …

Mitarbeiterin: „Bist Du das wert, dass ich diese Mühe auf mich nehme?"

Julia: „Na wenigstens würden die Gespräch dann zustande kommen!"

Mitarbeiterin: „Das war nicht die Antwort auf meine Frage!"

Julia: „Ich weiß es nicht. Wenn Sie schon den weiten Weg auf sich nehmen, müssen Sie das ja auch gut finden?!"

Mitarbeiterin: „Und wie würdest du es finden?".

Julia: „In Spandau fühle ich mich wohl! Viel wohler als da im Wedding. Also nichts gegen Ausländer, aber die vielen Türken da unten, die einen immer dumm anquatschen, da treff ich mich schon viel lieber in Spandau!"

Dann machen die beiden einen Termin aus.

Wir wissen nicht, ob die Hypothese der Mitarbeiterin richtig ist. Sie vermutet, dass Julia auch deswegen so widerstrebend auf ihre Terminvorschläge reagiert, weil sie sich durch eine solche Art der Zuwendung verunsichert fühlt. Von ihrer Lebensgeschichte her würde das gut passen: Obwohl sie sich sehnsüchtig jemanden wünscht, der sich um sie kümmert, macht ihr das zugleich auch Angst. Gerade bei der Frage, wo der Termin stattfindet, geht es deswegen auch darum, was Julia zulassen kann. Julia schlägt je nachdem wie man es einschätzen mag, bescheiden oder auf Ausgleich bedacht, die Mitte zwischen beiden Orten vor. Diese hat aber den Nachteil, dass sie weder für die Jugendliche noch für die Mitarbeiterin eine sozialräumliche Relevanz besitzt. Der Stadtteil, in dem Julia lebt, scheint für sie dagegen hoch bedeutungsvoll. Die Bezüge dorthin sind so stark, dass sie auch deswegen nicht in die NAIS-Wohnung in den Wedding ziehen will. Deswegen scheint dieser Ort auch für die Mitarbeiterin sehr viel passender. Aber kann Julia es ertragen, dass sich die Mitarbeiterin zu ihr auf den Weg macht, ist sie dieses Engagement wert, oder bedrängt sie das zu arg? Julia räumt ein, dass bei einem solchen Besuch in ihrer „sicheren" Umgebung die Wahrscheinlichkeit hoch ist, dass ein Treffen zustande kommt. Wichtig ist für Julia, dass aber auch die Mitarbeiterin einen Sinn darin sieht. „Nur für sich alleine" will sie einen solchen Besuch nicht in Anspruch nehmen. Das „Selbstwert-Thema" wird von ihr ein Stück weit weg geschoben. Am Ende kommt es aber doch zu einer Einigung. Der Termin findet dann auch statt.

13) Emphatisches Begleiten

Nachdem Evelyn nach mehrwöchiger Pause mitten in einer akuten Krise mit ihrem Freund mal wieder zum Wochengespräch angekommen ist, erzählt sie länger über ihre Empörung im Zusammenhang mit dem Verhalten des Freundes, der sie geschlagen hat und ihre feste Absicht eine Kontaktpause von mindestens zwei Wochen einzulegen.

Nachdem Evelyn eine Weile erzählt hat und Atem schöpft …

Mitarbeiterin: „Boh jetzt hast Du ja voll viel erzählt und ich merk, dass Dich das alles sehr aufwühlt und …"

Evelyn: „Ja, das ist krass anstrengend, ich weiß auch nicht, wie ich das alles schaffen soll …"

Mitarbeiterin: „Und das ist jetzt auch noch in einer Zeit, wo Deine Mutter auf Kur ist ... fühlst Du dich wahrscheinlich auch sehr alleine, gerade jetzt, wo Du ihn auch nicht siehst ...?"

Evelyn: „Na ja, ich hab ja voll viele Freundinnen, ich geh jetzt eben mehr auf Party und schau, dass ich mich irgendwie abgelenkt krieg ..."

Mitarbeiterin: „Ist aber bestimmt nicht leicht, oder?"

Evelyn: „Na klar, der hat mir ja auch immer alles gekauft oder geschenkt, deswegen musste ich ja auch nicht hier her so oft, ich will das ja gar nicht, aber der kauft mir immer alles. Das ist jetzt schon anders, aber das will ich schaffen ...!"

Mitarbeiterin: „Aber mit dem Freund ist schon der bequemere Weg?"

Evelyn: „Ja, aber das kann ich, auch wenn das stimmt: jetzt bin ich schon ein bisschen verwöhnt worden. Aber da geht es auch um meinen Stolz, dass wenn ich das will ...!"

Mitarbeiterin: „Ich weiß nicht, ob Stolz das richtige Wort ist, mir scheint Du willst ernst genommen werden. Du hast jetzt gesagt 14 Tage Pause und da willst Du das auch durchziehen ..."

Evelyn: „Ja, das ist gut, das stimmt. Ich will ernst genommen werden ... und 14 Tage ist ja auch nicht ewig! "

Die nächste Szene betrifft Julia, die es vorzieht bei ihrem sehr viel älteren Freund zu wohnen statt ihre eigene, kleine Wohnung bei NAlS zu beziehen. Einerseits wünscht sie sich zwar mehr Unabhängigkeit von bzw. in dieser Beziehung, andererseits unternimmt sie doch wenig, um sich unabhängiger zu machen. Die Mitarbeiterin registriert, dass es sehr unterschiedliche Gründe sind, die die Jugendliche davon abhalten in die eigene Wohnung zu ziehen:

Koordinatorin: „Sag mal mit Deiner Wohnung, was macht es Dir so schwer, da mal zu übernachten, zumindest mal zur Probe?"

Julia: „Na ja, ich hab halt die letzen Jahre nie alleine geschlafen. Ich war entweder bei einer Freundin oder eben bei einem Freund, aber ich weiß gar nicht mehr wie das geht, ich kann das auch gar nicht ab alleine in ner Wohnung, tagsüber geht es ja noch, aber das ist auch schon schlimm, drum will ich ja auch wieder zur Schule, weil mein Freund jetzt tagsüber eh weg ist und ich da alleine, aber nachts das geht gar nicht ..."

K: „Mmh, verstehe ..."

Julia: „... aber nicht, dass ich jetzt wieder in ne WG soll, das war da schon besser mit den Leuten, aber wegen den Regeln, also mit dem Zuhause sein und so, da kann ich mich gar nicht dran halten ..."

K: „ja, das ist klar, das hast Du ja sehr deutlich gesagt, gleich zu Beginn und immer wieder ..."

Julia: „... und meine Freundin hat auch schon gesagt, schaff Dir doch nen Tier an, dann bist Du nicht alleine und hast immer was. Aber so ein Tier, da muss man sich ja kümmern, die schafft sich ja jede Woche nen Tier an und dann muss es wieder weg, das täte ich nie, weil ein Tier, das ist ja dann was für lange, aber die holt sich immer neue Tiere und die alten kommen weg!"

K: „So eine Lösung wie mit einem Tier, das kommt für Dich nicht in Frage, dazu hast Du Tiere auch zu gerne!"

Julia: „Ja, ach es sind so viele Gründe. Weiß auch nicht ..."

K: „Interessiert mich, erzähl!"

Julia: „Die Wohnung bei NAlS ist ja auch so weit weg .....also das sind ja fast zwei Stunden bis X (Stadtteil) und dann laufen da auch so viele Ausländer rum hier in der Gegend ..."

K: „und da fürchtest Du Dich manchmal?"

Julia. „Ja, ...ich weiß schon, dass die mir nichts machen, aber trotzdem, sind halt so Gedanken und die Wohnung, also wenn ich mir das mal in den Kopf gesetzt habe, dass das nicht geht, dann ... das ist dann halt nur für die Not!"

K: „Was ist es denn, was Du Dir da so in den Kopf gesetzt hast?"

Julia: „Ach, wenn man da schon rein kommt, also wo ich das gesehen habe, also alles so abgenutzt, ich glaub, als ich die Couch gesehen habe, war mir schon schlecht ..."

Nachdem die Vorbehalte gegen die Wohnung auf diese Weise erkundet wurden, verabreden sich die beiden zu einem gemeinsamen Termin in der Wohnung, um das Gespräch darüber zu vertiefen und um zu überlegen, was man eventuell ändern könnte, damit die Wohnung attraktiver werden kann.

14) Produktives Irritieren: Provokation, Ironie, Konfrontation, Verweigerung von erwarteter Empathie, Ambivalenz vertreten

So zentral und unverzichtbar die Erfahrung des Freiraums für die Weiterentwicklung der Jugendlichen ist, so leicht ist es doch auch möglich, dass dieser zu einer Art von unproduktiver Nische wird, in der sie sich einrichten und Anforderungen bzw. den Konsequenzen, die sie durch ihr Handeln auslösen, ausweichen. Deshalb ist es immer wieder sinnvoll bzw. nötig Irritationen in den Alltag oder die Gespräche einzustreuen, und zu hoffen, dass diese von den Jugendlichen wahrgenommen werden und sie in produktiver Weise beschäftigen. Sicherlich kann man die Richtung, in die solche Irritationen wirken, nicht bestimmen; aber immerhin kann man beobachten, ob sie ankommen oder ins Leere laufen und wie sie verarbeitet werden. Hier einige solche Irritationsversuche:

Evelyn ist eine Jugendliche, die ihre Wäsche zwar häufig bringt und wäscht, dann aber in der Maschine liegen lässt, sodass diese nach zwei bis drei Tagen zu riechen und zu schimmeln beginnt. Als sie an diesem Tag gegen 18.00 kommt, fragt sie: „Kann ich die Wäsche dann im Trockner lassen über Nacht, dann muss ich nachher nicht mehr kommen?".

Ansprechpartnerin: „Musst Du halt spätestens morgen Mittag kommen und die umfüllen in den Trockner …"

„Ja, mach ich …!"

A: „Denkst Du da dran?"

Evelyn: „Na ja, sonst bleibt sie halt da drinnen …"

A: „Du weißt, dass wir hier schon Wäsche weggeworfen haben, weil sie stank und schimmelte, ich meine auch von Dir …? Und Du selbst doch auch schon!"

Evelyn: „Ja, aber dies Mal, denk ich dran, ehrlich!"

A: „Sonst könntest Du die Wäsche doch auch mal gleich wegschmeißen, wie wär denn das? Wär doch auch mal ne Aktion?!"

Evelyn wirkt verunsichert und lächelt irritiert. „Wegschmeißen …? Nee, ich komm schon!".

Sie kommt dann auch und zwar am selben Tag noch. Offensichtlich hat sie ihr Programm umgestellt und der Wäsche den Vorzug gegeben.

Zunächst verläuft alles nach dem gewohnten Muster: Evelyn möchte waschen, aber plant von vornherein ein, dass sie sich erst zeitverzögert um die Wäsche kümmern kann. Die Ansprechpartnerin spielt das Spiel erst einmal mit, merkt aber rasch, dass es in eine schon bekannte Richtung läuft: sie erinnert und mahnt, Evelyn verspricht, aber nichts geschieht. Da beschließt sie etwas Neues auszuprobieren. Warum nicht sofort tun, was nach einigen Tagen so wieso als ungewollte Konsequenz folgt: das Wegwerfen der übel riechenden oder sogar angeschimmelten Wäsche?

Dieser munter vorgetragene und wie selbstverständlich wirkende Vorschlag verstört die Jugendliche: Sie merkt selbst, was sie dafür tut, dass das Waschen häufig anders endet als geplant und steuert um: heute erledigt sie erst den gesamten Waschzyklus und geht erst dann aus.

Evelyn ist eine der Jugendlichen, die häufig nicht zum Termin am Dienstag ins Jugendamt kommen. Immer wieder wird sie gerade an diesem Tag krank. Die Mitarbeiter/innen haben den Eindruck, dass sie die Gespräche im Amt vermeidet, weil sie deren Verlauf nicht so leicht steuern kann wie die Alltagskommunikationen in der Anlaufstelle. An einem Montagabend klopft Evelyn, hüstelt beim Hereinkommen und sagt: „Oh, ich werd krank glaub ich …"

Ansprechpartnerin: „Na ja morgen ist ja auch wieder mal Dienstag!"

Evelyn schaut kurz verdutzt, beschließt aber zur Tagesordnung überzugehen:

„Du-u, ich brauch mal Deine Hilfe ... wie komm ich denn am besten nach Halensee, weil da will ich mich mit ner Freundin treffen ..."

Die Ansprechpartnerin gibt ihr bereitwillig Auskunft und bringt das Gespräch nicht mehr auf das Kranksein zurück.

Die Absicht der Mitarbeiterin war, das „Spiel", das Evelyn um den Jugendamtstermin macht, in provozierender Weise offen zu legen. Sie verweigert der Jugendlichen Mitgefühl für ihr beginnendes Krankwerden und bringt dieses in Zusammenhang mit dem Termin am nächsten Tag. Der Klartext lautet: „Du spielst krank, um eine Ausrede zu haben, morgen nicht ins Amt zu müssen!"

Evelyn ruft tatsächlich am nächsten Tag im Jugendamt an und kündigt an wegen Krankheit nicht kommen zu können. Trotzdem taucht sie am Nachmittag relativ gesund wirkend in der Anlaufstelle auf. Die oben lancierte Provokation hat demnach keine direkte Auswirkung gehabt. Es ist aber auch angemessen, dass die Ansprechpartnerin das Thema nicht weiter verfolgt – weder in der Situation, noch am nächsten Tag: es ist nicht ihre Aufgabe, dafür zu sorgen, dass Evelyn ins Amt geht. Wenn, dann wäre das eine Aufgabe für die Koordinator/innen, welche die Amtsgespräche führen: sie könnten oder müssten Evelyn dazu in besonderer Weise einladen oder auf sie zukommen. Mehr als diese kleine, probeweise Intervention steht der Ansprechpartnerin in diesem Setting bzw. in diesem Zusammenhang nicht zu.

Eine unangenehme Überraschung bietet die folgende Sequenz:

Julia hat an diesem Tag schon mehrfach über enttäuschende Situationen berichtet, die sie immer wieder mit ihrem Freund erlebt. Dabei hatte sie jedoch kaum Gefühle zugelassen, d. h. weder Ärger, noch Traurigkeit gezeigt, wozu sie die Mitarbeiterin ein paar Mal eingeladen hatte. Trotzdem erzählt sie auch zum Schluss des Gespräches wiederum von einer Enttäuschung:

Julia hatte ihre Freunde gebeten ihr beim Transport der Kisten und beim Hochtragen in die Wohnung zu helfen. Alle hatten Gründe angegeben, warum sie nicht konnten. Als sie an diesem Abend von ihrer Arbeit, die sie alleine angepackt hatte, zurückkam, traf sie die ganze Gruppe in einer Kneipe an, in der sie wohl schon den ganzen Nachmittag verbracht hatten.

Julia: „... waren da am Saufen und am Spielautomaten, ja da hab ich gesehen, wo meine richtigen Freunde sind!"

Mitarbeiterin: „Und da warst Du enttäuscht?"

Julia: „Ja, nee, die mussten ja arbeiten, das stimmt schon aber ..."

Mitarbeiterin: „aber ..."

Julia. „nee, nichts aber, konnten halt nicht ..."

Mitarbeiterin resümierend: „Also nicht enttäuscht, sondern verständnisvoll?"

Julia schaut betreten, zuckt mit den Schultern.

Die Mitarbeiterin wartet noch zwei Minuten. Dann steht sie auf und wendet sich zur Türe: „Also dann bis nächste Woche, schauen wir mal, was sich so entwickelt!"

Sie reicht Julia die Hand, diese zieht irgendwie „betröppelt" ab.

Auch in dieser Szene wird ein Muster verstört: Julia berichtet zwar immer wieder von enttäuschenden Situationen, aber kann bzw. will sich den damit verbundenen Gefühlen nicht stellen, vielleicht weil sie Angst davor hat, dass diese sie überwältigen. Andererseits kann sie von diesen Berichten auch wieder nicht lassen. Die enttäuschenden Situationen beschäftigen sie. Aber darüber in der gewohnten distanzierten Weise zu sprechen, hilft nicht weiter. Im Gegenteil: diese Form des „leeren Darum-herum-Redens" scheint das Muster eher noch zu verfestigen. So bietet ihr die Mitarbeiterin in der obigen Szene zwar noch mal das Stichwort „Enttäuschung" an, rückt dann aber beinahe schneller und vollständiger wieder davon ab, als Julia vorausgesehen hat.

In diesem Moment scheint es, dass die Jugendliche den Emotionen näher kommt als vorher, als die Mitarbeiterin bereit stand, um sie mit ihr zu teilen. Sicher ist es in diesem Moment hart für die Jugendliche so weggeschickt zu werden, aber sie weiß wahrscheinlich, dass sie mehrere Gelegenheiten für ein emotionaleres Gespräch hat verstreichen lassen; aber auch, dass es solche Gelegenheiten wieder geben wird. Der Ausgang: „Also bis nächste Woche, schauen wir mal, was sich entwickelt" beinhaltet ja auch eine Aufforderung sich mit diesem Thema weiter zu bewegen. Tatsächlich kommt die Mitarbeiterin beim nächsten Termin auf das Thema „Enttäuschungen" zurück und kann dann etwas mit dem Mädchen erarbeiten.

Irritierend kann es wirken, wenn die Mitarbeiterin beim Gespräch im Jugendamt eine andere Position als die der Jugendlichen vertritt:

Evelyn über ihren Freund, der sie bei der letzten Auseinandersetzung geschlagen hat:

Evelyn: „Näh und jetzt is Schluss, ich schwöre bei Allah, der hat mir ne Schelle gegeben, das reicht, ich will den loswerden …!"

Mitarbeiterin: „Aber Du liebst ihn doch auch noch immer …"

Evelyn: „Den Hurensohn, den lieb ich gar nicht mehr!"

Mitarbeiterin: „Aber es könnte sein, dass Du ihn heute Abend vermisst"

Evelyn: „Den doch nicht!"

Mitarbeiterin: „Oder morgen Abend, nen bisschen vielleicht?"

Evelyn: „Na ja, vielleicht übermorgen …"

Auch hier hat die Mitarbeiterin den Eindruck, dass Evelyn sich in einem bekannten Muster bewegt: im Moment ist sie mit gutem Recht enttäuscht und wütend über ihren Freund, aber bereits nach wenigen Stunden ist das alles vergessen. Jetzt ist der Freund der „Böse", später wird er wieder ganz der „Liebe" sein. Die Erwartung an die Mitarbeiterin ist, dass sie den aktuellen Ärger teilt und den Freund ebenso verurteilt wie Evelyn. Aber die Mitarbeiterin spielt dieses unproduktive Spiel nicht mit: sie insistiert darauf, dass Evelyn den Freund immer noch liebt. Oder zumindest vermisst oder schneller vermisst als sie selbst erwartet. Damit gibt sie den ambivalenten Gefühlen von Evelyn Raum. Sie vertritt, dass man sehr wütend auf jemanden sein und ihn trotzdem gleichzeitig lieben kann. Damit schlägt sie ein neues Modell für Gefühle vor, die häufig überraschenderweise nicht eindeutig, sondern widersprüchlich sind. Für Evelyn ist das Neuland, aber immerhin kann sie sich am Ende ein Stück weit darauf einlassen: sie stimmt zu, dass sie ihn bald wieder vermissen wird. Dadurch bekommt das weitere Gespräch eine realistischere Grundlage für die weitere Beziehungsgestaltung.

3.4 Interaktionsbereich „Erziehen/Kontrollieren"

15) Forderungen stellen, Regeln aufstellen und ihre Beachtung aufmerksam beobachten

An verschiedenen Stellen haben wir beobachtet, dass die Ansprechpartner und Koordinatoren Forderungen erheben oder eine Begrenzung vornehmen und darauf achten, wie damit von Seiten der Jugendlichen umgegangen wird. Dabei geht es ihnen nicht immer darum, sich sofort oder hundertprozentig durchzusetzen. Je nachdem werden die Forderungen deswegen von „weich und flexibel" bis „hart und entschieden" formuliert. Gerade weil es im Setting nur wenige Begrenzungen gibt, kommt den wenigen Forderungen eine besondere Bedeutung zu.

Samy telefoniert: „Hi Alter wie geht's … was machst Du … wie war Wochenende …?", dazwischen immer wieder längere Passagen in der fremden Sprache. Die Ansprechpartnerin verlässt den Raum.

Nach zwei Minuten Gespräch scheint sein Gegenüber einen anderen Anruf auf einer anderen Leitung bekommen zu haben.

Samy: „Ja, geh, mach, aber nicht so lange …!"

Er wartet dann ca. 6-8 Minuten mit dem Hörer in der Hand. Ab und zu fragt er „Hallo?", aber sein Gesprächspartner scheint sich dem neuen Anruf zu widmen und ihn beiseitegelegt zu haben.

Die Ansprechpartnerin kommt zurück, sieht den Rücken von Samy, der sich immer noch schweigend über das Telefon beugt: „Telefonierst Du noch?"

Samy: „muss kurz warten …!"

Nach weiteren 3-4 Minuten sagt die Ansprechpartnerin: „Entweder Du telefonierst, Samy oder Du legst auf!"

„Er hat gesagt, ich soll warten, da wart ich auch!", klingt trotzig und kampfbereit.

„Ist das Handy?", fragt die Ansprechpartnerin

„Näh, Festnetz!"

„Naja wenigstens das ..."

Wieder vergehen zwei bis drei Minuten schweigend, Samy fragt auch nicht mehr „Hallo?"

Ansprechpartnerin: „Vielleicht legst Du auf und rufst nachher noch mal an ...?"

Keine Reaktion von Samy. Wenig später scheint sich etwas zu tun am anderen Ende der Leitung.

Samy vorwurfsvoll: „Hallo? Was machst Du so lange?", vorwurfsvoll

„Ja, o.k. ich ruf Dich morgen an, ja, gut, Tschau, tschau!"

Die Ansprechpartnerin findet es seltsam, dass Samy minutenlang am Telefon sitzt und nicht redet. Sie hat nicht mitbekommen, dass sein Gesprächspartner ihn „weggelegt" hat, aber sie fragt nach, was das bedeutet. Erst beschwichtigt er sie mit „muss kurz warten", aber als darauf nichts passiert, tritt sie mit einer deutlichen Forderung auf. Samy steigt auf den sich anbahnenden Konflikt ein und zeigt sich kampfbereit. Dieses Mal beschwichtigt sie die Situation, indem sie klärt, dass es sich zumindest nicht um ein teures Handytelefonat handelt. Nach kurzer Zeit kommt sie dennoch auf das Thema „Beendigung" zurück, wenn auch mit einer Frage bzw. einem Vorschlag, auf den Samy nicht reagiert. Bevor sich der Konflikt weiter zuspitzen kann, meldet sich der Telefonpartner und schlägt vor das Gespräch zu verschieben. So können auch Samy und die Ansprechpartnerin den sich verschärfenden Konflikt beenden. Auch wenn die Begrenzung hier nicht durchgesetzt wurde, so hat sie doch ihren Anspruch angemeldet, darüber bestimmen zu können, was ein sinnvolles Telefonat ist und was nicht.

Eine andere Form einer Regelanforderung besteht in einer Abmachung zwischen den Mitarbeiter(inne)n, die die Gespräche auf dem Amt führen und den Jugendlichen: Wenn diese regelmäßig einer Beschäftigung nachgehen, wie bei Schule. Arbeit oder Ausbildung, müssen sie nicht zum Dienstag-Vormittag-Termin ins Amt kommen. Sie können mit den zuständigen Mitarbeiter(inne)n individuelle Termine für die Wochenreflexion und die Geldübergabe ausmachen, so dass die Regelmäßigkeit ihrer Beschäftigung nicht „gestört" wird. Zusätzlich erhalten diese Jugendlichen einen gewissen Bonus was das Geld betrifft: da sie ihre Monatskarte, die sich alle Jugendlichen von ihrer HLU kaufen müssen, für eine offizielle regelmäßige Beschäftigung verwenden, bekommen sie einen Zuschuss zur Monatskarte, die sie nur noch ca. 35 Euro kostet und nicht mehr 70 wie bei den anderen Jugendlichen.

Diese Privilegien motivieren in der Regel die Jugendlichen zwar nicht dazu einer regelmäßigen Beschäftigung nachzugehen, stellen für sie aber doch eine positive Nebenwirkung derselben dar, die sie ungern verlieren. Freilich kann genau das passieren: Wenn sie die regelmäßige Tätigkeit einstellen oder verlieren, müssen sie wieder zum Dienstagstermin ins Amt und müssen auch wieder die teurere Monatskarte bezahlen. Wie man sich vorstellen kann, gibt es um diese Regelungen immer wieder Auseinandersetzungen und versuchen die Jugendlichen den Verlust ihrer Privilegien durch „Tricksereien" zu vermeiden. Insofern sind die Mitarbeiter/innen hier zu einer genauen Beobachtung des jeweiligen Status aufgefordert.

Eine strukturelle Einschränkung von Autonomie findet bei NAlS beim Thema „Briefverkehr" statt.

Alle Jugendlichen müssen sich in den ersten Tagen nach ihrem Einzug auf dem Einwohnermeldeamt anmelden; nicht mit ihrer Wohnungsadresse, sondern mit der Adresse der Geschäftsstelle. So kommt alle Post für die Jugendlichen zunächst beim Träger an. Die Koordinatoren bringen die Post zu den Treffen mit den Jugendlichen mit und sind dabei, wenn diese die Post öffnen. Es sei denn, die Jugendlichen würden sich das ausdrücklich verbitten. Das ist vor allem bei offiziellen Briefen von Polizei, Gericht, Jugendgerichtshilfe, Banken etc. sinnvoll, weil die Koordinatoren so mitbekommen, was ansteht und evtl. gemeinsam mit dem Jugendlichen darauf reagieren können.

Mit dieser Regelung wird den Jugendlichen ein Stück Verantwortung für das eigene Leben genommen: sie könnten ja auch von sich aus mit der dem Briefkasten entnommenen Post zu den Betreuern begeben. Einige würden das sicher tun, andere nur manchmal oder nie. Dieser Spielraum wird ihnen nicht zugestanden. An dieser heiklen Stelle der zukunftsrelevanten Außenkontakte wird die Autonomie der Jugendlichen bewusst eingeschränkt. Genauso wichtig wie das Einüben des Umgangs mit offizieller Post ist den Mitarbeiter(inne)n von NAlS hier die interaktive Vermittlung einer wichtigen Erfahrung: „Es gibt keinen Brief und damit auch keine von außen an Dich herangetragene Situation, mit der wir hier – Du mit unserer Unterstützung – nicht konstruktiv und abgestimmt umgehen können!". Wenn das mehrfach erfolgreich praktiziert wurde und auch vom Jugendlichen so erlebt werden konnte, wird sich auch die Einschränkung seiner Autonomie relativieren. Aber es ist interessant zu sehen, wie die Mitarbeiter/innen von NAlS an diesem Punkt auf ein Lernen „unter Zwang" setzen und das Prinzip der Freiwilligkeit bzw. des „Lernens aus den Konsequenzen des eigenen Handelns" hinten an stellen.

16) Unverhandelbares einführen und behaupten

Tatjana hat einen Termin bei einer Mitarbeiterin in der Geschäftsstelle. Mehrere andere Mitarbeiter sind selbst Raucher und lassen es zu, dass die Jugendlichen bei ihnen rauchen.

Mitarbeiterin: „Also kommst Du dann hoch zu mir?"

Tatjana: „Und was ist mit Rauchen?"

Mitarbeiterin: „Ist bei mir nicht, weißt Du doch!"

Tatjana: „Dann rauch ich hier schnell noch eine ..."

Mitarbeiterin: „Von mir aus auch zwei, weil das Gespräch dauert heute ein wenig mit uns, denk ich jedenfalls ..."

„Bei mir wird nicht geraucht!", stellt eine persönliche Grenzziehung einer Mitarbeiterin dar, die damit überwiegend auf sich selbst achtet. Daneben gibt es aber auch Gesetze der Einrichtung, die nichts mit persönlichen Vorlieben zu tun haben.

Zum Schluss des Gespräches mit Tatjana geht es noch mal lange um das Geld: wie viel bekommt sie heute, was bekommt sie morgen, wenn sie den Schülerausweis oder die Schulbescheinigung bringt? Die Mitarbeiterin muss alles noch mal erklären:

Mitarbeiterin: „25 Euro kostet Dich die Monatskarte, wenn Du Schülerin bist und 70, wenn Du nicht zur Schule gehst. Und dass Du eine Monatskarte hast, da drauf bestehen wir!"

Tatjana: „Aber ich gehe doch zur Schule!"

Mitarbeiterin: „Dafür brauche ich Schülerausweis oder Bestätigung der Schule, bring mir eins von beiden!"!

Tatjana: „Aber ich geh doch!"

Mitarbeiterin: „Tatjana, Du warst einmal letzte Woche ...!

Tatjana: „Aber heute war ich auch und morgen geh ich auch!"

Mitarbeiterin: „Wunderbar, dann bring mir die Sachen von der Schule!"

Tatjana: „Kannst Du mir nicht heute schon mal extra Geld geben für die Fahrt morgen und dann bring ich Dir ..."

Mitarbeiterin: „Nein, das geht nicht, Du hast Dein Geld bekommen und für das Extrageld für Fahrkarten musst Du mir erst den Ausweis bringen"

Tatjana versucht noch mehrfach, „aber kannst Du nicht ...?"

Die Mitarbeiterin bleibt klar und fest, einmal verrechnet sie sich und Tatjana korrigiert sie sofort: was Geld anbetrifft, hat sie einen glasklaren Überblick und ist blitzschnell im Kopfrechnen. Hier blitzt ihr Potential auf. Die Mitarbeiterin stimmt ihr sofort zu.

Wahrscheinlich ist es kein Zufall, dass die harten Grenzziehungen häufig am Thema „Geld" entlang bzw. darum herum verlaufen. Zum einen haben die Pädagogen hier eindeutig ein Machtmittel in der Hand, andererseits fordert gerade das die Jugendlichen zu Manipulationsversuchen heraus.

17) Kontrollgänge in den Wohnungen, Sanktionen

Die Ansprechpartner führen wöchentlich ein bis zwei Kontrollgänge durch die Wohnungen durch. Dabei geht es einmal darum zu sehen, in welchem äußeren Zustand die Wohnung ist. Häufig werden kleine Reparaturen sofort erledigt oder ein Handwerker bei seiner Arbeit begleitet. Zum anderen geht es darum, über den sinnlichen Eindruck der Wohnung ein Bild zu bekommen für den inneren Zustand des Jugendlichen.

Bei fortgesetzter Wohnungsverschmutzung bieten die Mitarbeiter zunächst Hilfe, dann aber auch Sanktionen an. Meist geschieht das in einem mehrstufigen Verfahren:

Erster Dienstag. Koordinatorin: „Du Hannes, noch was: die Ansprechpartner haben berichtet, dass es bei dir jetzt schon seit drei Wochen aussieht wie Sau. Müllbeutel im Flur, ungespültes Geschirr in der Wanne, verschmierte Fußböden und so weiter. Wir wollen unsere Wohnungen behalten und ab einem bestimmten Verschmutzungsgrad kann das gefährdet sein. Da kündigt uns der Vermieter und dann musst du da auch raus„.

Hannes: „Ja, ich räum da auf, hatte ich sowieso vor!"

K.: „Schaffst du das oder brauchst du Hilfe?"

Hannes: „ne, schaffe ich schon alleine!"

K.: „Wir wollen Taten sehen, keine Sprüche hören, das ist dir klar?"

Hannes (gereizt) „Ja, Mann, ich mach schon!"

Zweiter Dienstag.

K.: „Was ist mit Wohnung?"

Hannes: „Was soll sein?"

K.: „Das weißt du selbst, wir können aufhören Verstecken zu spielen …"

Hannes. „ja, ich hatte einfach keine Zeit, da war die Fahrt nach X. und dann musste ich Y. helfen und …

K.: „Du hast eben viel zu tun. Trotzdem: nächste Woche kommt ein Geldabzug auf dich zu. Ist das fair, mit Ankündigung?".

Hannes. „Ja, klar, wenn ich heute noch mal mein Geld …"

K.:„Ich sagte ja: mit Ankündigung!"

Hannes: „Gut!"

Dritter Dienstag, nach allgemeinem Gespräch.

K.: „Nun zum Geld, du bekommst jetzt hier von mir die Hälfte!"

Hannes. „Die Hälfte? Wieso?"

K.: „Hannes, erspar uns beide Erklärungen, die wir schon kennen!"

H.: „Wie soll ich damit auskommen? Das ist voll unfair!"

K.: „Sobald du aufgeräumt hast, gehst du in die Anlaufstelle und sagst Bescheid. Je nachdem glauben die dir sofort oder gehen mit dir noch mal schauen und dann bekommst du den Rest!"

Hannes ramscht Stuhl ärgerlich zurück: „Scheißdreck, steckt Euch das Geld doch in den Arsch, ich mach gar nichts!", geht wütend ab, haut Türe zu, die allerdings wegen dem eingebauten Stoppmechanismus nicht einrastet. Es dauert noch eine Woche, bis Hannes bittet, dass ihm jemand hilft. Zusammen mit einem Ansprechpartner räumen und putzen sie mehr als drei Stunden.

18) Die „harten" Grenzziehungen: Beendigungen der Hilfe, Einschalten der Polizei, Etablierung von Zwangskontexten und Hausverbote

Beendigungen der Hilfe, die von Seiten der Mitarbeiter/innen durchgesetzt werden, ereignen sich bei NAlS so gut wie nie. Sehr viel häufiger passiert es, dass das Gericht nach weiterem kriminellem Agieren eines Jugendlichen eine Bewährung widerruft und/oder die Polizei interveniert bzw. die Mitarbeiter um Amtshilfe bittet und einen Jugendlichen in den Räumlichkeiten von NAlS verhaftet. Oder dass Jugendämter auf der Grundlage von Berichten beschließen die Hilfe zu beenden, häufig auch deswegen, weil der/die Jugendliche seit Wochen nicht mehr bei NAlS aufgetaucht und/oder unbekannt verzogen ist. Entlassungen waren eine Zeitlang fast so etwas wie ein „Tabu"-Thema bei NAlS, weil man eine Hilfeform schaffen wollte, die nie kapituliert. Das kann im Einzelfall auch zu „verdeckten" Entlassungen führen, d.h. zu Entlassungen, die von anderen exekutiert, aber auch selbst herbeigewünscht waren.

Wurden die Mitarbeiter/innen Zeugen oder Ziel von heftiger Aggression und Gewalt, scheuen sie sich nicht die Polizei anzurufen. Dies geschieht auch, wenn Beobachtungen in den Wohnungen eindeutig auf schwerere Straftaten hinweisen.

Bei stark verwirrten und psychotisch erscheinenden Jugendlichen hat NAlS von Zeit zu Zeit eine konsiliarische psychiatrische Beratung in Anspruch genommen und es mitgetragen, wenn einzelne Jugendliche zwangsweise in die Psychiatrie eingewiesen wurden. Oder Mitarbeiter/innen haben dafür gesorgt, dass Jugendliche amtsärztlich untersucht wurden und einen gesetzlichen Betreuer nach § 1896 ff BGB erhalten haben.

Zum Schutz von Jugendlichen wurden immer wieder einmal Hausverbote in schriftlicher Form verhängt, sei es gegenüber Besuchern/"Freunden" von draußen, sei es gegenüber von NAlS betreuten Jugendlichen, die Wohnbereiche anderer Jugendlicher nicht mehr betreten sollten.

Insgesamt lautet das Motto in Bezug auf die harten Grenzziehungen „so wenig wie möglich, so viel wie nötig!". Die definitorischen Messlatten dafür können bei der spezifischen NAlS-Klientel nie eindeutig sein, sondern setzen jeweils eine Einzelfallprüfung voraus. Auf die damit verbundenen Fragen kommen wir in Kapitel 7 zurück.

Damit sind wir zum Ende unseres Streifzuges durch die Interaktionsbereiche gekommen, die wir bei NAlS in einer spezifischen Kombination und Dichte beobachtet haben, die wahrscheinlich auch in anderen niedrigschwelligen Settings für die Zielgruppe „riskant agierender Jugendlicher" zu entdecken ist. Natürlich verfügt nicht jede/r Mitarbeiter/in ständig über ein fachlich hohes Niveau im Einsatz seiner/ihrer kommunikativen und interaktiven Mittel, wie es hier aus unseren Beispielen spricht. Wir haben uns hier an „Best-Practice-Beispielen orientiert, von denen wir viele erlebt haben.

Auf keinen Fall haben wir damit alles erfasst, was den spezifischen „Sound" d. h. die organisationskulturelle Atmosphäre bei NAlS ausmacht: dazu müssten wir ebenfalls darstellen, wie die Mitarbeiter/innen miteinander umgehen oder mit den Ämtern etc. Auf eine Besonderheit bei NAlS wollen wir allerdings noch hinweisen, weil sie zu den zentralen Selbstüberzeugungen des Trägers gehört.

Diese hier steht unter dem Motto: „Für Drecksarbeit gibt's bei uns keine Hierarchiegrenzen!".

In einem Winter war Wasser im Treppenhaus ausgeschüttet worden, das festgefroren war, zudem hatten die Hunde mehrerer Punkjugendlicher dorthin gekackt und waren Scheiben eingeschlagen und das Geländer umgetreten worden. Es sah mal wieder schlimm aus (siehe Kapitel 7). Auf Grund der Gefährdungssituation musste schnell etwas geschehen. So verabredeten sich die Mitarbeiter/innen für den nächsten Tag und kamen alle. Es war völlig klar, dass die Koordinatoren dabei ebenso mitmachten wie die Ansprechpartner und diese auch von den Vorständen und dem Hausmeister des Trägers unterstützt wurden. Das musste nicht einmal groß gefordert werden. Das war für alle Anwesenden selbstverständlich und so wurde dieser unangenehme Kraftakt in drei Stunden harter Arbeit gemeinsam gestemmt. Danach sah das Treppenhaus wieder manierlich aus und waren alle Gefährdungssituationen beseitigt.

4 Wer sind die NAlS-Jugendlichen und wie entwickeln sie sich während der Zeit bei NAlS?

Nachdem in den vorangegangenen Kapiteln NAlS mit seinem besonderen Setting beschrieben worden ist, sollen in diesem Kapitel die NAlS-Jugendlichen selbst im Mittelpunkt stehen: Wer sind sie? Welche Lebensgeschichten und Erfahrungen zeichnen sie aus? Welche „Hilfe-Karrieren" haben sie vor NAlS durchlaufen? Wie stellen sie sich selbst im Rückblick auf ihre Zeit bei NAlS dar?

Datengrundlage für die Beantwortung dieser Fragen sind zwei unterschiedliche Quellen: eine Aktenanalyse und 47 persönliche Interviews mit den Jugendlichen. Mit Hilfe dieser Quellen wird aus unterschiedlichen Perspektiven versucht, die Lebensverläufe, Problemlagen und Sichtweisen der Jugendlichen zu erschließen. Die Akte jedes Jugendlichen enthält eine Vielzahl von Dokumenten (Protokolle von Hilfeplangesprächen, Anträge, Gutachten, Krisenmeldungen usw.), in denen die Sicht des Jugendamts bzw. der jeweils beteiligten Mitarbeiter/innen auf den Fall dokumentiert ist und stellt somit einen durch das Verwaltungshandeln geprägten Ausschnitt des Hilfegeschehens dar.

Grundlage für die Aktenanalyse war eine Liste von 150 NAlS-Teilnehmer/innen, die im Zeitraum von 1997 bis Ende 2010 bei NAlS betreut wurden. Für 64 Jugendliche dieser Liste konnten sog. „Hauptakten" (Leistungsakten des Jugendamts) gefunden werden. Weitere 94 sog. „NAlS-Akten", in denen das Geschehen während NAlS dokumentiert ist, ergänzten die Aktenanalyse. Schlussendlich lagen für 105 Jugendliche mehr oder weniger ausführliche Informationen entweder nur aus einer Hauptakte, nur einer NAlS-Akte oder aus beiden Quellen vor.

In den Interviews stellt sich dagegen die Sicht der Jugendlichen auf ihre Zeit während NAlS dar und je nachdem, wann das Interview stattgefunden hat, fließt in unterschiedlichem Ausmaß ein Blick auf die Zeit nach NAlS ein. Die Interviewstudie umfasst insgesamt 47 Gespräche mit Jugendlichen. Ähnlich wie bei der Aktenanalyse war es auch hier nicht einfach, die ehemaligen Jugendlichen aufzufinden. Zu je etwa einem Drittel konnte entweder keine Anschrift recherchiert werden oder aber die Angeschriebenen haben auf die Anfrage zur Interviewteilnahme nicht reagiert oder sie abgelehnt. Inwieweit die realisierten Interviews als typisch (repräsentativ) für alle Jugendlichen gelten können, lässt sich nur schwer bestimmen. Jugendliche, die nur sehr kurz bei NAlS waren, sind vermutlich unterrepräsentiert. Insgesamt dürfte die interviewte Teilgruppe eine leichte Tendenz zu positiven Aussagen zu NAlS oder der eigenen Zeit bei NAlS aufweisen. Je gefestigter und „bürgerlicher" eine Teilgruppe von ehemals Betreuten lebt, um so eher verfügt sie auch über eine eigene Adresse oder unterhält Familienkontakte, über die sie erreichbar ist, und umso mehr Interviews kommen zustande. Je verelendeter eine Teilgruppe lebt, umso weniger erreichbar ist sie auch für Forscher/innen, und umso weniger Interviews kommen mit ihr zustande.

Zumindest hinsichtlich des Verhältnisses männlicher und weiblicher Teilnehmer/innen stimmen Interviewgruppe und Gesamtheit der 150 NAlS-Teilnehmer überein (60 % männlich zu 40 % weiblich). Bei allen interviewten Jugendlichen lagen die Erfahrungen ihrer Zeit bei NAlS mindesten zwei Jahre, aber zum Teil auch bis zu zehn, elf Jahre zurück. Die meisten Jugendlichen konnten sich nicht mehr ganz präzise an die Zeitdauer ihres Aufenthalts bei NAlS erinnern. D.h., die Informationen aus den Interviews stellen Rekonstruktionen der Jugendlichen dar, die sie aus ihrer Erinnerung und vor dem Hintergrund ihrer Gesamtbiographie erzeugen. Hinzu kommt, dass NAlS in den meisten Fällen nur einen kleinen Ausschnitt ihrer oft jahrelangen Hilfekarrieren darstellt. Subjektive Verzerrungen und sensible Wahrnehmung lassen sich dabei oft nicht voneinander trennen. Alle zu ihrer Biographie befragten Menschen komponieren ihre Biographie entlang von mehr oder weniger bewussten Konstruktionsmustern (Bittner 2006). Gleichzeitig war erstaunlich, wie klar und frisch die Erinnerungen aus vielen Jugendlichen „heraussprudelten" und nur selten entstand der Eindruck als würden sie „verschönern".

In diesem Kapitel sollen nach einer kurzen Beschreibung von soziodemographischen Angaben (4.1) zunächst die Problembelastung und Hilfeverläufe vor NAlS an Hand der Aktenanalyse vorgestellt werden (4.2). Die Interviews bilden dann die Grundlage für einen Versuch zur Typologisierung der Jugendlichen (4.3): Was sind ihre je besonderen Sichtweisen auf die Zeit bei NAlS? Wie haben sie ihr Leben dort gestaltet? Wie den Freiraum bei NAlS für sich genutzt? Den Abschluss bildet wieder ein Blick in die Ergebnisse der Aktenanalyse, der auf die Aufenthaltsdauer und die Beendigung von NAlS schaut (4.4).

4.1 Soziodemographische Angaben

Ein kurzer Blick soll zunächst allgemeinen Angaben wie Geschlecht, Alter und Migrationshintergrund gelten.

Die NAlS-Jugendlichen sind zu 60 % männlich, wobei sich das Geschlechterverhältnis von 60 zu 40 sowohl bei den gefundenen Akten als auch bei den realisierten Interviews zeigt, so dass zumindest hinsichtlich dieses Merkmals von einer guten Repräsentation ausgegangen werden kann. Die Bundes-Statistik zur Intensiv-Sozialpädagogischen Einzelbetreuung (§ 35 SGB VIII), exemplarisch soll 2009 herausgenommen werden, weist ein Verhältnis von 52 % männlichen zu 48 % weiblichen Jugendlichen für den Bestand (Hilfen am 31.12.09) dieser Hilfeart aus, also etwas weniger männliche Jugendliche als bei NAlS.

Wenn sie zu NAlS kommen, ist die überwiegende Zahl (87 %) der Jugendlichen zwischen 15 und 17 Jahren alt. Die Jüngsten sind 14 Jahre (8 Jugendliche) und fünf NAlS-Teilnehmer/innen sind bei NAlS-Beginn bereits volljährig (18-20 Jahre). Zum Ende der Hilfe haben weitere 14 Jugendliche die Volljährigkeit erreicht. Der vergleichende Blick in die amtliche Statistik aus dem Jahr 2009 zeigt, dass die Teilnehmer/innen an intensiv-sozialpädagogischen Einzelbetreuungen in etwa zur Hälfte bereits älter als 18 Jahre sind; in der NAlS-Stichprobe sind es lediglich 5 %. NAlS weicht hier mit seiner Altersstruktur deutlich ab und stellt sich innerhalb dieser Hilfeart als eine Form dar, die sich gezielt an Jüngere wendet.

Angaben zum Migrationshintergrund waren für die Gesamtzahl der 150 NAlS-Teilnehmer/innen nicht verfügbar. Auch für die Jugendlichen mit den recherchierten 105 Akten war nicht immer eindeutig feststellbar, ob ein Migrationshintergrund vorliegt oder nicht. Bei 23 % der Jugendlichen ist ein Migrationshintergrund eindeutig oder vermutlich gegeben. In der Statistik der intensiv-sozialpädagogischen Einzelbetreuung (2009) wird dieser Anteil mit dem Merkmal „in der Familien wird vorrangig nicht deutsch gesprochen" geschätzt und beträgt zwischen 16 % und 19 %. Die NAlS-Stichprobe weicht also nicht wesentlich von dieser Statistik ab.

4.2 Die Zeit vor NAlS

Jugendliche, die eine Zeit bei NAlS verbrachten, haben nicht nur eine bewegte Lebensgeschichte, sondern auch eine bewegte Hilfekarriere hinter sich. An dieser Stelle soll auf der Grundlage von Daten aus der Aktenanalyse zum einen die Kumulierung von Problemlagen in ihren Biographien verdeutlicht werden und zu anderen nachgezeichnet werden, wie viele und welche anderen Hilfen vor NAlS bereits in Anspruch genommen.

Bei den folgenden Auswertungen ist zu beachten, dass in den 64 Fällen, in denen eine Hautpakte vorhanden war, eine deutlich breitere Informationsbasis vorhanden ist als in den 41 Fällen, für die nur eine NAlS-Akte vorlag. In den NAlS-Akten wird i. d. R. nur die Zeit während NAlS abgebildet; Angaben zum Verlauf vor oder nach NAlS fehlen. Um Verzerrungen zu vermeiden, wird, wenn nötig, in den Auswertungen und Tabellen zwischen diesen beiden Teilgruppen unterschieden.

Die Zeit vor NAIS soll zunächst hinsichtlich der dort aufgetretenen Problemlagen betrachtet werden. Über welche familiären und persönlichen Schwierigkeiten geben die Akten Auskunft? Um dies herauszubekommen wurde eine Liste von Kategorien zu möglichen Problembereichen erstellt und an die Akten herangetragen. Tabelle 1 zeigt hierzu eine Übersicht. Die meisten Fundstellen in den Akten lassen sich unter der allgemein gehaltenen Rubrik „familiäre Konflikte" zusammenfassen. Solche Probleme sind in 81 % der 64 Hauptakten zu finden; in den Erhebungsbögen wurde beispielsweise notiert:

→ *starke Konflikte zwischen Vater und Jugendlichen*

→ *Streit um die Kinder*

→ *Eltern überfordert*

→ *Überforderung der Mutter, mangelnde Erziehungsfähigkeit, Verwahrlosung der Wohnung*

→ *Überforderung der Eltern: 11 Kinder/Arbeitslosigkeit*

Einhergehend mit den familiären Konflikten häufen sich Trennungs- und Scheidungserfahrungen (bei 71 %). Dieser Kategorie wurde auch der Tod eines oder beider Elternteile zugeordnet – ein Fakt, der immerhin in neun Akten und damit auffällig häufig dokumentiert ist:

→ *Tod der Mutter/Probleme zwischen Kindern und Stiefmutter*

→ *Tod des süchtigen Vaters*

→ *beide Eltern HIV positiv, Vater verstorben, als das Kind 1 Jahr alt war/ Mutter ist kurz nach der Geburt verschwunden*

→ *Drogenabhängigkeit des Vaters, Vater unbekannt verzogen/Mutter verstorben/Eltern waren Kriegsflüchtlinge*

Eine Drogen- oder Alkoholabhängigkeit eines oder beider Elternteile legen die Angaben aus einem Drittel der Hauptakten nahe. Darüber hinaus gibt es nicht selten gesundheitliche und insbesondere psychische Probleme bei den Eltern/ einem Elternteil (28 %). Finanzielle Probleme, Verschuldung, Verwahrlosung der Wohnung, Wohnungskündigungen, Gewalt in der Familie sowie die Inhaftierung eines Elternteils vervollständigen die Liste schwieriger und für die Kinder und Jugendlichen belastender Lebenserfahrungen.

Tabelle 1: Familiäre Problemlagen (Mehrfachnennungen)

	Zahl der Fälle mit Hauptakten (64 Akten)		Zahl der Fälle nur mit NAIS-Akten (41 Akten)
Familiäre Konflikte (zwischen den Eltern oder zwischen Eltern und Jugendlichen)	52	(81 %)	25
Trennung/Scheidung/Tod eines Elternteils	46	(71 %)	16
Sucht bei einem/beiden Elternteil/en	22	(34 %)	9
Starke gesundheitliche oder psychische Beeinträchtigungen/Behinderungen	18	(28 %)	0
Finanzielle Probleme/Verschuldung/ Wohnungsprobleme	12	(19 %)	0
Gewalthandlungen der Eltern/ Lebenspartner untereinander	12	(19 %)	2
Keine Problemlagen in den Akten dokumentiert	6	(9 %)	14

Die Zusammenstellung von Problemlagen innerhalb der Familie wird ergänzt durch eine zweite Liste, in der Problemlagen bezogen auf die Jugendlichen zusammengestellt sind (siehe Tabelle 2). An der Spitze dieser Liste stehen Schulverweigerung sowie schulische Probleme im Allgemeinen. In je etwa einem Drittel der Hauptakten lassen sich Hinweise auf delinquentes Verhalten, Suchtverhalten und starke gesundheitliche, oft psychische Beeinträchtigungen finden. Die Liste setzt sich fort mit Strafverfahren, problematischem Sozialverhalten/aggressivem Verhalten, Auf-Trebe-Gehen usw. und endet bei Gefängnisaufenthalten – eine Erfahrung, die bereits acht Jugendliche vor NAIS-Beginn gemacht haben. Knapp die Hälfte (!) verfügt über Gewalt- und Missbrauchserfahrungen durch Angehörige (!) des Familien- bzw. Zusammenlebensystems (Stiefvater etc.).

Die Problembelastung der NAIS-Jugendlichen liegt damit deutlich höher als die der jungen Menschen, die in „Individualpädagogische Maßnahmen" aufgenommen werden, was vermutlich mit dem niedrigeren Einstiegsalter dieser Gruppe zusammenhängt (Klawe 2008). Die Problembelastung der NAIS-Jugendlichen verläuft in vielen Items parallel zu der von Jugendlichen, die in eine FM/GU-Maßnahme kommen (bei eigener Gewalt, Drogenkonsum, familiärer Gewalt), wird aber in den Bereichen Schulverweigerung, Trebe und Psychiatrieaufenthalte von dieser Gruppe noch übertroffen (Stadler 2005, 63 ff). Bei NAlS gibt es dafür mehr Jugendliche mit strafrechtlichen Verurteilungen und Gefängnisaufenthalten.

Tabelle 2: Problemlagen der Jugendlichen (Mehrfachnennungen)

	Zahl der Fälle mit Hauptakten (64 Akten)		Zahl der Fälle nur mit NAlS-Akten (41 Akten)
Schulverweigerung/Fehlzeiten	49	(77 %)	26
Schulprobleme allgemein	43	(67 %)	22
Delinquentes Verhalten	43	(67 %)	27
Sucht	41	(64 %)	21
Starke gesundheitliche oder psychische Beeinträchtigungen/Behinderungen	40	(62 %)	14
Strafverfahren	35	(55 %)	23
Problematisches Sozialverhalten/insb. Gewaltausübung	34	(53 %)	20
Auf-Trebe-Gehen	31	(48 %)	10
Gewalt/Missbrauch durch Familienangehörige	29	(45 %)	7
Strafrechtliche Verurteilungen	22	(34 %)	14
Lernprobleme/Entwicklungsverzögerung	19	(30 %)	4
Stationäre psychiatrische Unterbringung	15	(23 %)	5
Kindeswohlgefährdung	14	(22 %)	1
Gefängnisaufenthalt	8	(12 %)	6

Der nachfolgend aufgeführte Ausschnitt aus den erfassten Angaben zeigt die Spannweite der Problemlagen in den Vorgeschichten der NAlS-Jugendlichen:

→ *Raub, Erpressung, Diebstahl, Gewalt gegen Betreuer, Morddrohung gegen Gleichaltrige*

→ *mehrere Drogenentzüge, selbstgefährdendes Verhalten, Prostitution*

→ *Prostitution (Beschaffung von Drogen)*

→ *Essstörungen, Prostitution*

→ *schwierige Beziehung zum Freund, der Alkoholiker ist und bei dem Strafverfahren und Inhaftierung anhängig sind*

→ *dealt, „zieht andere ab", ist gewalttätig, Körperverletzung, Einbrüche, kurz vor NAlS Aufenthalt in der Psychiatrie*

→ *dealt, hat Schulden, ist in mafiöse Strukturen verwickelt*

→ *Psychose, Konsum illegaler Drogen, hochaggressives Verhalten, schwieriges Verhältnis zur Freundin*

Die umfangreiche Liste von Problemlagen stellt die eine Seite der Lebensgeschichte der Jugendlichen dar, die andere Seite besteht in Versuchen, diesen Problemlagen entgegenzuwirken und mit Unterstützungs- und Hilfemaßnahmen Einfluss zu nehmen. Insgesamt wurden in den 105 Akten 416 derartige Hilfe-„Ereignisse" erfasst; sie sind in Tabelle 3 aufgeführt. Die aufgeführten Zahlen bilden sehr deutlich den intensiven Kontakt der Jugendlichen zum Hilfesystem ab und so hat die Hälfte der Jugendlichen (mit Hauptakte) fünf und mehr Hilfen (Median) durchlaufen.

Die am häufigsten erfasste Einzelmaßnahme ist mit 27 % aller 343 Maßnahmen die Inobhutnahme. Allerdings muss für diese Unterstützungsform von einer Untererfassung in der Aktenanalyse ausgegangen werden, da sie auf dem Erhebungsbogen nicht in allen Fällen einzeln erfasst und zum Teil zusammengefasst wurden, wenn die Inobhutnahmen zeitlich nah aufeinander folgten. Einen großen Anteil (103 Hilfen – 30 %) machen Heimaufenthalte aus (Regelgruppen, Betreutes Jugendwohnen, Intensivgruppen, heilpädagogische Gruppen). Hinzu kommen 35 (stationäre) Clearingverfahren, so dass die stationären Hilfen 45 % aller Hilfeepisoden umfassen. Die ambulanten Hilfen haben mit 55 Episoden (16 %) einen deutlich geringeren Anteil.

Tabelle 3: Hilfen vor NAlS

	Zahl der Hilfen aus Hauptakten (64 Akten)		Zahl der Hilfen Aus NAlS-Akten (41 Akten)
Erziehungsberatung	14	(4 %)	2
Familientherapie	8	(2 %)	-
Integrative Lerntherapie/Psychotherapie	9	(3 %)	-
Erziehungsbeistand/Betreuungshelfer	5	(1,5 %)	1
Sozialpädagogische Familienhilfe	19	(6 %)	3
Intensive sozialpädagogische Einzelbetreuung – ambulant			1
Ambulant insgesamt	**55**	**(16 %)**	**7**
Tagesgruppe (teilstationär)	2	(1 %)	-
Vollzeitpflege	8	(2 %)	1
Heilpädagogische Gruppe	7	(2 %)	-
Betreutes Jugendwohnen	34	(10 %)	12
Regelgruppe	43	(12 %)	15
Intensivgruppe	19	(6 %)	5
Clearingstelle	35	(10 %)	9
Intensive sozialpädagogische Einzelbetreuung – stationär	8	(2 %)	-
Stationär insgesamt	**154**	**(45 %)**	**42**
Inobhutnahmen	93	(27 %)	14
Ausbildungs-/Beschäftigungsmaß-nahme und/oder Unterbringung bei Ausbildungs-/Beschäftigungsmaßnahmen	6	(2 %)	1
Mutter- bzw. Vater-Kind-Wohnen	3	(1 %)	-
Eingliederungshilfen für seelisch behinderte Kinder/Jugendliche	3	(1 %)	-
Andere Ereignisse (davon 21x Psychiatrieaufenthalte oder Entgiftung)	27	(8 %)	9
Gesamt	**343**	**(100 %)**	**73**

Die Hilfen der NAIS-Jugendlichen werden häufig abgebrochen (39 %) oder in eine andere Hilfeart übergeleitet (30 %) (siehe dazu auch Kapitel 1.2). Nur bei 9 % der Hilfen heißt es, das Ziel sei erreicht. Allerdings kann bei immerhin 21 % der Hilfen aus den Akten nicht eindeutig entnommen werden, wie sie beendet wurden. Die Hälfte der Jugendlichen (Median) hat mindestens zwei Hilfeabbrüche zu verzeichnen, in Einzelfällen bis sieben.

Auf drei ausgewählte Unterstützungsformen soll im Einzelnen eingegangen werden.

Inobhutnahmen (§ 41 SGB VIII) als Indikatoren für Krisensituationen sind in den Lebensläufen der NAIS-Jugendlichen häufig zu finden, 72 % von ihnen hatten wenigstens eine Inobhutnahme. Es zeigt sich, dass bei Jugendlichen mit Inobhutnahmen häufiger gesundheitliche Beeinträchtigungen und/ oder Psychiatrieaufenthalte vorliegen als bei anderen (78 % im Vergleich zu 50 % bei den übrigen Jugendlichen). Auch Schulverweigerung geht mit häufigeren Inobhutnahmen einher (85 % mit Inobhutnahmen sind Schulverweigerer; bei den anderen liegt der Anteil bei 56 %).

Inobhutnahmen leiten häufig in andere Hilfsangebote über (Änderung der Hilfeart). Bei den 93 Inobhutnahmen in der Zeit vor NAIS ist dies 41 Mal der Fall; das entspricht einem Anteil von 44 % bei dieser Maßnahme; zum Vergleich: insgesamt kommt es bei 33 % aller Maßnahmen zu einer Änderung der Hilfeart. Bei 61 Inobhutnahme-Episoden – also nicht nur den 41, bei denen die Hilfeart geändert wurde – folgt in direktem Anschluss eine andere Hilfe, am häufigsten (27 Mal) ist das ein Heimaufenthalt oder eine Clearingstelle (13 Mal). In 12 Fällen liegen die Inobhutnahmen direkt vor NAIS-Beginn.

Der Kontakt zum Hilfesystem über eine Inobhutnahme erscheint nicht günstig. Bei vielen Jugendlichen bleibt es bei einem kurzen Kontakt mit dem Hilfesystem und es kommt eine Zeit später erneut zu Inobhutnahmen. Zwei Drittel der Jugendlichen beginnen nach einer Inobhutnahme zwar eine andere Hilfe – was als Erfolg gewertet werden kann. Jedoch vermag die Anschlussmaßnahme dann nicht zu einer Wende im Lebensverlauf beizutragen. Hinzu kommt, dass ein Drittel der Inobhutnahmen in Zusammenhang mit laufenden Hilfen stehen, sie also gleichfalls eine „krisenhafte Auszeit" von den Anforderungen und Konfliktsituationen einer laufenden Hilfe bedeuten.

Unterbringungen in **stationären Einrichtungen der Heimerziehung nach § 34 SGB VIII** (Regelgruppen, Betreutes Jugendwohnen, heilpädagogische Gruppen, Intensivgruppen) sind bei 58 (91 %), also fast allen der 64 NAIS-Jugendlichen mit guter Dokumentation aufgelistet. Von den insgesamt 111 erfassten Heimaufenthalten werden 70 (63 %) abgebrochen. Dementsprechend gibt es oft mehrere, bei einigen bis zu vier Heimaufenthalte. Die Dauer der einzelnen Heim-Episoden ist kurz. Sie beträgt bei der Hälfte der Aufenthalte (Median) lediglich bis zu sechs Monate und nur 25 % sind länger als ein Jahr (Mittelwert: 9,4 Monate). Zum Vergleich: In der bundesweiten Statistik ist für die Heimerziehung eine durchschnittliche Dauer von 20 Monaten ausgewiesen (beendete Hilfen, 2009).

In zeitlich unmittelbarem Anschluss an die Heimaufenthalte folgt in 63 Fällen (57 % der Heimepisoden) eine neue Hilfe. Bei den abgebrochenen Heimaufenthalten ist dieser Prozentsatz geringfügig niedriger und so schließen sich den 70 abgebrochenen Aufenthalten in 36 Fällen (51 %) andere Hilfen zeitnah an. Bei den Folgemaßnahmen handelt es sich überwiegend wieder um Heimaufenthalte.

Der Heimaufenthalt ist für die späteren NAlS-Jugendlichen eine typische Hilfeform, mit der fast alle – einige bereits in ihrer frühen Kindheit – Erfahrungen gemacht haben. Auffällig an diesen Heimaufenthalten ist ihre im Vergleich zur Gesamtstatistik deutlich kürzere Dauer. Es finden viele Abbrüche und Wechsel statt, die Jugendlichen scheinen nicht „heimisch" werden zu können, sie finden keine Ruhe. Gleichfalls ist zu vermuten, dass sie viel Unruhe in eine Heimgruppe bringen, Regeln nicht einhalten können bzw. wollen oder überfordert sind. Abbrüche scheinen vorprogrammiert (vergl. Baur et. al. 1996, Tornow/Ziegler 2012). Besonders Jugendliche mit gesundheitlichen und/oder psychischen Problemen, worunter u. a. auch massive Drogen-/Suchtprobleme fallen, sind hier betroffen. Die Ergebnisse belegen unzweifelhaft, dass das NAlS-Projekt mit Jugendlichen konfrontiert ist, die schwierige Lebenswege beschreiten, nicht nur bezogen auf ihr persönliches Umfeld, sondern bezogen auch auf eine wechselvolle Geschichte im Hilfesystem.

Ambulante Hilfen nach § 31 SGB VIII machen einen eher geringen Anteil (16 %) aller Hilfen der NAlS-Jugendlichen aus. Sie lassen sich für etwas mehr als die Hälfte (52 %) der NAlS-Jugendlichen in den Akten finden. Die 33 Jugendlichen mit ambulanten Hilfen haben insgesamt 55 Hilfeepisoden vorzuweisen, 8 davon finden parallel zu anderen Hilfen statt. Die Hälfte der Hilfeepisoden (Median) dauert bis zu sieben Monate an, 25 % sind länger als ein Jahr (in sechs Fällen kann aus den Akten keine Angabe zur Dauer entnommen werden). Anders als bei den stationären Hilfen und auch den Inobhutnahmen liegen die ambulanten Hilfen zeitlich relativ weiter entfernt vor NAlS-Beginn. Die Annahme, dass ambulante Hilfen vermehrt zu Beginn einer Hilfegeschichte auftreten, bestätigt sich.

Offen bleibt, ob die geringe Zahl ambulanter Hilfen bei den NAlS-Jugendlichen darauf zurückzuführen ist, dass in den Akten keine entsprechende Dokumentation vorliegt; z. B. weil Vorgängerakten fehlen. Die andere Möglichkeit besteht darin, dass die künftigen NAlS-Jugendlichen tatsächlich kaum ambulante Hilfen in Anspruch genommen haben. Gründe könnten sein, dass die Konflikte und Problemlagen erst zu einem Zeitpunkt deutlich und im Hilfesystem bekannt wurden, zu dem nur noch eine Unterbringung außerhalb des Elternhauses möglich war.

Ein abschließender Gesamtblick auf die Entwicklung der Jugendlichen während der Zeit vor NAlS zeigt unzweifelhaft, wie schwierig sich deren Lebenssituationen gestalten. Bei drei Jugendlichen begann die Hilfegeschichte bereits im ersten Lebensjahr mit Pflegestellen, und bis zum 12. Lebensjahr benötigten bereits 40 % der Jugendlichen (mit Hauptakte) bzw. ihre Familien eine Unterstützung durch Hilfen zur Erziehung oder durch andere Unterstützungsformen. Die Liste von Problemlagen im Vorfeld von NAlS ist in der Regel lang und vielgestaltig. Die Hilfegeschichten weisen nur in Ausnahmefällen wenige Hilfen auf. Heimaufenthalte prägen viele Hilfeverläufe, wobei diese häufig abgebrochen werden und entweder im Anschluss oder nach einer gewissen Zeit erneut angetreten werden. Besonders betroffen von diesen eher kurzen und wechselhaften Aufenthalten sind Jugendliche mit gesundheitlichen/psychischen Problemlagen. Dem Hilfesystem gelingt es nicht, diese und auch andere Jugendliche aufzufangen. Und auch die Jugendlichen scheinen sich nicht auffangen lassen zu wollen, „tauchen unter" und nutzen als „Notanker" kurzfristig die Inobhutnahmen. Ambulante Hilfen sind selten zu finden, sei es, weil sie von den Familien nicht angenommen werden oder die Beziehungen zwischen Eltern und Kindern/Jugendlichen bereits soweit zerrüttet sind, dass ambulante Hilfen nicht sinnvoll erscheinen.

Die aufgeführten Auswertungen werfen zum einen ein Licht auf das Hilfesystem. Zum anderen machen sie, bezogen auf NAlS, deutlich, dass die Jugendlichen, die dort ankommen, unterschiedlichste Lebensverläufe, aber immer gescheiterte und frustrierende Hilfegeschichten usw. aufweisen.

4.3 Die Zeit bei NAlS: Formen des Umgangs mit dem Freiraum

Für die Zeit während NAlS sind die Angaben aus den Akten eher sparsam und sehr viel intensivere Eindrücke ergeben sich aus den Interviews mit den Jugendlichen. Wie oben gesagt, handelt es sich dabei um Berichte, die in einem Abstand von zwei Jahren und mehr nach der Zeit bei NAlS entstanden sind. Die Erinnerungen der Jugendlichen erfahren im Verlauf der Zeit „Überarbeitungen" und werden entsprechend der nachfolgend gelebten Biographie modelliert und ggf. umgestaltet; ein Prozess, der jedem biographischen Erinnern zugrunde liegt.

Die aus den 47 geführten Interviews extrahierten Verläufe zu Veränderungen und zur Bedeutung von NAIS werden im Folgenden für Jungen und Mädchen zunächst getrennt betrachtet und abschließend verglichen. Die Auswertungen erfolgten mit dem Ziel einer Clusterbildung, bei der versucht wurde, eine Typologie zu entwerfen, die verschiedene Formen des Umgangs mit dem Freiraum bei NAIS zusammenfasst. Bei Mädchen wie auch den Jungen schälte sich eine Typologie mit vier Clustern heraus.

4.3.1 Verläufe der männlichen Jugendlichen während ihres Aufenthalts bei NAIS

Den vier gefundenen Cluster wurden die folgenden Bezeichnungen zugeordnet:

→ Cluster 1: Lebe gemeinsam wild und gefährlich!
→ Cluster 2: Einsam, leidend, suchtabhängig
→ Cluster 3: Nachhaltig Leistung verweigernd
→ Cluster 4: Bald (wieder) Struktur suchend

Die Jugendlichen, die jeweils zu einem Cluster zusammengefasst wurden, befinden sich jeweils unterschiedlich nah oder fern von einem gedachten Clusterzentrum. Es gibt Überschneidungen zu anderen Clustern, auch stellen die Cluster keine völlig homogenen Gruppen dar. Es sind vielmehr Versuche, Gemeinsamkeiten in den Betreuungsverläufen Jugendlichen aufzudecken, um von diesen besonderen einzelnen Lebenswegen zu einer ersten Verallgemeinerung zu kommen. In Abbildung 1 sind die 27 männlichen Jugendlichen, die bereit waren ein Interview zu geben, hinsichtlich ihrer Clusterzugehörigkeit aufgeführt.

Cluster 1: „Lebe gemeinsam wild und gefährlich!"
Bei Cluster 1 handelt es sich um eine relativ homogene Gruppe, die mit 13 bis 16 Jugendlichen die größte Gruppe ist. Es gibt bei ihnen eine starke Gruppenorientierung, Drogenkonsum und gruppengestützte Beschaffungskriminalität. Die männliche Jugendlichen in diesem Cluster scheinen ihr eigensinniges und exzessives Leben lange Zeit als attraktiv zu erleben und müssen es scheinbar bis zur "bitterer Neige" auskosten. Viele scheinen bei NAIS Erfahrungen von Zusammenarbeit und Selbstwirksamkeit gemacht zu haben, wenn auch – so ihren Darstellungen zufolge – im Kontext krimineller Handlungen: sie organisieren sich als „Klau-Kollektiv", teilen die Beute und genießen gemeinsam, was sie sich „erarbeitet" haben. Allen gemeinsam ist die Haltung: „von Erwachsenen lassen wir uns eh nichts sagen!". Bei einigen ist das bruchlos der Fall; andere geben zumindest an, sich nach starken Erwachsenen gesehnt zu

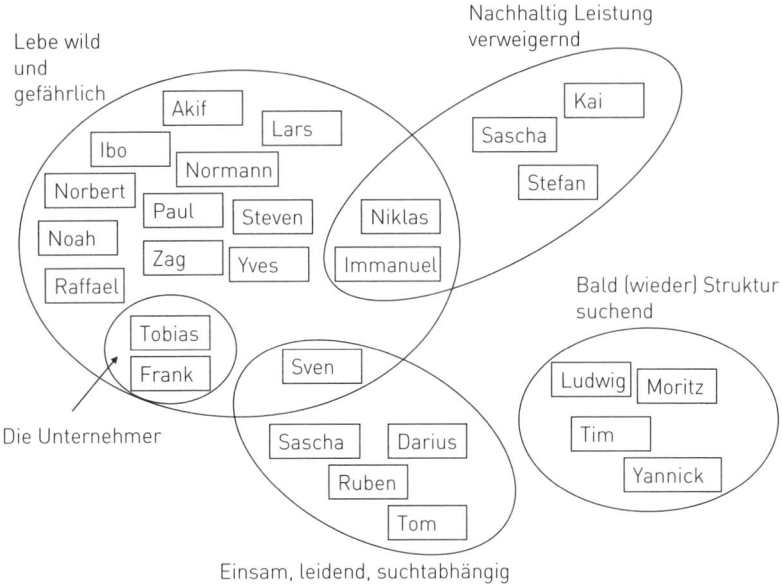

haben. Ob sie bereit gewesen wären, auf deren Ansagen oder Konfrontationen zu hören, ziehen sie allerdings selbst in Zweifel.

Bei etlichen scheint erst der Verfolgungsdruck durch die Polizei bzw. die harte Konfrontation mit Gericht und Gefängnis so etwas wie Umdenken zu ermöglichen. Allerdings nicht im Sinne eines Automatismus: auch die Inhaftierung muss scheinbar zum richtigen Zeitpunkt erfolgen, weder zu früh, noch zu spät; sehr wahrscheinlich muss die erste Faszination des „wilden" Lebens schon ein Stück weit ausgelaufen sein, müssen sich erste Selbstzweifel eingestellt haben, andernfalls kann die Gerichtsverhandlung oder die Jugendstrafe die kriminelle Energie auch noch steigern oder zementieren, im Sinne einer Verteidigung des eigenen Lebensstiles gegen die als „missgünstig" erlebten Erwachsenen/Richter.

Und nicht alle Jugendlichen lassen sich von Polizei und Gefängnis beeindrucken: Zumindest Paul und Raffael geben an, den Verfolgungsdruck zwar registriert, sich aber nicht darum gekümmert zu haben. Es scheint eine Einstellung zu geben, die da lautet: „Egal was Ihr macht, ich mache weiter!" Tobias und Yves scheinen zumindest so „gestrickt" gewesen zu sein. Aber auch das fortgesetzte Kampfmuster kann sich irgendwann verändern; denn gerade diese beiden Jugendlichen haben, wenn auch nach vielen Anläufen, den Absprung aus der Drogenszene geschafft bzw. den Einstieg in ein halbwegs geordnetes Leben.

Insofern scheint es in Bezug auf die Zeitdauer, mit der das exzessive Leben genossen werden will, und die Sensibilität gegenüber Verfolgungsdruck große Unterschiede bei den Jugendlichen zu geben.

Als „Unternehmer" haben wir zwei dieser Jugendlichen bezeichnet (Frank, Tobias), die zwar gut in Cliquen eingebunden waren, aber entweder alleine oder als Führer eines kriminellen Unternehmens in Erscheinung getreten sind (vergl. Kapitel 5.1 und 5.2).

Beim Ausstieg aus dieser Lebensphase spielen vor allem fünf Erfahrungen eine Rolle. Häufig müssen mehrere dieser Erfahrungen zusammen kommen, damit ein Ausstieg aus dem Cluster gelingt und es halbwegs konstruktiv weiter geht:

→ Verfolgungsdruck durch Polizei und/oder Inhaftierung,
→ berufliche Pläne,
→ Wiederaufleben von Familienkontakten,
→ Beziehung, Familiengründung und Kinder,
→ das Erleben von Abstürzen und Verelendungsprozessen bei anderen.

Ungünstig für einen Ausstieg aus dem Cluster 1 scheint die Überzeugung zu sein, dass andere Personen oder Umstände an dem eigenen Schicksal schuld seien, und man selbst über keinerlei Handlungsmöglichkeiten verfügt. Das klingt vor allem bei Yves an, der ernsthaft behauptet: Dieser Lebensabschnitt habe *„einfach alles zerstört, meine ganzen Pläne und meine ganzen Träume, einfach alles verworfen und zerstört, ja. Und unmöglich gemacht sozusagen".* In dieser Beschreibung taucht er als Person mit eigenen Steuerungsfähigkeiten gar nicht auf.

Cluster 2: „Einsam – leidend – suchtabhängig"

Die fünf männlichen Jugendlichen aus diesem Cluster stellen keine annähernd so homogene Gruppe dar wie die Jugendlichen in Cluster 1. Bei ihnen spielen Suchtverhalten und/oder Kriminalität eine zentrale Rolle. Anders als in Cluster 1 schildern sie sich als einsame Individuen, die unter dem Bruch mit ihrer Herkunftsfamilie leiden, nirgendwo eingebunden sind und die Orientierung in der Welt verloren haben. Für dieses Cluster scheinen psychische Erkrankungen eine größere Rolle zu spielen, oder nicht (mehr) so erfolgreich kompensiert werden zu können wie in Cluster 1 (am deutlichsten ausgeprägt bei Darius, Tom und Sven). Ob familiäre Belastungen schwerer wiegen oder drogeninduzierte Erkrankungen (drogenbedingte Psychosen), lässt sich aus den Aussagen der Jugendlichen nicht sicher rekonstruieren.

Cluster 3: „Nachhaltig Leistung verweigernd"

Nahe an Cluster 1 und 2 lassen sich fünf männliche Jugendliche einordnen, die sich auch bei mittlerer bis guter Intelligenz (auf die aus den Interviews geschlossen werden kann) anhaltend leistungsverweigernd präsentieren und biographisch in der Stagnation „hängen geblieben" wirken. Bei ihnen spielen Drogenkonsum und kriminelles Verhalten in der Selbstdarstellung eher eine untergeordnete Rolle, was ihr Nichtstun umso auffälliger hervortreten lässt. Sie treiben scheinbar ziellos durch den Tag, geraten mal in diesen, mal in jenen Schlamassel (Schwarzfahren, Diebstahl, ausrauben oder beraubt werden, verlieren wiederholt Schlüssel oder Geldbörse etc.), scheinen sich für nichts begeistern und sich nirgendwo anbinden zu können. Bei allen stellt sich die Frage, warum sie es so früh aufgegeben haben, sich einen Lebensplan mit Bildung und Beruf vorzustellen bzw. umzusetzen. Bei vielen klingen frühe und tief greifende Erfahrungen des Scheiterns in Bezug auf Lernen und Schule an. Bei anderen intergenerationale Verbote, sich ein bürgerliches oder ein halbwegs zufriedenes Leben aufzubauen, weil die eigenen Eltern schon daran gescheitert sind und man sie nicht übertrumpfen darf.

Einige geben Hinweise auf depressive Verstimmungen. Immer wieder bleibt offen, ob sie so leben wollen oder zu dieser Art von Leben „verdammt" sind, weil ihnen die inneren Voraussetzungen zu Alternativen fehlen. Hinzu kommt ein Muster von" Delegation von Verantwortung" an andere. Sascha z. B. wählt hier z. B. die Formulierung „dass man es nicht geschafft hat" ihn in die Schule zu bringen, wer immer dieser „man" sein soll. Immer scheint „leider" etwas schief zu gehen, aber ,eigentlich' sind immer Andere daran schuld.

Cluster 4: „Bald (wieder) Strukturen suchend"

Cluster 4 steht deutlich in Abstand zu den anderen drei Gruppen. Dort lassen sich vier Jugendliche einordnen, die zwar (wie die meisten übrigen auch) im Bruch mit ihrem Elternhaus leben, eine Zeitlang mehr oder weniger heftig Drogen konsumieren, es aber geschafft haben, sich nicht zu tief darin zu verstricken. Und die ein zentrales Element von offiziell anerkannter Tagesstrukturierung oder Normalitätsorientierung beibehalten oder rasch wieder etablieren können: Schule, Ausbildung oder Arbeit.

Es sind Jugendliche, die Distanz zu ihren Eltern und dem Hilfesystem suchen, aber offensichtlich über eine gut etablierte „innere Struktur" verfügen, die sie auch während ihrer Zeit bei NAlS aufrecht erhalten können. Zusätzlich scheinen eine Familie bzw. Unterstützer im Hintergrund, die sofort wieder ansprechbar sind, wenn die Jugendlichen das wollen und/oder sich an bestimmte Minimalregeln halten. Alle besitzen zudem so viel Beziehungs- bzw. Bindungsfähigkeit, dass sie auch an andere Erwachsene anknüpfen können (Lehrer, Jugendamtsmitarbeiter, Therapeuten, NAlS-Koordinatoren etc.). Insofern scheint es auch bei NAlS so zu sein wie in vielen anderen Settings: je mehr Ressourcen und Kompetenzen mitgebracht werden, umso besser und schneller kann auch geholfen werden.

4.3.2 Verläufe der weiblichen Jugendlichen während ihres Aufenthalts bei NAlS

Bei den weiblichen Jugendlichen lassen sich teil ähnliche, teils anders gelagerte Cluster erkennen. Die Cluster wurden wie folgt bezeichnet:
→ Cluster 1: Lebe eigen, wild und gefährlich
→ Cluster 2: Mit Drogen nahe am Abgrund
→ Cluster 3: Stagnation, Abhängigkeit und/oder Phlegma
→ Cluster 4: Festhalten oder Wiederanknüpfen an Strukturen

Abbildung 2: Die vier Cluster der 20 weiblichen Jugendlichen

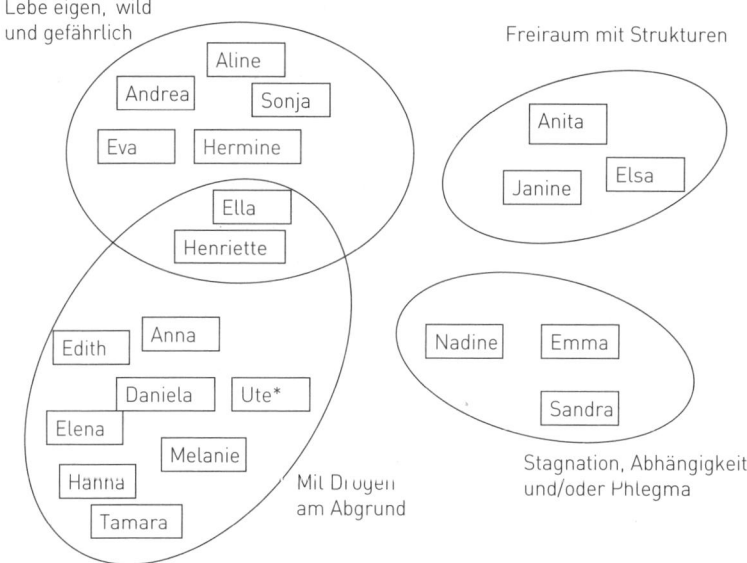

(*ohne Interview, Ute wird hier aufgenommen, da sie in den Fallbeschreibungen (Kap. 5) genannt wird)

Cluster 1: „Lebe eigen, wild und gefährlich"

Cluster 1 umfasst sieben Mädchen/junge Frauen. Im Gegensatz zu dem ähnlich bezeichneten Cluster bei den Jungen, spielen bei den meisten dieser weiblichen Jugendlichen die Erfahrungen des gemeinschaftlichen Drogenkonsums und die regelmäßigen Raubzüge in Gruppen keine zentrale Rolle. Konsumiert wird eher bei Gelegenheit, was man so (von den Jungen) bekommen kann: eher Alkohol, sicher auch Haschisch und auch mal Pillen etc. Eine Ausnahme stellen Ella und Henriette dar, die sich gezielt um Drogenbeschaffung kümmern. Männliche Freunde sind in den Schilderungen der jungen Frauen wichtig, sie wechseln aber oft. Eifersucht und Fremdgehen sind häufige Themen und werden offener erwähnt als bei den Jungen. Die Gruppenanbindungen der Mädchen sind weniger stabil, sie wechseln spätestens mit dem neuen Freund auch in eine andere Clique. Manche sind auch „dicke Freundinnen" (Eva und Hermine, siehe Kapitel 5.3). Die jungen Frauen verhalten sich in der Öffentlichkeit oft laut und provokativ, geraten immer wieder in Konflikte mit Mitbewohnern, aber auch Passanten. Dabei imponieren sie auch mit aggressiven Handlungen (zuschlagen, Stich mit dem Messer etc.). Die Mädchen gehen nicht zur Schule und vernachlässigen oft ihre Wohnungen .

Diesem Cluster lassen sich insgesamt sieben weibliche Jugendliche zuordnen, davon zwei, bei denen Drogenkonsum eine wichtige Rolle spielt: Ella und Henriette.

Bei fünf Mädchen spielen dagegen Drogen keine zentrale Rolle, bei ihnen werden eher seltsame Familienverwicklungen deutlich: Andrea, Aline, Eva, Hermine.. Sonja ist eine Grenzgängerin, die wir hier ebenfalls zuordnen.

Cluster 2: „Mit Drogen nah am Abgrund"
In dieser Gruppe sind acht Mädchen zusammengefasst, die harte Drogen nehmen und damit selbstdestruktiv agieren; einige balancieren am Rande von Leben und Tod. Rückblickend können Viele erkennen, wie gefährdet sie damals waren; während dieser Zeit waren sie aber nur schwer motivierbar, sich um sich zu kümmern.

Viele der Mädchen hatten auch vorher schon suizidale Krisen (Edith, Ute). Beinahe alle Jugendlichen verhalten sich selbstgefährdend, lehnen aber Klinikbehandlungen und/oder Drogentherapien vehement ab. Manche balancieren monatelang zwischen Leben und Tod und gehen hohe Risiken zur Finanzierung ihrer Sucht ein (eine dieser jungen Frauen könnte auch die von Tobias als „Prostituierte" bezeichnete Jugendliche gewesen sein, vergl. Kap. 5.2). Bei manchen wundert man sich, wie sie aus dem Totalabsturz wieder herausgefunden haben (Hanna). Manche bleiben ein Stück weit in dieser Phase stecken.

Daniela, Elena, Henriette und Melanie waren eigenen Angaben zu Folge schon heroinabhängig, als sie zu NAlS kamen. Andere wie Ute wurden es in dieser Zeit. Bei Tamara wissen wir es nicht genau. Daniela starb später an einer Überdosis Heroin im Gefängnis. Elena hat ihren Drogenkonsum bis heute nicht in den Griff bekommen: Es würden sich immer wieder monatelange

Phasen von Konsum mit monatelanger Abstinenz abwechseln. Im Moment sei sie seit einiger Zeit wieder clean und suche aktuell eine Wohnung.

Für einen Ausstieg aus der gefährlichen Lebensphase spielen für die jungen Frauen (aus Cluster 2, aber auch Cluster 1) verschiedene Faktoren eine Rolle; einige ähneln denen der männlichen Jugendlichen. Anders als bei diesen haben jedoch berufliche Interessen für die jungen Frauen kaum eine Bedeutung. Die Schwerpunkte liegen bei ihnen auf Freundschaft/Liebesbeziehung/Kind und neuen Zugängen zur Wertschätzung der eigenen Person und des eigenen Lebens. Nicht allen jungen Frauen gelingt es komplett auszusteigen und ihrem Leben eine neue Wende zu geben. Viele stabilisieren sich auch „nur" auf niedrigem Niveau oder vorläufig. Für jede junge Frau ist dabei eine eigene Mischung aus folgenden Push- und Pull-Faktoren wichtig:

→ Wunsch nach einer größeren und schöneren Wohnung und nach einem Wechsel des Wohnortes (nicht mehr „Stadtteil X"),

→ Verfolgungsdruck durch die Polizei und Gericht,

→ Familienkontakte; insbesondere die erneute Kontaktaufnahme mit der Mutter nach schwierigen Phasen,

→ neue Partner als männliche „Rettungsfiguren",

→ Schwangerschaft und Geburt eines Kindes führen zu einer (häufig allerdings nur vorläufigen) Beruhigung,

→ die Entdeckung der eigenen Person als liebenswert bzw. wertvoll scheint ein wichtiger Faktor zu sein; dabei spielten sowohl die beiden Settingbegründenden, männlichen Jugendamtsmitarbeiter (siehe Kapitel 2) als auch einige engagierte weibliche Mitarbeiterinnen jeweils die zentrale Rolle,

→ für eine Jugendliche, Aline, stellt die Zuwendung zum islamischen Glauben einen wichtigen Faktor dar, der ihr Stabilität verliehen hat.

Cluster 3: „Stagnation, Abhängigkeit und/oder Phlegma"

Dieses Cluster umfasst drei junge Frauen, bei denen jeweils eine etwas andere Mischung aus Phlegma, Abhängigkeit und Stagnation im Mittelpunkt ihrer Zeit bei NAlS standen. Emma und Sandra scheinen sich sehr früh sehr eng an einen Partner gebunden und bei diesem eingerichtet zu haben. Bei Sandra hängt das mit Schwierigkeiten in ihrer Herkunftsfamilie zusammen, bei Emma geschieht es mit Billigung der Familie. Beide lernen dabei eine Menge in Bezug auf Haushaltsführung und ein selbstständiges Leben. Als „Hausmütterchen" wirken sie durchaus kompetent. Beide propagieren aber schon mit 15 bzw. 16 Jahren die Haltung, dass es ihnen zusteht, lebenslang von Staats wegen alimentiert zu werden. Es gelingt ihnen auch, sich bzw. ihre Partner materiell halbwegs gut abzusichern. Ansonsten leben diese weiblichen Jugendlichen in den Tag hinein, gehen weder zur Schule noch zur Arbeit. Mit ihrer Schwangerschaften scheint sich allerdings die Beziehung zu den Männern zu lösen. Während Emma auch mit Kind eher antriebslos bleibt und stagniert, scheint sich Sandra über die Mutterrolle zu stabilisieren. Nadine erscheint während ihrer Zeit bei NAlS, aber auch danach durchgängig kraftlos und antriebsarm. Dabei wirkt sie wie „beschädigt" oder vielleicht als lebendes Warnschild für andere Geschwister (Ausstoßung durch Mutter, sexuelle Übergriffe?)

Cluster 4: „Freiraum mit Strukturen"

Cluster 4 umfasst drei weibliche Jugendliche, die während ihrer Zeit bei NAlS Strukturen aufrechterhalten haben oder sich relativ schnell wieder diesen zuwenden konnten.

Anita kommt trotz einiger Belastungen und Abbrüche mit eigenen Plänen und verwirklicht diese auch im Alltag von NAlS. Sie war nach eigenen Angaben „schon immer ziemlich eigenständig", hatte immer ein Ziel *„vor Augen"*. Den regelmäßigen Schulbesuch zieht sie durch. Im Gegensatz dazu kommt Elsa ziemlich desolat und ohne innere Klarheit bei NAlS an, weiß aber bald, was sie will (eine eigenen Wohnung und etwas aus dem Leben machen) und ist auch bereit dafür etwas zu tun. Janine konnte zwar auch zu Strukturen zurückkehren, aber erst als sie das Gefühl entwickeln konnte, dass sie dafür selbst verantwortlich war. Erst als der Druck von außen nachgelassen hatte, habe sie selbst das Bedürfnis verspürt, ihren Schulabschluss zu machen.

4.3.3 Gemeinsamkeiten und Unterschiede zwischen männlichen und weiblichen Entwicklungen bei NAlS

Ein interessantes Ergebnis der Interviewauswertungen ist, dass sich in den Clustern/Typologien mehr Ähnlichkeiten als Unterschiede zwischen männlichen und weiblichen NAlS-Jugendlichen zeigen: „Hängengebliebene" hier wie da, aber auch Jugendliche, die rasch wieder an Strukturen anknüpfen wollen und können. Auch hinsichtlich der Intensität des Selbst- und Fremdgefährdungsgrades gibt es mehr Gemeinsamkeiten als Unterschiede. Bei den männlichen Jugendlichen scheinen Aggressivität und Kriminalität graduell stärker ausgeprägt; bei den weiblichen Jugendlichen selbstgefährdende Verhaltensweisen über Drogenkonsum und „Aufgabe" der eigenen Person. In beiden Gruppen werden beide Anteile von den jeweiligen Individuen „gemixt". Wir sehen einerseits auch gewaltbereite Mädchen und andererseits Jungen, die mit dem „finalen Rausch" spielen.

Bei fünf Punkten fallen jedoch Unterschiede auf, ob diese eher Nuancen oder geschlechtsspezifische Tendenzen ausdrücken, ist unklar.

1) Der erste betrifft die Art und Weise des Drogenkonsums: Bei Jungen über-wiegen die positiven Beschreibungen ihrer Drogenerlebnisse und die Erfah-rungen von Gemeinschaft und Solidarität rund um Konsum und Beschaffung. Zumindest zunächst, denn einige von ihnen schildern sich Jahre später eher als einzelne, isolierte Individuen, die irgendwie „hängengeblieben" sind oder den Ausstieg nicht geschafft haben und „versumpfen". In die Nähe des Todes geraten dabei „nur" Sandor und Ruben mit Alkohol und Darius und Tom mit Heroin. Bei den weiblichen Jugendlichen scheint es eine höhere Anzahl zu ge-ben, bei denen das Selbstdestruktive des Drogenkonsums deutlich im Mittel-punkt steht. Schon zu Beginn scheint ihrer Abhängigkeit etwas Zwanghaftes anzuhaften; sie scheinen sich mehr zu betäuben, um schlimme Erlebnisse und Gefühle kurzfristig vergessen zu können.

2) Ein zweiter Unterschied betrifft die Bedeutung der Gruppe, durchaus auch der männlichen dominierten Clique oder Bande: Für viele männliche Jugend-liche scheint das der Kreis zu sein, in dem sie große Teile ihres Alltags verbrin-gen. Die weiblichen Jugendlichen scheinen sich dagegen eher in gemischten Gruppen aufzuhalten, dort oft zusammen mit ihrem Freund oder ihrer „bes-ten Freundin" (z. B. Eva und Hermine, siehe 5.3); ein Pendant zu den Jung-Männer-Gemeinschaften, die offensichtlich phasenweise oder beschäftigungs-bezogen gerne unter einander bleiben, besitzen die weiblichen Jugendlichen nicht.

3) Ein dritter, zentraler Unterschied bedeutet das Thema „Kinder bekommen" und „Familiengründung". Nur bei zwei männlichen NAlS-Jugendlichen stellt dieser Umstand einen wichtigen Faktor dar, der sie nach eigenen Angaben stabilisiert, aber auch herausfordert (Raffael, Lars).

Bei den weiblichen Jugendlichen sind es mit neun jungen Frauen fast die Hälfte der interviewten weiblichen Jugendlichen, die während ihrer Zeit bei NAlS schwanger werden und acht, bei denen die Geburt des Kindes das Be-treuungssetting nachhaltig verändert (Andrea, Anna, Edith, Emma, Eva, Hen-riette, Sandra, Tamara); denn mit einem Säugling kann man nicht bei NAlS bleiben, und muss in eine andere Hilfeform wechseln. Bei fast allen jungen Frauen führen Schwangerschaft und Geburt zu einer Art Beruhigung, oft aber nur zu einer vorläufigen.

Zuerst müssen sich die jungen Frauen entscheiden, ob sie das Kind aus-tragen wollen, was ein wichtiger Entscheidungsprozess ist. Nach der Geburt und der ersten Zeit der Versorgung, die meist im Rahmen eines Mutter-Kind-Heimes stattfindet, stellt sich für die jungen Frauen die Frage, ob sie das Kind behalten wollen und/oder behalten können. Die neue Rolle lässt sie innehalten und danach fragen, was ihnen wirklich wichtig ist, und gibt ihnen eine Chance in eine neue, gesellschaftlich anerkannte Rolle zu wechseln. Andere wiederum leiden darunter, dass sie dazu nicht in der Lage sind.

4) Ein vierter Unterschied betrifft die Bedeutung der Herkunftsfamilie; deutlich mehr Mädchen thematisieren, wie wichtig es für sie war, wieder aufgenommen zu werden im Kreis der Familie. Insbesondere von ihren Müttern. Wir glauben allerdings, dass es sich hier um einen konstruierten Unterschiede handelt: die weiblichen Jugendlichen scheinen lediglich bereitwilliger und häufiger über dieses Thema sprechen zu können. Die männlichen Jugendlichen halten sich nach unserem Eindruck bei diesem Thema mehr zurück.

5) Ein fünfter Unterschied betrifft den Fakt, dass imponierend viele der weiblichen Jugendlichen in den Jahren nach NAlS eine deutliche positive Trendwende hinbekommen: 11 von 20 interviewten weiblichen Jugendlichen (Aline, Andrea, Anita, Anna, Edith, Elsa, Hanna, Henriette, Janine, Sandra und Tamara). Das sind über 50 %. Bei den männlichen Jugendlichen sind es nur 7 von 27, also gerade knapp über 25 % deutlich positiver Verläufe. Auch wenn es sich hier um kleine Interview-Stichproben von 20 weiblichen bzw. 27 männlichen Jugendlichen handelt, werfen diese Zahlen ein Schlaglicht auf die Verhältnisse. Bei den weiblichen Jugendlichen gibt es nur einen völlig negativen Verlauf; den von Daniela, die im Gefängnis an einer Überdosis Heroin starb; bei den männlichen Jugendlichen sind es fünf mit deutlich negativem Verlauf.

Ähnliche Beobachtungen wurden in Bezug auf die Obdachlosenszene mit Jugendlichen gemacht. Auch hier gelingt den jungen Frauen der Ausstieg bzw. Wiedereinstieg in gesichertere soziale und materielle Verhältnisse sehr viel besser. Kann daraus geschlossen werden, dass weibliche Jugendliche zwar genauso heftig abstürzen können wie männliche Jugendliche, aber leichter einen Weg zurück in die Gesellschaft finden? Vielleicht müsste berücksichtigt werden, dass es bei NAlS viele engagierte, weibliche Mitarbeiter/innen gibt, sowohl unter den Ansprechpartnern als auch den Koordinatoren. Im Gegensatz zu den eher abgegrenzt wirkenden, männlichen Mitarbeitern laden diese vielleicht häufiger oder intensiver zu Kontakt und Begegnungen ein. Das kann ein Aspekt sein, aber dürfte nicht entscheidend sein, da ja auch viele weibliche Jugendliche sich erst lange nach NAlS stabilisieren d. h. in anderen, später einsetzenden Hilfeformen. Außerdem schildern einige weibliche Jugendliche gerade aus Cluster 2, wie wichtig für sie die männlichen Mitarbeiter des Jugendamtes waren, die jahrelang die Hauptansprechpartner für alle Jugendlichen waren. Wir können diesen Unterschied demnach nicht wirklich gut erklären.

4.4 Beendigung der Betreuung bei NAlS

Die Ergebnisse aus den Interviews zeigen sowohl die jeweilige Besonderheit jedes/jeder Jugendlichen als auch ihre zumindest partiellen Gemeinsamkeiten. Riskante, hoch gefährliche, pessimistische und optimistische Perspektiven werden von ihnen in das Setting NAlS hineingetragen, dort ausgelebt und in Ansätzen auch schon einem Veränderungsprozess unterzogen. Bei Beendigung von NAlS befinden sich die Jugendlichen an sehr unterschiedlichen Stellen ihrer Biographie. In diesem Abschnitt soll der Blick auf die Ergebnisse der Aktenanalyse Auskunft zur Art und Weise geben, wie NAlS beendet wurde.

Knapp 30 % der Jugendlichen verlässt, den Angaben der Akten zufolge, das NAlS-Projekt bereits innerhalb der ersten drei Monate. Diese Jugendlichen scheinen relativ rasch erkannt zu haben, dass NAlS auch nichts für sie ist. Einigen Akten kann entnommen werden, dass NAlS in einigen Fällen gar nicht als längerer Aufenthalt geplant war, sondern als eine Art Zwischenaufenthalt genutzt wurde, bis ein Platz in einer anderen Einrichtung, einer Wohnung, einer Suchttherapieeinrichtung o. ä. frei geworden ist. Sehr lange Aufenthalte bei NAlS (1-1,5 Jahre) sind jedoch auch eine Ausnahme und finden sich nur bei 5 % der 105 Jugendlichen. Die durchschnittliche Aufenthaltsdauer liegt bei ca. 6 Monaten (Standardabweichung 3,6 Monate), wobei sich die Hilfen von 1997 bis 2010 insgesamt erheblich verkürzt haben.

NAlS wird von 62 (59 %) der 105 Jugendlichen planmäßig beendet. Dabei ist die Aufenthaltsdauer bei diesen Jugendlichen im Schnitt nur um eineinhalb Monate länger als bei den vorzeitig beendeten Hilfen (6,6 Monate bei den regulären und 5,1 Monate bei den vorzeitig bzw. einseitig beendeten Hilfen). Zu Ende der Hilfe sind 19 (18 %) der Jugendlichen bereits volljährig. NAlS wird bei ihnen nicht mehr verlängert, obwohl es in einigen Fällen dem Jugendlichen oder den NAlS-Mitarbeiter(inne)n sinnvoll erschienen wäre. Bei anderen lautete der Auftrag von vornherein: Überführung in das Hilfesystem für junge Erwachsene (Arge, Hartz IV, Hilfen für psychisch Kranke etc.). Diese NAlS-Jugendlichen werden oft intensiv unterstützt die nötigen Anträge zu besorgen, auszufüllen und abzugeben, so dass sie mit dem 18. Lebensjahr nicht auf der Straße stehen. Hier hat NAlS eine präventive Funktion in Bezug auf Wohnungslosigkeit.

Andere, aus den Akten recherchierte Beendigungsgründe sind zu einem Großteil durch notwendige Wechsel in Kliniken bzw. die Psychiatrie (acht Jugendliche, oft wegen Drogenentgiftung) und durch Inhaftierungen oder U-Haftvermeidungsprojekte (fünf Jugendliche) bedingt. Mindestens fünf Jugendliche mussten NAlS wegen ihrer Schwangerschaft beenden und zogen in eine Mutter-Kind-Einrichtung. Der Faktor „Gewalt/Bedrohung" ist für neun Jugendliche ausschlaggebend, NAlS zu verlassen – sei es, dass sie selbst Gewaltdrohungen aussprechen oder gewalttätig waren, sei es, dass sie sich von anderen NAlS-Jugendlichen bedroht fühlten oder von anderen Jugendlichen aus dem Bezirk oder sich generell bei NAlS nicht mehr sicher fühlten. Es kommt auch vor, dass die Jugendlichen „abtauchen", nicht mehr erscheinen und die Hilfe deswegen eingestellt wird. Andere vorzeitige Beendigungen geschehen einvernehmlich (sieben Jugendliche). Es wird dem Wunsch der Jugendlichen nach einer anderen Betreuung oder Wohnform, z. B. mit mehr Betreuung oder mehr Selbstständigkeit, nach Rückkehr zur Mutter usw. nachgekommen.

Nach ihrem NAlS-Aufenthalt wechseln die meisten jungen Menschen (48 %) in eine andere (betreute) ambulante oder stationäre Wohnform. Für einen kleineren Teil (acht Jugendliche) ist die Verselbständigung so weit vorangeschritten, dass sie in eine eigene Wohnung ohne Betreuung ziehen. Auf schwierige Lagen verweisen die zwölf Fälle mit Wechseln in stationäre Klinikaufenthalte, in den Strafvollzug oder in eine – zumindest zeitweise – Obdachlosigkeit.

Wie es mit den Lebensgeschichten der NAlS-Jugendlichen weitergeht, schildern wir in Kapitel 7.

5 Fallschilderungen

In diesem Kapitel berichten wir aus den Betreuungsverläufen von vier Jugendlichen. Alle Jugendlichen haben wir als „teilnehmende Beobachter" persönlich kennengelernt. Drei haben wir vom Vorstellungsgespräch an über ihre gesamte Zeit bei NAlS begleitet (Hermine, Tobias, Ute), einen Jugendlichen bei zwei ausführlichen narrativen Interviews (Frank) in Kombination mit der Befragung anderer „Zeitzeugen" (Eltern, Freunde, Ex-Betreuer etc.) kennengelernt. Für keinen Fall stand uns zu Beginn der Betreuung die gesamte Fallakte zu Verfügung. Damit teilten wir die Ausgangslage der NAlS-Mitarbeiter/innen. Auch diese bekommen vor der Aufnahme (aber oft auch danach) nur ausschnitthafte Informationen, sehr selten Berichte aus der Psychiatrie oder von Therapeuten, und meist auch nur den Hilfeplan aus der letzten Hilfeform. So starten die Mitarbeiter/innen, und mit ihnen auch wir, mit wenig Hintergrundmaterial und sehr viel Unwissen, was die Biographie und Hilfekarriere der Jugendlichen angeht. Im Verlauf ihrer Betreuung erzählten die Jugendlichen viele wichtige Begebenheiten aus ihrem Leben, in etlichen Fällen gelang es uns, nachträglich wichtige Informationen zu erhalten. Aber für eine ausführliche Fallrekonstruktion oder das Erkennen von intergenerationalen Verwicklungen und Abbruchmustern etc. reichte unser Wissen beinahe nie aus. So sind wir immer wieder auf Ahnungen und Vermutungen angewiesen und legen das in den Fallschilderungen auch offen.

Ob und inwieweit eine bessere informative Ausgangslange den Betreuungsverlauf in einem so niedrigschwelligen Setting wie bei NAlS deutliche verbessern kann, wissen wir nicht. Einerseits würde man in vielen Verhaltensweisen Muster-Wiederholungen erkennen und so mit diesen gelassener und/oder gezielter umgehen können. Andererseits hat man in einer Übergangshilfe weder den Auftrag von den Jugendlichen, noch von den Jugendämtern eine intensive Thematisierung der Biographie bzw. bisherigen Hilfekarriere zu betreiben. Mehr Wissen könnte zu passgenaueren (Nicht-) Interventionen, rascher einsetzenden Muster-Durchkreuzungen bzw. gezielteren „Verstörungen" führen (Schlippe/Schweitzer 1996). Mehr Wissen könnte aber auch die offene Eingangswahrnehmung „verderben" und damit das unbelastete Zugehen auf den Jugendlichen. So bleiben wir in dieser Frage unschlüssig und stellen deren Beantwortung der Fachdiskussionen anheim.

5.1 Ute und Tobias: zwei Provinz-Punks in der biographischen Sackgasse Stadt

Ute (geb.1992) und Tobias (geb. 1993) wurden im Jahr 2009 für fünf Monate bei NAlS betreut und auf eigenen Wunsch entlassen. Damit gehören sie zu den Jugendlichen mit **mittlerer Verweildauer.**

1. Erscheinungsbild, Auftreten, Selbstinszenierung

Ute und Tobias imponierten uns Beobachtern als attraktiv aussehende junge Menschen. Den weizenblonden, großgewachsenen, schlaksigen Tobias mit seinen blauen Augen nannten wir nach dem berühmten Piraten den „jungen Störtebecker" oder „Lumpenprinz". Häufig verbarg er sein längeres Haar unter einer Mütze oder Kapuze. In der ersten Zeit legte er sich für seine Auftritte auf dem städtischen Treffpunkt für Punks, ein entsprechendes Outfit zu: zerfetzte Hose, Mercedes-Sterne am Handgelenk, Stachelhalsband, Stiefel mit Eisenspitzen etc.. Auf Grund dessen wurde er häufig von Touristen fotografiert, wofür er sich gut und gerne bezahlen ließ. Tobias schaute sein Gegenüber direkt an und war es offensichtlich gewohnt, selbstbewusst, tonangebend und durchsetzungsorientiert aufzutreten.

Ute, ebenfalls blond mit graugrünen Augen, trug betont legere Kleidung (z.B. schlabbrige T-Shirts ohne BH); sie schien anfangs beinahe zu hübsch für ihren Wunsch ein „Punk" zu sein und wirkte trotz ihrer zahmen Ratte im Kapuzenpulli eher wie eine Popmusik- bzw. Hippie-Muse aus den 70-ziger Jahren; sie veränderte aber ihren Look im Lauf der Zeit zu einem morbiden Schick, der „gut" zu ihrem (zunächst unbemerkten) Heroinkonsum passte. Ute zeigte sich sehr viel zurückhaltender als Tobias, häufig mit Blick auf den Boden oder Haaren im Gesicht, mehr nach innen als nach außen gewandt, mit auffallend langsamer, beinahe schleppender Sprache. Dabei wirkte sie auf uns abwechselnd wie eine „Diva" bzw. „Königin" oder wie ein „Lama", mit seiner eigenen Mischung aus Phlegma und Spott.

Beide junge Menschen machten Phasen von Verwahrlosung durch, in denen sie „dreckige" Hände zeigten und zum Teil auch unangenehm „rochen". Umso auffälliger war es, wenn sie von gelegentlichen Besuchen aus ihrer „Heimat-Provinz" wie „frisch gewaschen" und erholt zurückkamen. Offensichtlich behagte ihnen aber dieses „Landei"-Aussehen ganz und gar nicht und zogen sie das raue und „abgefuckte" Großstadt-Image vor. Gleichzeitig besaßen beide ein Faible für silbern glänzende Handys, Laptops und vor allem Tobias für „neue" druckfrische Geldscheine.

2. Biographischer Hintergrund:

Tobias Mutter verstarb, als er 5 Jahre alt war; die Familie soll nach Auskunft des Jugendamtes vorher schon in einem „zerrütteten" Zustand gewesen sein; der getrennt lebende Vater wurde als „Alkoholiker" bezeichnet; alle 6 Geschwister wurden auf Heime und Pflegefamilien verteilt und hatten zum Teil Jahre lang keinen Kontakt zueinander. Eine angemessene Hilfeplanung, die das ganze Familiensystem in den Blick genommen hätte, scheint nicht stattgefunden zu haben. Tobias selbst berichtet von mehreren Heimen und Pflegefamilien, die er durchlaufen hat. Immer wieder kam es zu Krisen, die er zum Teil aktiv herbeiführte, und auf Grund derer er die Hilfe verlassen musste. Unsere Vermutung ist, dass Tobias – wo auch immer – einerseits Episoden mit Gewalt, Demütigung und evtl. auch sexuellem Missbrauch erlebt hat, sich andererseits aber auch bald Gewaltbereitschaft und Einschüchterungsstrategien angeeignet hat, mit deren Unterstützung er seine Umwelt bereits jahrelang kontrolliert bzw. manipuliert hat.

In der letzten Heimeinrichtung vor NAlS lernte er Ute kennen; die beiden gingen rasch eine verbindliche Beziehung ein und setzten sich dafür über institutionelle Regeln und Grenzen hinweg. In dieser Zeit muss die Idee entstanden sein, weg aus dem ländlichen Milieu und in die Großstadt ziehen zu wollen Für Ute stand dabei die Faszination des Punk-Milieus im Vordergrund .Beide teilten das Gefühl, schon viel zu lange und viel zu oft von Erwachsenen reglementiert und bevormundet zu werden und sehnten sich nach einem „freien Leben". Sie „hauten" zuerst aus dem Heim ab und lebten im Juni eine Zeitlang „wild" auf der Straße, in Parks und Abbruchhäusern. Tobias hielt in dieser Zeit nachts Wache, damit Ute sicher schlafen konnte. Tagsüber sorgte er durch Schnorren, aber auch durch Überfälle für Geld und/oder beide klauten in Geschäften. Dieses Leben scheint für beide sehr anstrengend gewesen zu sein, weswegen sie nach ca. 4 Wochen in ihre „Heimat-Provinz" zurückkehrten und bei ihren ratlosen Jugendämtern eine Erziehungshilfe für sich in der von ihnen als Lebensort gewählten Stadt durchsetzten. Vom Jugendamt erhielten sie u. a. die Adresse der Mitarbeiter/innen von NAlS, für deren Angebot sie sich entschieden.

Utes Eltern trennten sich wohl relativ früh; vom Vater wissen wir gar nichts. Ute scheint einerseits gegen ihre sehr tüchtige und ehrgeizige Mutter und deren bürgerliche Karriereplanung rebelliert zu haben; andererseits überfielen sie merkwürdige Ängste und Unsicherheiten, die sich zu Panikattacken bis hin zu Bein-Lähmungen steigern konnten, wenn sie sich zu weit weg von ihrer Mutter entfernte. Weswegen diese letztlich die wichtigste Kontaktperson für sie blieb: zentral und hemmend zugleich. Gefühle von Wertlosigkeit bzw. Sinnlosigkeit, Selbstmordgedanken und Tablettenmissbrauch von Ute hatten bereits mehrfach zu Kontakten mit der Psychiatrie und ihrer anschließenden Unterbringung in einer Wohngruppe geführt. Aber auch in der Heimgruppe kam sie nicht zur Ruhe. Irgendetwas in Beziehung zur Mutter – so unsere Vermutung – muss Ute klein und abhängig gehalten haben, weswegen sie sich in einem ständigen Schlingerkurs von Distanzierung von und Wiederannäherung an die Mutter bewegte. Unsere Arbeits-Hypothese ist, dass die Mutter eine „schwierige" bzw. abhängige Tochter zur eigenen Stabilisierung brauchte und Ute zwischen Stützbereitschaft („liebe Tochter") und Flucht vor dieser („böse Tochter") hin und her pendelte, sich aber in keiner Position wohl fühlen konnte.

3. **Rekonstruktion des Betreuungsverlaufes:**
   (Vieles, was wir hier berichten, insbesondere den Beginn des Heroinkonsums, hat uns Tobias erst im Nachhinein während seiner Inhaftierung berichtet. Wie so häufig, war die Begleitung durch Ansprechpartner und Koordinatoren auf deren eigene Beobachtungen angewiesen, die vor allem zu Beginn wegen der Reserviertheit der Jugendlichen nur „schmale" Einblicke in deren Alltag bzw. Erleben erlauben.)

In den ersten Tagen verhalten sich Tobias und Ute bei NAlS wie Touristen auf Klassenfahrt; so fotografieren sie z. B. mit ihren nagelneuen Handys das NAlS-Gebäude und ihre neuen Zimmer (Ute wohnt im alten „NAlS-Haus", Tobias in einer kleinen Wohnung um die Ecke), legen sich ein entsprechendes Outfit zu, und halten sich viel in der Punk-Szene auf.

Ute hat bereits lange vor ihrem Einzug bei NAlS einen Platz bei einem Bildungsträger in der Nähe der Stadt erhalten, bei dem sie ihren Hauptschulabschluss nachmachen will; aber schon am ersten Tag, als sie dort in Begleitung ihrer Mutter (!) erscheint, überfallen sie starke „Angst- und Panikgefühle", so dass sie auf dem Gelände „keinen Schritt mehr gehen" kann. Sie entscheidet noch vor Ort, dass diese Beschulung nichts für sie sei. Schließlich hätte diese auch eine Trennung von Tobias bedeutet, zumindest von Montag bis Freitag. Im drei Tage darauf folgenden Hilfeplangespräch gibt sie sich zerknirscht und sagt zu, eine Beratung oder Therapie gegen ihre Ängste aufsuchen zu wollen.

Interaktionssequenz 1
   Beim nächsten Dienstagstermin kommt U. rein, grinsend, irgendwie zwischen spöttisch und verlegen.
   „Hallo, bin schon wieder hier …!"
   Koordinatorin: „Wie verstehe ich nicht …?" (spielt sie die Verwunderte oder hat sie den Satz von Ute wirklich nicht verstanden?)
   U.: „Na ja, war ja nicht so geplant, mit … mit …"
   K.: „Ja, aber war doch auch ne Entscheidung von Dir?!"

U.: „Na ja, ich weiß schon, dass es dort ne große Chance für mich war … gewesen wäre …"

Männlicher Koordinator: „Hast ja noch immer ne Chance, willst ja jetzt erst mal was anderes probieren so mit Therapie und dann …"

U.: „Na aber trotzdem, ich hab da doch zwei Jahre drauf gewartet …" (bricht den Satz ab … wirkt niedergeschlagen)

Einen Moment entsteht Schweigen.

U.: „Sonst hab ich nichts zu erzählen."

männlicher K.: „Ist nichts passiert von letzter Woche bis heute?"

U. (denkt kurz nach, lächelt zwischen unsicher und spöttisch, vielleicht auch selbstabwertend?): „Nicht wirklich."

männlicher K. .: „Nichts Aufregendes passiert am Marktplatz?"

U.: „Nee (grinst verlegen) war'n wir ja auch gar nicht …"

K.: „Wo warst Du denn dann?"

U.: „Bei uns in der Wohnung oder bei uns in der Gegend …"

K.: „Und was habt Ihr gemacht?"

U.: „Schlafen, essen … langweilen, nichts Besonderes."

K.: „Was muss passieren, damit es etwas aufregender wird?"

U.: „Mhh, weiß nicht (zuckt mit den Schultern)?"

männlicher K.: „Ich fand es erst mal ganz gut neulich bei dem Hilfeplangespräch, dass die Dir keine Vorwürfe gemacht haben…"

U.: „Ja, fand ich auch gut, hab ich auch erwartet, dass die das machen (jetzt wirkt sie emotionaler und offener)."

männlicher K.: „Nee, das muss man sagen, das haben die gut verstanden und Dir Deinen Weg gelassen."

U.: „Die Jugendamtsfrau war nicht immer so nett, ich kenne sie auch ganz anders."

männlicher K.: „Ja, Du wolltest Dich ja jetzt kümmern um Psychologen, Therapie und so … Wie willst Du das denn machen?"

U.: „Ja, ich will noch mal zur KUB (Beratungsstelle für sog. „Straßenkinder") hin fahren, da war auch ein Betreuer, der gesagt hat, der will mir helfen."

männlicher K.: „Ja gut, mach das."

R.: „Sonst noch was?"

U.: „Nee."

Kommentierung von Sequenz 1

Wahrscheinlich wollen die Koordinator/innen es Ute leicht machen über ihren Abbruch zu sprechen und nicht den Eindruck vertiefen, dass damit etwas besonders Dramatisches geschehen wäre und nun alles verspielt sei. Insofern ist es gut zu betonen, dass es noch weitere Chancen gibt. Aber genauso wichtig wäre die Frage, wie Ute selbst die Bedeutung des Abbruchs einschätzt und wie „übel" sie sich diesen nimmt. Sehr wahrscheinlich ist sie enttäuscht von sich und haben ihr ihre erneut auftretenden Panikattacken einen gehörigen Schrecken eingejagt. Solche Gefühle könnte man ernst nehmen. Stattdessen stellen die Koordinatoren den Abbruch als ihre „Entscheidung" dar, und später als einen Schritt auf ihrem eigenen „Weg". Ob sie damit die innere Gefühlslage von Ute treffen, ist zweifelhaft. Gefühle wie Enttäuschung und vielleicht auch Beschämung scheinen die Koordinatoren nicht ansteuern zu wollen. Ob sie die damit verbundenen Emotionen selbst schlecht aushalten können oder ob ihnen der Kontakt zu Ute noch zu neu und „dünn" erscheint, um solche brisanten Gefühle zu thematisieren, wissen wir nicht. Zumindest rückblickend scheint hier eine Chance vertan zu werden. Zusätzlich bekommt Ute hier eventuell den Eindruck, dass man bei den Dienstagsgesprächen rasch und „nett" über die eigenen Gefühle hinweg reden kann, echte Betroffenheit demnach gar nicht erwünscht ist.

In der Sequenz werden auch die Langeweile und die Orientierungslosigkeit, in die Ute nach dem Abbruch geraten ist, spürbar. Immerhin hat sie zwei Jahre auf diese „Chance" zugearbeitet und diese Perspektive liegt nun in Scherben. Zwar ist im Hilfeplangespräch wieder eine Lösung gefunden worden: wenn ihre Ängste eine Beschulung verhindern, muss man eben erst die Ängste angehen und die Beschulung zurück stellen. Das klingt vernünftig. Aber wie klar ist, dass Ute hier etwas tun kann und will? Und wie kann man herausfinden, wie viel Unterstützung sie dafür braucht? In dieser Sequenz wird sie vorsichtig gefragt, ob sie Ideen hat, an wen sie sich wenden kann. Das sind Mitarbeiter eines anderen Trägers. Die Mitarbeiter von NAlS zögern hier, sich selbst ins Spiel zu bringen. Sicher ist das zunächst klug sich nicht anzubieten, weil Ute angibt, bereits eine Anlaufstelle im Kopf zu haben und sogar eine Person zu kennen, mit der sie bereits über Therapiemöglichkeiten gesprochen hat.

Merkwürdig ist allerdings, dass die Mitarbeiter/innen auch bei den folgenden Gesprächen nicht auf das Thema „Therapie-Anbahnung" zurückkommen. Und nicht bemerken, dass Ute diese Idee rasch wieder aufgibt. Es scheint beinahe so, als glaubte Keiner so recht an diese Möglichkeit und als seien sich Betreute und Betreuer in diesem Punkt einig, ohne es auszusprechen. Rückblickend wird klar, dass der misslungene Beschulungsversuch Ute so sehr enttäuscht hat, dass sie in eine Art Lähmung bzw. depressive Verstimmung gerutscht zu sein scheint, in der sie nicht die Kraft gefunden hat, das Problem mit den Ängsten aktiv anzugehen.

Weiterer Verlauf: Parallel zu Utes Abbruch gibt auch Tobias in den ersten Wochen mehrfach an, einen Schulplatz finden zu wollen. Bei ihm halten sich die Mitarbeiter mit Tipps und Empfehlungen noch mehr zurück, weil sie nicht spüren, dass er das wirklich ernst meint. Diese ausbleibende Orientierung irritiert ihn; er ist gewohnt, dass man ihm Vorschriften macht oder zumindest mit wohlmeinenden Ideen bedrängt; dass das bei NAlS ausbleibt, kann er nicht recht einordnen. Später wird er das den NAlS-Betreuern allerdings als „mangelndes Engagement" vorwerfen:

Interaktionssequenz 2.
> K = Koordinatorin.: „Wie geht es Dir?"
> T = Tobias.: „Gut."
> K.: „Gut ja?!", schaut ihn fragend, ein wenig herausfordernd an.
> T.: „Ja, bloß, dass der Typ vom Jugendamt da war, der kümmert sich nicht um meine Freundin, der kriegt die Kostenzusage oder wie das heißt nicht bei, den Typ mag ich gar nicht leiden. ... die ..."
> K. unterbricht ihn: „Wer kann sich denn am besten um Deine Freundin kümmern?"
> T.: (wie aus der Pistole): „Ich!"
> K.:(ein wenig provokant) „Und kümmerst Du Dich auch um Dich? Kannst du das auch?"
> T.: „Ich mach schon mein Ding."
> K.: „Und wie sieht das aus?"
> T.: „Wie „wie sieht das aus?" (will oder kann die Frage nicht verstehen)
> K.: „Na. Beschreib mal nen ganz normalen Tag, was machst' de da so?"
> T.: „Uffgestanden, um zwei ..."
> K.: „Um 14.00 Uhr mittags (die Präzisierung klingt nicht ganz neutral, irgendeine Botschaft scheint mitzuschwingen)."
> T.: „War halt nen langweiliger Tag gestern ... rausgegangen mit Ute, spazieren gegangen, essen gegangen, beim Großen Park, da kennen wir so einen Pizzatypen ... der gibt die uns billiger und dann rum gehangen, keine Ahnung, war halt so nen Tag."
> K.: „Läuft jeder Tag so ab?"
> T.: „Na, wenn ich in die Schule gehen wurde, ware das anders!"
> K.: „Schule, das sagen hier ja alle Jugendlichen, aber willst du das wirklich? Von uns aus brauchst Du nicht zur Schule gehen!"
> T.: „Ja, das sagen die anderen Betreuer auch, gehe nicht zur Schule, Frau V. und Herr X. (beide Jugendamt ?) ..., ich weiß das ja, dass ich nicht muss, aber ich will, es kann mir ja keiner verbieten!"
> K.: „Nee verbieten nicht, aber es zwingt dich auch keiner!"
> T.: „Ja, ich will ja!"
> K.: „Und hast Du schon angefangen mit der Suche?"

(Sein Handy fällt runter ... er kriecht unter den Tisch und fischt es wieder auf)

T.: „Ja, näh, nicht so richtig."

K.: „Ist doch ne gute Ausgangslage: Du lebst in den Tag rein, hast ne Wohnung, musst Dich nicht stressen, kümmerst Dich um Ute?!"

T.: „Sie ist ja auch das Wichtigste in meinem Leben!"

K.: „Wie geht es Dir denn alleine in der Wohnung?"

T.: „Mmh, weiß nicht, langweilig, ich mach jetzt schon ein halbes Jahr nichts. ... X-Platz ... Y-Bahnhof ... immer rumhängen."

K.: „Da triffst du dann andere Menschen?"

T.: „Ja schon, sind ja auch ein paar gute dabei! Aber ..."

K.: „Du hast doch ein geiles Leben ... was willst Du denn da ändern?"

T.: „Nee, ich will ja Schulabschluss machen, will ja mal arbeiten."

K.: „O.k. wenn ich das jetzt mal ernst nehme, was hast Du denn konkret dafür gemacht?"

T.: „Ich wollte ja nachfragen, wie die Schule heißt."

K.: „Namen rausfinden o.k. – und dann?"

T.: „Na ja, noch mehr so also Name, Adresse, Telefonnummer."

K.: „Hast Du noch nicht gemacht. Gut, das könntest Du aber tun und wofür wär das gut, dass Du das weißt: Name, Adresse ...?"

T.: „Na ja, weil ich dann mal hingehen könnte."

K.: „Um dit Gebäude mal von außen anzuschauen?"

T.: „Ja. Kann ich ja mal reingehen und nachfragen ..." (klingt längst nicht mehr so entschlossen wie oben: unklar: ob er merkt, dass seine Entschlossenheit nicht so groß ist, wie er denkt oder ob er nur auf Grund des ungewohnt lockeren Tonfalls der Koordinatorin verwirrt ist).

K.: „Ob das mit der Adresse stimmt?"

T.: „Nee, ob das was wäre für mich ..."

K.: „O.k., das wär ne Möglichkeit."

Kommentierung von Sequenz 2

Die Koordinatorin lässt sich von Tobias einen beliebigen Tagesablauf schildern. Dieser hört sich eher langweilig an. Energie kommt auf, als es um die Freundin Ute geht; diese gut zu versorgen, stellt offensichtlich stellt einen Auftrag dar, der Tobias am Herzen liegt. Dennoch scheint er ihr gemeinsames Leben nicht besonders interessant zu erleben. Das scheint auch Tobias selbst zu bemerken, denn wie schon bei den letzten Kontakten wirft er von sich aus das Thema Schule auf. Es klingt so, als ob er sich vom Besuch einer Schule die Strukturierung seines Alltags erhoffen würde. Oder als ob mit dem Wegfallen der Strapazen der Alltagssicherung auf der Straße (vor NAlS), sich für ihn und das Paar viel freie Zeit auftut, die auch gefüllt sein will.

Die Koordinatorin konfrontiert Tobias zunächst damit, dass viele Jugendliche sich das Thema Schule vornehmen, und dass er damit keinen Auftrag der Institution erfüllen würde. Das scheint Tobias klar; auch andere haben ihm schon gesagt, er müsse nicht zur Schule gehen, vermutlich, weil er Schulangebote von sich aus schon häufig abgelehnt oder abgebrochen hat. Tobias macht klar, dass er Schule von sich aus will. Hier scheint die Strategie von NAlS, den Jugendlichen nichts vorzuschreiben, sondern zu warten, bis sie selbst Ideen äußern, gut aufzugehen.

Allerdings wird bald deutlich, dass Tobias bisher wenig dafür unternommen hat, seine eigenen Pläne umzusetzen. Und was er getan hat, wirkt nicht gerade sehr entschlossen, sondern wie eine erste zaghafte Annäherung. Die Koordinatorin erreicht durch ihr konkretes und ironisch zu gespitztes Nachfragen, dass ihm das selbst deutlich wird („Um dit Gebäude von außen anzuschauen?"). Ihre „beißende" Ironie scheint Tobias allerdings nicht zu registrieren, oder – was wir eher annehmen – sie scheint ihn nicht zu verletzen, weil sie sprachlich gekonnt „rüberkommt" und die implizite Kritik „du tust nicht was du sagst!" auf eine zwar freche, aber auch gut angekoppelte Weise kommuniziert wird.

Es wäre an dieser Stelle allerdings auch möglich gewesen, ihn nach seinen Befürchtungen und Ängsten in Bezug auf Schule anzusprechen oder auf seine diesbezügliche Ambivalenz. Aber vermutlich wäre ihm das zu schnell als „üblicher Pädagogen-Sound" vorgekommen („die will was von mir!"), während der Stil der Koordinatorin alle Verantwortung bei ihm lässt. Sie enthält sich des Wunsches, dass er zur Schule gehen möge, damit er die Chance hat, die Kraft(-losigkeit) dieses Wunsches selbst herauszufinden.

Weiterer Verlauf: Tobias Idee mit Schule scheint auch darin begründet zu sein, dass der Alltag mit Freiraum bald langweiliger wird als erwartet. Das liegt auch daran, dass Ute immer weniger nach draußen bzw. in die Szene gehen will, während es Tobias „zu Hause" langweilig findet. Das Paar bekam zunehmend das Gefühl „sich auf der Pelle zu hocken" und gerät wohl auch häufiger in Streit miteinander. Einmal wies Ute ein blaues Auge auf. Die Koordinatoren thematisieren diesen Fakt beim Dienstagstermin. Ute wiegelt ab, auch als die Koordinatoren einfühlsam nachfragen. Es bleibt unklar, ob es Tobias war, der sie geschlagen hat, oder sie zwischen ihn und einen anderen kampfbereiten Jugendlichen gekommen war. Deutlich wird, dass Ute von der Szene und den immer gleichen Abläufen (Geld schnorren, sich besaufen, sich anpöbeln, Macker-Verhalten) die Nase voll hatte, während Tobias dort besser ankam, als er selbst erwartet hatte. Zu diesem Zeitpunkt thematisieren die Koordinatoren mit beiden Jugendlichen einzeln zugleich beiläufig wie auch offen und wenig bewertend das Thema Drogen. Beide junge Menschen verneinen damit ein Problem zu haben.

Beobachtungs- und Interaktions-Sequenz 3

Heute Nachmittag haben sich U. und T. 20 Minuten lang im Hof, direkt vor den Fenstern der Anlaufstelle, gestritten. Aus der Mimik und der Gestik der beiden konnte abgelesen werden, dass sie sich gegenseitig Vorwürfe machten bzw. attackierten. Da sie allerdings recht leise sprachen, konnten die Ansprechpartner/innen die Inhalte des Streites nicht mitbekommen. Als wir gegen 16.30 Uhr gerade den Hof verließen, um zu den Außenwohnungen zu gehen, ging U. sichtbar mitgenommen aus dem Haus. Gleichzeitig warf T. ihren Schlüsselbund aus dem Fenster. Dieser landete neben den Containern, wurde aber nicht von U. mitgenommen.

Als wir gegen 17.00 Uhr von der Kontrollbegehung der Außenwohnungen zurückkamen, standen T. und U. an einer nahe gelegenen Kreuzung und unterhielten sich in einem relativ ruhigen Ton.

Um 18.00 Uhr klingeln U. und T. und kommen in die Anlaufstelle herein. Aus T.'s Handy tönt laute aggressive Punk-Musik. T. fragt die Ansprechpartnerin nach Adressen für das Anti-Gewalt-Training. Ute schweigt, sie sieht schlecht aus: dunkle Augenringe, fettige Haare etc.

Die Ansprechpartnerin bittet die beiden Jugendlichen nach hinten und schlägt T. vor, dass er selbst im Internet nach der Adresse sucht. Da T. dies ablehnt, sucht die Ansprechpartnerin. für ihn. Währenddessen sitzen T. und U. schweigend auf der Couch. Punkmusik läuft weiter recht laut aus T.'s Handy. Teilweise singt T. mit: „Wir müssen aufhören, weniger zu trinken … Wir brauchen mehr Alkohol!". U. schweigt weiter beharrlich. Beide streicheln ihre Ratten. Die Ansprechpartnerin findet zwar eine Adresse, aber die Internetverbindung reagiert nicht. T. schlägt vor zu warten oder sofort dorthin zu gehen, aber U. winkt ab; sie wäre müde und möchte in die Wohnung. Beide ziehen dann ab ....zu ihr. .

Kommentierung von Sequenz 3:

Dem Paar scheint die Perspektive verloren gegangen zu sein, der Alltag „bockt" nicht mehr. T. scheint sich Ute und anderen gegenüber immer wieder im Ton zu vergreifen und/oder handgreiflich zu werden. Deswegen fordert sie von ihm, etwas zu tun. Unterstützt ihn dann aber im entscheidenden (?) Moment nicht. Scheint selbst wie gelähmt und auch nicht wirklich zu wollen, dass Tobias etwas tut, während sie passiv vor sich hin dümpelt. Tobias wird noch häufig von dem Anti-Gewalt-Training sprechen, meldet sich dort aber nie an. Ute scheint zu leiden, aber auch nicht genug Energie zu besitzen, ihre Wünsche durchzusetzen.

Weiterer Verlauf: Ute geht nach 5 Wochen bei NAlS auf das Angebot ihrer Mutter ein, zwei Ferienwochen im Sommer mit dieser auf dem Land zu verbringen. Ob sie in erster Linie ihrer Mutter einen Gefallen tun will, oder Tobias damit einen „Schuss vor den Bug verpassen" möchte, bleibt unklar. Vielleicht beides ...

Tobias scheint durch den Abgang von Ute zunächst wie entlastet und stürzt sich gemeinsam mit vier anderen NAlS-Jugendlichen in eine Art Dauer-Party mit Alkohol, Drogen, Schlägereien und einer Affäre mit einer anderen NAlS-Jugendlichen (Eva, siehe Fallbericht Hermine 5.3). Gleichzeitig vermisst er Ute und ahnt, dass sein Fremdgehen zu Problemen in der Beziehung führen wird. In dieser Situation probiert Tobias bei einem seiner Ausflüge das erste Mal Heroin. Und gerät sofort in den Bann der Droge. Auch an dem Tag, an dem Ute zurückkommt, konsumiert er Heroin, was Ute sofort bemerkt. Sie reagiert beleidigt, so als habe er sie mit der neuen Droge betrogen und fordert vehement es auch probieren zu wollen. Tobias erscheint der noch an diesem Tag erfolgende erste gemeinsame Konsum wie die Neubegründung und Festigung ihrer Paarbeziehung. So, als ob damit alles Trennende gekittet würde. Beide steigen in den nächsten Tage und Wochen in den Konsum ein und brauchen dafür nach und nach immer mehr Geld. Tobias dehnt zu dieser Zeit seine kriminellen Aktivitäten aus: mehr Überfälle, für die er auch andere Jugendliche gewinnt, die ihm zuarbeiten sollen. Er wird – wie er später nach seiner Inhaftierung berichtet – zu einer Art Gangboss, der drei, vier andere Jugendliche dazu anhält für ihn kriminelle Aktionen zu begehen. Dabei scheint er sich – wie schon bei Ute – durchaus auch als kluger Kopf und zuverlässiger Beschützer zu bewähren. Bald sind auch Waffen (Pistolen) im Spiel.

Das Heroin wird zum neuen Paar-Projekt: der gemeinsame Konsum beinhaltet einerseits einen gemeinsamen Höhepunkt des Tages und zugleich ein verbindendes Erlebnis. Das tröstet Beide wahrscheinlich auch über andere, liegen gebliebene Projekte wie Schule, Therapie, Anti-Gewalt-Training, vielleicht aber auch die Enttäuschung über das eigene Leben als Paar etc. hinweg.

Von dieser Dynamik bekommen die NAlS-Betreuer trotz regelmäßiger Wohnungskontrollen und häufiger Sichtkontakte zum damaligen Zeitpunkt wenig mit: Beide Jugendliche kommen regelmäßig zu den Dienstagsterminen in das Jugendamt. Auffallend ist allerdings, dass Tobias mit fast allen anderen NAlS-Jugendlichen zerstritten ist; seine Affäre ist inzwischen aufgeflogen, Ute ist zunächst sauer, verzeiht ihm aber. Die andere junge Frau rächt sich aber durch einen Einbruch in Tobias Wohnung, was diesen wiederum so aufbringt, dass er sie und ihre männlichen Beschützer körperlich angreift und dabei durch einen Messerstich verletzt wird. Die Stimmung unter den Jugendlichen ist in einer Woche so gereizt, dass es beim Dienstagsgespräch im Jugendamt, wo sie zwangsläufig aufeinander treffen, zu heftigen Tumulten kommt, die andere Klienten und Jugendamtsmitarbeiter/innen verängstigen. Die Betreuer beschließen, Tobias Geld diesem zunächst direkt in der Wohnung auszuzahlen, um den Kontakt mit den anderen Jugendlichen zu vermeiden. Dennoch eskalieren die Konflikte unter den Jugendlichen weiter.

Interaktionssequenz 4

Nach ca. 15 Minuten Gespräch.

Koordinatorin: „Was ick noch auf dem Herzen habe: Wie ist das mit dem Einbruch gewesen?"

T. (sofort engagiert und trotzig): „Die hatte von mir den Musiktower und das …(?) … und meine Handschuhe."

K.: „Ja, aber Du bist eingebrochen!"

T.: „Ich hab mit der ja erst geredet. Hab ihr gesagt: Ich will meine Sachen bis dann und dann. Da hat sie gesagt, da kann ich nicht, hab ich gesagt, dann hol ich mir das, kurzer Prozess, da mach ich nicht lange rum, selbst schuld."

K.: „Aber es ist Dir schon klar: Du wirst eine Anzeige bekommen?"

T.: „Ist mir doch egal, da red ich mit den Bullen, hab ich schon, dass die mir …"

K.: „Kann es sein: Ab und zu tickt es bei Dir aus und du sagst, ich bin der Rächer der Enterbten und ohne deinen Kopf einzuschalten, da schaltest Du deinen Kopf aus und dann geht es nur noch: ich will und druff?"

T.: „Ich hab ihr die Uhrzeit gesagt, wann ich da bin."

K.: „Ja, aber Du nimmst keine Rücksicht auf die anderen."

T.: „Auf die doch nicht, die hat doch..."

K.: „Da waren noch Nachbarn und ziemlich erschrocken..."

T.: „Denen hab ich das auch gesagt, dass ich nur meine Sachen..."

K.: „Und die Wohnung haben wir angemietet, und wenn wir da rausfliegen, dann vielen Dank."

T.: „Ja, das tut mir ja auch leid, dass es eure Wohnung ist."

K.: „Dat soll ich Dir glauben, dass es Dir leid tut?"

T.: „Ja schon so …"

K.: „Aber was hätte es denn da für andere Lösungen gegeben? Hättest ja auch zu uns kommen können: Ich möchte meinen Rechner wieder haben, was gibt es denn für eine Lösung, helft mir mal …"

T.: „Ha ha, Lösung, meine Lösung ist Türe eintreten."

K.: „Tolle Lösung, wo nachher alle mit Probleme haben."

T.: „Ich will mich ja auch ändern."

K.: „Wie kommst Du denn da drauf?"

T.: „Na, hat Ute auch gesagt, dass es so Scheiße war und sie auch genervt ist von dem..."

K.: „Du musst Dich ändern, aber willst das ja auch?"

T.: „Ja! Aber trotzdem ich hab das so gemacht."

K.: „Du stehst zu Deiner Form, wie Du das gemacht hast und wirst Deine Erfahrung damit machen. Ich sag Dir nur: Diese Türen sind schweineteuer zum Reparieren."

T.: „Die wurde ja schon mal eingetreten, war nicht das erste Mal."

K.: „Na ja, denn darfst du sie noch mal eintreten. Meine Güte: Es gab Beschwerden da im Haus, wir verlieren die …(?) …".

Tobias grinst.

K.: „Auf jeden Fall: Die Wohnung, die muss auf Vordermann gebracht werden. Deswegen bekommst Du heute weniger Geld ausbezahlt."

T.: „Ich räum doch meine Wohnung auf." (lacht)

männlicher K.: „Also jetzt sagen wir mal: Du hast diese Woche Zeit die Wohnung auf Vordermann zu bringen. Wenn die nicht in Ordnung ist, ich will aber nicht mit Dir kämpfen, dann gibt es nächste Woche Geldabzug, aber ohne Gemotze. Dann kannst Du Drohen und Aggressionen lostreten wie du willst … das ist dann alles egal."

T. (lacht): „Mal kieken."

männlicher K.: „Ja und dann bringst Du uns vielleicht auch so einen Liebesbrief mit (gemeint ist ein vom Jugendamt angeforderter Bericht, in dem Tobias seine Zielsetzungen für die nächsten drei Monate skizzieren soll)."

Kommentierung von Sequenz 4: Die Koordinatorin spricht zunächst unumwunden den Einbruch von Tobias bei Eva an und konfrontiert ihn deutlich mit der Möglichkeit einer Anzeige bei der Polizei. Sie macht ihm deutlich, dass das auch für den Träger und damit auch für ihn zu unangenehmen Konsequenzen führen kann. Als er zu Selbstlegitimierungsausflüchten greift, provoziert sie ihn geradezu, indem sie ihm das Spiegelbild eines Säuglings vorhält. Das lässt er sich ohne erkennbare Wut gefallen. Es wird deutlich, dass er auf unerschrockener klares Auftreten – zumindest von Frauen – gut eingehen kann. Ob die mitgeteilten Botschaften allerdings zu ihm durchdringen, bleibt unklar.

Unser Eindruck in dieser Szene war, dass die weibliche Koordinatorin bereits für diesen Tag eine Geldkürzung für angemessen hält und sich Tobias diese durchaus auch hätte gefallen lassen. Da schaltet sich der männliche Koordinator ein und „spült" diese scharfe Kante weich. Gleichzeitig verlangt er von Tobias, dass er das nächste Mal den Geldabzug hinnehmen müsse, ohne Wut zu zeigen und ohne Ärger zu machen. Das klingt fast so, als brauche er dessen Zusicherung, um diese Sanktion umsetzen zu können. An dieser Stelle geben die Koordinator/innen im Hinblick auf Sanktionen und Umgang mit Bedrohungen von Tobias ein unabgestimmtes Bild ab. Auch an die Forderung

des Jugendamtes wird von diesem Mitarbeiter eher halbherzig („vielleicht" …
„könnte") und euphemistisch („Liebesbrief") erinnert.

Weiterer Verlauf: Ärger gibt es mit Tobias auch noch in Bezug auf zwei andere Themen: er hat immer noch keine polizeiliche Anmeldung getätigt, die die Voraussetzung für alle weiteren Aktivitäten wie Schule oder Beantragung des Personalausweises (wichtig auch für die Monatskarte etc.) wäre. Nach vielen vergeblichen Anläufen wird klar, dass Tobias diese Anmeldung gezielt verweigert. Er ist inzwischen in mehrere delinquente Aktivitäten verstrickt, so dass er gar nicht möchte, dass die Polizei weiß, wo er wohnt bzw. dass er über eine offizielle Adresse verfügt. Diese Weigerung wird thematisiert, Geldabzug angedroht, dann aber doch nicht durchgeführt.

Der andere Konflikt betrifft einen Hund, den sich Tobias ohne Absprache mit den Betreuern angeschafft hat. Es zeigt sich, dass das Paar nicht in der Lage ist, sich angemessen um den Hund zu kümmern. Dieser bellt und jault oft stundenlang in der überhitzten Wohnung von Tobias. Ute macht klar, dass sie ihn auch nicht will. Tobias scheint zu stolz dazu einzuräumen, dass er sich mit dem Hund übernommen hat. Im Gegenteil: zwischenzeitlich besitzt er sogar zwei Hunde. Die Mitarbeiter/innen finden bei der Teambesprechung keine klare Linie, sich in dem Hundekonflikt zu positionieren. Sie fühlen sich angesichts von Tobias Drohpotential eher ohnmächtig. Nachdem seine Wohnung vermüllt und beinahe unbewohnbar ist, wird die von Ute zum Rückzugraum für das Paar, aber auch dort häufen sich die Verwahrlosungserscheinungen. Beiden scheint alles über den Kopf zu wachsen. Der katastrophale Zustand der Wohnungen wirkt wie ein Spiegel ihrer seelischen Situation.

Interaktionssequenz 5:

Tobias kommt eines Morgens in die Anlaufstelle und führt ein längeres Gespräch mit einem Ex-Betreuer aus einem Heim in Mecklenburg. Da er sich mit dem schnurlosen Telefon zurückzieht, bekommt die Ansprechpartnerin nur die Hälfte mit: offensichtlich geht es darum, dass Tobias die Stadt verlassen möchte, um für 10 Tage zu diesem Ex-Betreuer zu ziehen. Der lässt sich anschließend mit der Ansprechpartnerin verbinden und bestätigen, dass Tobias diese Auszeit für sich entscheiden kann. Er sagt klipp und klar an, dass er Tobias auf eigenen Wunsch für maximal 10 Tage aufnehmen will und kann und ihn beim ersten Konflikt oder Diebstahl vor die Türe setzen wird. Er wirkt dabei nüchtern und klar, aber auch sehr zugewandt. Offensichtlich gibt es Ex-Betreuer, an die sich Tobias erinnert und denen er vertraut. Nicht alle und alles im Heim scheint demnach „schlimm" gewesen zu sein, wie er es sonst darstellt.

Nachdem das geklärt ist, äußert Tobias den Wunsch, mit der Ansprechpartnerin zu reden. Beide gingen dann in den hinteren Raum der Anlaufstelle. T. erzählte dann, dass er sich „tierische Sorgen" um U. machen würde, und dass er nach Mecklenburg zurückgehen möchte, weil er festgestellt hätte, dass er ein „Landei" sei, Ute aber nicht mit ihm zurück wolle. Nach einigen weiteren nebulösen Erklärungen und Begründungen beichtet Tobias, dass er und Ute seit längerer Zeit schon Heroin konsumieren würden und dass er deswegen eine Zeitlang weg möchte, weil sie in der Stadt zu einfach an Heroin kommen würden und damit ein Entzug unmöglich sei. Er würde sich große Sorgen um U. machen, weil sie „voll auf dem Drogen-Trip" sei und schon mehrfach Suizidabsichten geäußert hätte. Daher hätte er Angst, dass Ute sich in seiner Abwesenheit einen „Goldi" setzt (d. h. einen „goldenen Schuss", bei dem sie stirbt). Tobias bittet anschließend die Ansprechpartnerin darum, auf Ute in seiner Abwesenheit aufzupassen. Diese verlangt von ihm, Ute selbst zu erzählen, dass er die Erwachsenen alarmiert hat.

Tobias erzählte weiterhin, dass er in seiner Wohnung einen Abschiedsbrief von Ute gefunden hätte. Ute würde häufiger solche Briefe schreiben, aber dieses Mal sei es ernst. Außerdem hätte sie schon mal eine „Handvoll" Antidepressiva geschluckt. Daher habe er Angst, dass Ute „es einmal macht". Die Ansprechpartnerin informiert sofort eine der Koordinatorinnen. Beide Frauen gehen noch am selben Tag in die Wohnung von Ute und führen mit dieser ein Gespräch. Ute weiß bereits, dass sich Tobias an die NAIS-Mitarbeiter/innen gewandt hat.

Am Tag der Enthüllung (Donnerstag, den 01.10.) wäscht Tobias zum ersten Mal, seit er bei NAIS ist, seine Wäsche in der Anlaufstelle. Danach fährt er für 11 Tage nach Mecklenburg. Ute bleibt alleine in der Stadt zurück.

Kommentierung von Sequenz 5

Interessanterweise ist es Tobias, der die Dramatik der eigenen Not erkennt, den Kontakt zu Vertrauenspersonen aufbaut und dabei gleichermaßen für sich selbst, aber auch für seine Freundin sorgt und in der Lage ist, Hilfe zu organisieren. Das erstaunt umso mehr, als Tobias vorher kaum gezeigt hat, dass er die Ansprechpartner und Koordinatoren als vertrauenswürdig und hilfreich erlebt. Aber jetzt kann er auf sie zugehen und ihnen auch Ute anvertrauen. Diese bleibt in den nächsten Tagen eher passiv und ist sich nicht sicher, ob sie etwas an ihrer Situation verändern will. Dagegen scheint Tobias sehr viel entschlossener. Er organisiert für sich einen „kalten Entzug" bei einem ehemaligen Betreuer, der klug genug ist, sich bei der Ansprechpartnerin abzusichern. Tobias hat für sich zwei Dinge klar: erstens will er raus aus dem städtischen Milieu, damit er schwerer an Drogen herankommt; zweitens will er eine Therapie machen, hat sich auch schon erkundigt und erfahren, dass Paare in den allermeisten Einrichtungen nicht gemeinsam aufgenommen werden. Tobias. lässt durchblicken, dass es in Bezug auf das immer weitere Abgleiten von Ute in den Heroinkonsum bzw. die Frage, wie damit umzugehen sei, zu heftigem Streit zwischen ihnen gekommen wäre. Auch wenn er es nicht ausspricht, so muss Ute so etwas gesagt haben wie: „Wenn es Dir nicht passt, dann geh halt!".

Die NAlS-Mitarbeiter/innen reagieren in der Enthüllungsszene und in dem darauf folgenden Krisenmanagement sehr professionell: schnell, offen, freundlich, ohne überzudramatisieren und auch abgestimmt, was das Zusammenspiel von Ansprechpartner/innen und Koordinator/innen betrifft.

Weiterer Verlauf: In dem Gespräch mit den Mitarbeiter(inne)n am selben Tag äußert sich Ute eher einsilbig; sie hat Zweifel, ob sie eine Therapie machen möchte; wenn, dann nur mit Tobias gemeinsam, der sich aber schon erkundigt hat: zusammen geht nicht, das lehnen die meisten Drogentherapieeinrichtungen ab. Außerdem hat Ute inzwischen den Hund lieb gewonnen. Auch den will sie nicht im Stich lassen oder aufgeben. Solche praktischen Erwägungen stehen in ihrem Denken zunächst im Vordergrund. Wie es ihr geht, einerseits mit dem Heroinkonsum, andererseits mit dem erzwungenen Outing durch Tobias und seinem Weggang, kann sie kaum benennen. Immerhin lässt sich darauf ein, mit der Koordinatorin einen Termin in der Drogenberatungsstelle zu vereinbaren und geht dort auch am nächsten Tag hin.

Interaktionssequenz 6:

U. kommt in an diesem Tag in ihrer typischen Haltung und Bewegungsart herein: eher geschlichen oder geglitten als gelaufen. Dabei schaut sie (intensiv), bleibt aber mimisch bei ihrem rätselhaften, etwas langsamen und müden Lächeln. Sie sieht heute älter aus als 18 Jahre, könnte auch eine Dreißigjährige sein. Sie trägt schwarze Lederjacke, helles Shirt und gestreifte lilaschwarze Leggings. Heute sieht sie mehr wie „Junkie" aus als nach „Punk". Der Übergang im Outfit verlief, wie wir rückblickend an Hand unserer Protokolle sehen können, schleichend. An diesem Morgen ist der männliche Koordinator = K. alleine beim Dienstagsgespräch; allerdings hat Ute am Nachmittag einen Termin mit der weiblichen Koordinatorin. Nach einer Anwärmphase mit Geplänkel wird K. direkter.

K.: „Und wie findest Du das, dass Du alleine bist (T. ist nach Mecklenburg gefahren)?.".

U.: „Teilweise gut und teilweise schlecht. Der Abstand ist gut, aber dass da niemand ist, der sagt, mach das nicht (mit dem Heroin), das ist blöd."

K.: „Aber das ist doch auch gut. Du warst ja schon ganz schön genervt (er spricht nicht aus: „von T.“; sein „gut“ passt nicht zu ihrem „blöd“), wegen dem Druck, den er ....“

U.: „Klar, ja schon.“

K.: „Und das mit der Drogentherapie würdest du schon abhängig machen von Deiner Beziehung zu Tobias?“

U.: „Na, so ganz abhängig mach ich das auch nicht, aber dann wäre das Umgewöhnung, dann wäre ich ja wieder alleine und dann gäbe es ja so eine Zeit, wo ich ...“ Sie verstummt.

K.: „Weil es gäbe ja auch noch andere Partner ...“

U.: „Aber dann wäre ich ja erst mal alleine, bis ich dann wieder mit jemanden zusammen bin“.

(nach einer Weile Schweigen, die K. aushalten kann).

„Zurzeit mach ich mir schon so Gedanken, warum ich überhaupt noch lebe und wenn ich keinen richtigen Grund mehr hab zum Leben, dann brauch ich mir da auch keine Gedanken mehr machen wegen der Drogen.“

K.: atmet hörbar tief ein und aus: „Da bin ich jetzt erst mal platt.“

U. lächelt matt und schweigt.

K.: „Mich wundert das. Du fühlst dich so leer?“

U.: „Das ist, dass ich mich oft frage, wozu überhaupt leben? Das ist bei mir schon länger so ein paar Jahre, dass ich da so keinen richtigen Sinn drin sehe.“

K.: „Und das hat auch was mit Deinen Ängsten zu tun? Diese Sachen wolltest Du schon mal länger angehen.“

U.: „Ja.“

K.: „Aber ist im Moment zu viel?“

U.: „Ja, schon.“

K.: „Ja. Geht Dir viel im Kopf rum. ... Aber für die Beratungsstelle habt Ihr wieder einen Termin.“

U.: „Ich soll zu den normalen öffentlichen Zeiten kommen, die I. (Name der Koordinatorin) hat gemeint, dass sie da mitkommt ...“

K.: „Ja gut, schade, dass sie jetzt nicht da ist. Wo wohnst Du denn gerade, in der Adolfstraße oder in der Wohnung von Tobias?“

U.: „Bei ihm wegen dem Hund ...“

K.: „Ja gut ....Na ja, schauen wir weiter. Ich guck mal, dass ich den X (Jugendamt Vormund) noch kriege diese Woche. Ich melde mich dann bei Dir. Dein Handy funktioniert?“

U.: „Ja.“

K.: „Ja, ich ruf ihn mal an. Vielleicht ist es gar nicht so schlimm?!“

U. schüttelt zweifelnd den Kopf.

K.: „Ansonsten, wenn es Dir ganz schlecht geht, kannst Du immer auch zu den Ansprechpartner/innen gehen."

U. nickt kaum merklich.

Kommentierung von Sequenz 6

Ute spricht ihre existenzielle Ratlosigkeit ziemlich schnell und offen an: Sie zweifelt am Sinn ihres Lebens, der Wunsch tot zu sein, liegt nahe. Hierauf reagiert der Koordinator ganz spontan und authentisch: „Da bin ich jetzt erst mal platt!"

Durch diese menschlich stimmige und ehrliche Reaktion gewinnt er nicht nur Zeit, sondern auch seine Fassung zurück. Er kann ansprechen, wie leer sie sich fühlt und sie kann noch einmal bekräftigen, dass sie schon seit langem am Sinn ihres Lebens zweifelt. Das ist das Maximum an Öffnung, das Ute bei NAlS bzw. in den Dienstagsgesprächen möglich ist. Es ist toll, dass sie ihre Lage bei dem Koordinator so unmissverständlich ausdrücken kann.

Das zeigt, dass im Lauf der letzten vier Monate durchaus etwas gewachsen ist, auch zwischen ihr und dem Koordinator. So kann Ute auch über ein paar Ungeschicklichkeiten hinweg sehen, wie z. B. den Satz, dass es „doch auch noch andere Partner" gäbe, was eine grobe Illoyalität zu Tobias darstellt und auch Ute aufbringen könnte. Aber solche Szenen zeigen, dass Jugendliche, wenn sie erst einmal ein Grundvertrauen gefasst haben, den Erwachsenen auch manches nachsehen können.

Freilich bliebe für das Team die Frage zu erörtern, ob in einer solchen Krise es nicht Sinn machen würde, Ute eine 24 Stunden Rufbereitschaft per Handy zur Verfügung zu stellen und ihr das Versprechen abzunehmen, dass sie auf jeden Fall anrufen würde, wenn ihre Selbsttötungsideen zu übermächtig würden.

Weiterer Verlauf: auch der Drogen-Beratungsstelle gelingt es nicht, Ute vom Sinn einer Therapie zu überzeugen. Vielleicht sind ihre Ängste im Moment zu groß; die Regeln in den meisten Einrichtungen besagen: weder Freund, noch Hund. Das kann sich Ute nicht vorstellen. Die Frage stellt sich allerdings, ob das nicht vorgeschobene Gründe sind, die lediglich ihre fehlende Entschlossenheit verdecken.

Tobias kommt nach elf Tagen zurück; während er in dieser Zeit gar nicht konsumiert hat, hat Ute dies zwei, dreimal getan. Das Paar nimmt sich vor, sich gegenseitig zu überwachen, was aber nur eine Woche gelingt. Beide geraten wieder in den Sog der Droge. Mit dem Unterschied, dass dieses Mal offen darüber gesprochen werden kann und weiter nach einer Lösung gesucht wird. In dieser Phase erleben die beiden jungen Menschen die NAlS-Mitarbeiter/innen als besonders unterstützend: sie werden ausgehalten wie sie sind, trotzdem werden Sorgen und Veränderungswünsche klar und deutlich kommuniziert. Inzwischen sind auch die Mutter von Ute, der Vormund von Tobias, die Jugendamtsmitarbeiter/innen etc. informiert. Alle äußern Betroffenheit, aber keine Partei drängt auf eine schnelle Lösung, weil alle wissen, dass es die nur im Einvernehmen mit Ute und Tobias geben kann. Zwangsmaßnahmen wären bei dieser Konstellation mit aller Wahrscheinlichkeit zum Scheitern verurteilt: Tobias würde sofort flüchten und Ute sich erste recht etwas antun. Freilich arbeitet die Mutter im Stillen an einer Lösung für ihre Tochter: diese soll erst einmal zu ihr nach Hause kommen und von dort aus einen Klinikplatz suchen. Allerdings ohne Tobias.

Tobias gerät wieder unter Druck, weil er viel Geld besorgen muss: abwechselnd mal für Heroin, mal um teure Ersatzbeschäftigungen zu finanzieren wie Saunabesuche oder ein teures Essen im Restaurant, mit dem sich das Paar in seiner Dauerkrise ablenken will. An sich keine schlechte Idee, aber gegenüber dem Kick des Heroins wird es immer schwieriger etwas Entsprechendes aufzufahren. Tobias stellt beim Dienstagsgespräch absurde Geldforderungen: ein paar Mal wird er bedrohlich, indem er mit einem Messer herumfuchtelt. Zum ersten Mal wird erwogen, beim nächsten Anzeichen von Gewalt die Polizei zu rufen. Inzwischen verwahrlosen die Wohnungen der beiden jungen Menschen mehr und mehr.

Interaktionssequenz 7

Heute begleite ich (Beobachter) die Ansprechpartnerin bei der Kontrolle der Wohnung von T. Während T.s Abwesenheit hatte U.s Mutter seine Wohnung aufgeräumt und sauber gemacht. Eine Woche lang konnte U. diesen Zustand auch aufrecht erhalten. Beim Jugendamtsgespräch hatte U. allerdings bereits erwähnt, dass seit T. s Rückkehr seine Wohnung wieder recht unordentlich sei. In den Wochen vor seiner Abfahrt war die Wohnung immer chaotischer und dreckiger geworden. Da letzte Woche T. einer anderen Ansprechpartnerin den Zugang zu seiner Wohnung bzw. zum Wohnzimmer verweigert hatte, wurde diese seit mindestens zwei Wochen nicht begangen.

Als wir ankommen, sind die Fenster zu und die Rollläden runter. Obwohl das Licht in der Wohnung brennt, macht keiner die Tür auf. Nach mehrmaligem Klopfen geht die Ansprechpartnerin. rein. Ein penetranter Geruch kommt uns entgegen. In der Wohnung ist es sehr warm und feucht und der saure Gestank ist fast unerträglich. Alle Lichter sind an. Unweigerlich schießt mir durch den Kopf „Hoffentlich liegt keine Leiche im Wohnzimmer!" Es ist aber wirklich niemand in der Wohnung.

Der Zustand der Wohnung ist katastrophal: Das Bad steht unter Wasser. Die Duschwanne ist voll mit einem Berg nasser, ungewaschener Klamotten. In den drei bis vier Zentimeter Wasser schwimmen Tampons, Hundetrockenfutter, Kippen etc. Der Abfluss des Waschbeckens scheint ebenfalls verstopft zu sein. In der Küche stapelt sich das dreckige Geschirr. Auf dem Tisch und dem Boden liegen Essensreste. Die Wände sind mit Ketchup verschmiert (es sieht so aus, als ob ein blutender Mensch versucht hätte, sich an der Wand hochzuziehen). Das Wohn- und Schlafzimmer ist nicht minder unordentlich: Dort liegen ungewaschene Klamotten hinter der Tür. Der Boden ist übersät mit Zigarettenblättchen und Tabakresten. Verschiedene leere Flaschen und ein Eimer voller Wasser und Flaschen (Bong?) stehen um den kleinen Tisch etc. Nach Meinung der Ansprechpartnerin sah T.'s Wohnung noch nie so schlimm aus.

Als wir im Flur stehen, kommen plötzlich Tobias und Ute in die Wohnung. Tobias hat anscheinend einen Schreck bekommen, als er sah, dass seine Wohnung offen stand. Obwohl er kurz grinste, als er rein kam und ich sagte: „Keine Angst, wir sind keine Einbrecher!", steigert er sich in einen Wutausbruch und fordert uns auf, die Wohnung zu verlassen: „Verpisst euch! Ihr habt hier nichts zu suchen!" Er regte sich auf, dass wir ohne Anmeldung in seine Wohnung kamen. Er wurde sehr schnell sehr aggressiv: „Ich haue euch die Fresse ein!"

Die Ansprechpartnerin (die Person, bei der Tobias seine Not gestanden hatte) versuchte, ihn zu besänftigen und bot „ablenkende" Themen an. Sie fragte beispielsweise, wie es U. gehe und wo die Ratten seien etc. Trotzdem steigerte sich T. weiter in sein Entsetzen, dass wir seine Wohnung in seiner Abwesenheit betreten hätten. Mehrmals brüllte er: „Verpisst Euch, sonst haue ich Euch in die Fresse!" Wir standen alle vier im kleinen Flur. T. hielt dabei seinen Hund an der Leine. Ute stand neben ihm, schaute etwas betreten und schwieg. Ob sie unter Heroinwirkung stand, war schwer auszumachen, wir vermuteten es.

Kommentierung von Sequenz 7

Der Stand der Wohnung zeigt, wie es um Ute und Tobias steht: sie sind in eine dramatische Sackgasse geraten. Was sie sich an Hilfeideen vorstellen können, findet entweder keine Resonanz im (Drogen-)Hilfesystem oder blockiert sich gegenseitig. Beiden gelingt es zumindest in der Stadt und bei NAlS nicht, aus dem Teufelskreis von Drogen, Geldnot und Verwahrlosung auszusteigen. NAlS ist in der Lage diese Krise auszuhalten, aber nicht mehr weiterführende Impulse zu vermitteln. Vielleicht muss den beiden jungen Menschen aber auch genau das deutlich werden: wenn jemand uns retten kann, dann nur wir uns selbst.

4. Wie es nach NAlS weiter ging

Wenige Tage nach der Konfrontation in der Wohnung zogen Ute und Tobias mit Einverständnis der NAlS-Mitarbeiter/innen und des für sie zuständigen Jugendamtes zurück nach Mecklenburg; dort wohnten sie zunächst bei einem Bruder von Tobias. Dort führte dieser einen kontrollierten Entzug mit Ute durch, indem er ihr immer geringere Dosen von Heroin, das er vorher „gebunkert" hatte, verabreichte. Das nötige Wissen dazu hatte er sich aus dem Internet und durch Gespräche mit anderen Jugendlichen organisiert. Er selbst machte seinen zweiten „kalten Entzug", musste dieses Mal aber wochenlang mit Schlafstörungen, Zittern, Schweißausbrüchen kämpfen. In dieser Phase unterstützten die Beiden sich auf eine sehr solidarische Weise. Beiden gelange es ganz vom Heroin wegzukommen. Als es Ute deutlich besser ging, wollte sie ihre Mutter besuchen. Von diesem Besuch kehrte sie nicht zurück. Ein wichtiger Grund hierfür war die Entdeckung ihrer Schwangerschaft. Mit Hilfe der Mutter fand sie einen ambulanten Therapieplatz und ging dort regelmäßig zu den Terminen. Den Kontakt zu Tobias hielt sie bis zur Geburt, bei der er sie begleitete. Danach brach sie die Beziehung allerdings abrupt ab, wandte sich ganz ihrem Kind und ihrer Mutter zu, hatte aber wohl schon nach wenigen Wochen wieder einen neuen Mann an ihrer Seite. Als ihr Kind geboren wurde, stellten die Ärzte fest, dass dieses – vermutlich aufgrund des Drogenkonsums in der Schwangerschaft – erheblich „behindert" sei und nach Angaben des Jugendamtes wohl das ganze Leben besondere Betreuung erhalten müsste. Ute war nicht mehr bereit mit uns Forschern Kontakt aufzunehmen, um ihre Sicht der Dinge zu berichten.

Tobias wurde trotz seiner negativen Erfahrungen mit Heimen vom betreuenden Jugendamt wieder in ein Heim geschickt. Eine Zeitlang machte er erfolgreich bei einem Praktikum auf einem ökologischen Bauernhof mit. Ein wichtiger Grund hierfür war allerdings der Umstand, dass dort illegal Marihuana angebaut wurde, von dem er reichlich profitieren konnte. Im Heim ergaben sich aber mehr und mehr Konflikte. Diese eskalierten nach seiner Schilderung in einer Schlägerei zwischen Tobias und mehreren Mitarbeitern, zu der die Polizei gerufen wurde. Tobias wurde in die Psychiatrie eingeliefert, fixiert und zwangsweise medikamentiert. Danach tauchte er unter und gründete eine Gang, die nach seinen Angaben mit Drogen dealte und Überfälle beging. Nach seinen Schilderungen konnte er sich in dieser Zeit als Gangsterboss fühlen, dessen Taschen immer voll mit Geld waren und der sich alles leisten konnte, was er wollte: schicke Anzüge, Hotels, Prostituierte ... Unserer Vermutung nach wollte sich Tobias mit diesem tatsächlichen oder auch nur phantasierten „Höhenflug" über den Schmerz der Trennung, die von Ute ausging, hinwegretten. Diese verweigerte jeden Kontakt zu ihm und gestattete ihm auch nicht, ihr gemeinsames Kind zu sehen. Tobias wurde 10 Monate nach dem Weggang aus der Stadt und zwei Monate nach Geburt seiner Tochter inhaftiert, in U-Haft genommen und verbüßt inzwischen eine Gefängnisstrafe von über drei Jahren. Im Gefängnis scheint er ähnliche Probleme wie in Freiheit zu haben: er kann und will sich nichts sagen lassen, kämpft mit den Justizvollzugsbeamten, vermutet, dass alle Regeln darauf ausgerichtet sind, ihn klein zu machen und zu demütigen. Mit Blick auf seine Zukunft äußert er sich sehr ambivalent: einerseits will er Schule machen und später als Landschaftsgärtner arbeiten. Andererseits sehnt er sich immer wieder nach dem Drogenkonsum (auch Heroin) und träumt von einer Karriere als Gangsterboss.

5. Einschätzungen zum biographischen Sinn des Betreuungsverlaufes:
Für Ute und Tobias stellt „die Stadt" im Gegensatz zu der von ihnen erlebten „Enge" der Provinz zunächst einen magischen Ort der Freiheit dar. Beide fühlten sich aus unterschiedlichen Gründen von Erwachsenen missverstanden und von Heimeinrichtungen gegängelt. Das Zusammensein als Paar, die Identität als Punk und der Mythos „Stadt" schienen ihnen endlich das gute Leben zu versprechen, das ihnen vorher versagt worden war. Dafür brachten beide durchaus Ressourcen mit: seine Umsicht und sein Organisationstalent sowie sein Durchsetzungsvermögen, ihr Reflexionsvermögen und ihre musische Ader, ihre gemeinsame Liebe und die gemeinsame kulturelle Identität als Punk etc.

Beide hatten aber unterschätzt, dass sie in ihrer neuen Umwelt von ihren „alten" biographischen Belastungen eingeholt werden könnten: Ute von Ängsten und Panikattacken, von Unentschlossenheit und Zweifeln am Lebenssinn. Tobias von unbezähmbarer Wut, Impulskontrollschwächen und ständigem Bestimmenwollen und Rechthaberei.

Beide hatten wohl auch ihre Beziehungsfähigkeit überschätzt: sie waren nicht in der Lage, ein stimmiges Zusammensein auf der Paarebene aufzubauen. Im Gegenteil: sie manövrierten sich in eine Sackgasse, in der jeder bei sich auch andere, vitale Bedürfnisse jenseits des Partners registrierte und sich Beide zugleich sehr eng kontrollierten und kaum Freiräume gewährten. Ute klammerte sich eine Zeitlang an Tobias und Tobias bezog sein gesamtes Selbstvertrauen aus seiner Beschützer-Rolle. Aber auch er war nicht in der Lage, Ute angesichts ihrer tiefen Ängste und anhaltenden Sinnkrise Halt zu geben, zumal sich Utes Mutter immer wieder als Retterin und Warnerin vor Tobias einmischte.

Beide zahlen einen hohen Preis für ihren Ausbruchsversuch: sie machen Bekanntschaft mit Heroin, das sie mehr und schneller in Beschlag nimmt, als sie einschätzen konnten. Tobias verstrickt sich immer stärker in kriminelle Aktivitäten. Ute bekommt ein Kind, das vermutlich aufgrund ihres Drogenkonsums und des ungesunden Lebens während ihrer Betreuungszeit in der Stadt lebenslanger Fürsorge bedarf. Sie trennen sich. Tobias kommt für Jahre ins Gefängnis.

Und das alles, obwohl man ihnen von Seiten der Helfer zumindest ab der Betreuung in der Stadt in Bezug auf Hilfeform und Hilfeplanung weitgehend entgegengekommen ist (vergl. Kap. 1.3 C). Interessanterweise ist genau dieser Umstand für Tobias Einschätzung von NAlS zentral. Er bilanziert: *„Dieses Projekt ist für Jugendliche, die auf der Straße wohnen, eigentlich sehr hilfreich, weil die haben ihre eigene Freiheit noch, im Heim oder sonstiges ist man freiheitsberaubt, kann man sagen ... NAlS ist schon so, dass man seinen eigenen Weg macht ... (...) ... und das hab ich dort sehr geschätzt bei NAlS".* Utes Bilanz kennen wir leider nicht.

6. Chancen/Stärken und Risiken/Schwächen des Settings
Folgende Chancen und Stärken von NAlS wurden in diesem Fall deutlich. Den NAlS-Mitarbeiter(inne)n gelingt es

→ Ute und Tobias einen Freiraum zu eröffnen, in dem sich die Beiden ausprobieren können. Sie können erleben, wie es ist, eigene Ideen umzusetzen, aber auch mit den eigenen Ideen zu scheitern.

→ In Konflikten erleben Tobias und Ute Mitarbeiter, die ihnen entgegenkommen, sich um faire Lösungen bemühen, aber auch streiten können.

→ Beide erleben, dass die NAlS-Mitarbeiter/innen für sie da sind, sobald sie einen Hilfebedarf signalisieren. Dass sie auch in der Krise in ihrem Sinne unterstützt werden und man nicht vorgibt Lösungsrezepte zu besitzen, die man ihnen überzustülpen versucht.

→ Beide erleben, dass sie sich selbst retten können und müssen. Letztlich gelingt ihnen mit dem selbstorganisierten Entzug und der anschließenden Entwöhnung etwas, was wahrscheinlich kein professionelles Setting vermocht hätte. Dort hätten sie wieder gegen die Erwachsenen und die Fremdbestimmung gekämpft. Freilich fangen nach dem Entzug ganz andere Probleme erst an.

Folgende Risiken und Schwächen des Settings NAlS wurden deutlich:
→ Tobias stellt den Träger mit seinem Tun und Unterlassen vor große Probleme (Verweigerung der polizeilichen Anmeldung, Hundehaltung ohne Erlaubnis, mehrfache Androhungen von Gewalt gegen Mitarbeiter, vermüllte Wohnungen etc.), die teils mit Konfrontation, teils aber auch mit Ausweichen, nie aber mit klarer Konsequenz und konzertierter Aktion beantwortet werden. Das Team scheint bei ihm oft nicht in der Lage, abgestimmt zu agieren. Das Projekt sollte über die Legitimität, Formen und die strategische Durchsetzung von Sanktionen nachdenken.

→ Utes große Enttäuschung über den Abbruch ihrer Beschulungsmaßnahme wurde nicht wahrgenommen. Der Auftrag aus dem Hilfeplangespräch „such dir einen Therapieplatz" wurde nicht aufmerksam genug begleitet.

→ Das Projekt sollte ein Konzept zum Intervenieren bei drohender Vermüllung entwickeln: ab wann macht es Sinn, den Verwahrlosungszustand von Wohnungen nicht nur verbal zum Thema zu machen, sondern strikte Säuberungsauflagen zu erteilen bzw. Säuberungen durchzusetzen, z. B. indem man sie selbst in die Hand nimmt?

5.2 Frank: Ein drogenabhängiger, krimineller Jungunternehmer lernt das Fürchten und steuert um

Frank kam im Alter von 15,7 Jahren zu NAlS und wurde dort vom 1.11.2002 bis 12.3.2003 betreut. Mit weniger als 5 Monaten zählt sein Aufenthalt in dieser Phase eher zu den kurzen Verläufen.

1. Erscheinungsbild, Auftreten, Selbstinszenierung
Frank wurde insgesamt zweimal interviewt, einmal mit 18 und einmal mit 21 Jahren. Beide Interviewer schildern einen sympathischen, aufgeweckten und freundlichen jungen Mann, dem man zutraut, dass er seine Ziele verfolgt. Beim ersten Interview machte Frank gerade seinen Realschulabschluss, gut zwei Jahre später sein Fachabitur. Frank wirkte gepflegt, mit kurzem, modischem Haarschnitt, sportlich trainiert und berichtete auch, viel Sport zu treiben, meist mit seinem Cousin. Er schien mittlerweile gut in seine große Familie eingebunden zu sein, verfügte über einen eigenen, eher kleinen, aber guten Freundeskreis und lebte nach eigenen Angaben (beim zweiten Interview) schon mehr als drei Jahre „clean" d. h. ohne Kiffen, Kokain etc., aber auch ohne Alkoholexzesse. Während er beim ersten Interview dazu neigte mit seiner Drogendealer-Karriere zu prahlen, schildert er sie beim zweiten Mal sehr viel zurückhaltender und mit Hinweisen auf Reue und Scham.

2. Biographischer Hintergrund
Franks Eltern scheinen sich getrennt zu haben, als Frank noch klein war (ca. 6 Jahre). Sein Vater muss ebenfalls Probleme mit Drogen und Alkohol gehabt haben und in diesen Zuständen auch gewalttätig geworden sein. Der Trennung folgten intensive Sorgerechtsstreitigkeiten, mit erheblichen Belastungen auf Seiten der Mutter, die bei ihr zu einem Suizidversuch führten. Beide Eltern galten als „emotional instabil". Aus einer neuen Beziehung von Vater oder Mutter (?) sind zwei Halbgeschwister entstanden, mit denen Frank aber kaum Kontakt hat. Er muss sich früh und anhaltend mit seiner Mutter gestritten ha-

ben und wurde ihr gegenüber ebenfalls gewalttätig. Immer wieder wohnte er deswegen eine Zeitlang bei seiner Großmutter. Seine anfänglich guten Schulnoten wurden schlechter und schlechter. Als er das zweite Mal die 7. Klasse des Gymnasiums wiederholen musste, brach er die Schule ab. Schon zu dieser Zeit muss er durch Freunde mit Drogen in Kontakt gekommen sein und bald auch angefangen haben, selbst mit Drogen zu dealen. Seine Mutter behauptete in einem Interview, dass er bereits mit 13, 14 Jahren zwischen 800 und 1000 Mark in der Woche verdient hätte, was Frank bestätigt. In diesem Zusammenhang wurde auch in der Wohnung der Großmutter eine Razzia durchgeführt und Drogen sicher gestellt. Diese verwies ihn daraufhin der Wohnung und auch seine Mutter wollte nicht mehr mit ihm zusammen leben. Frank kam wegen seiner Minderjährigkeit um eine Verurteilung herum. Ein Betreuungshelfer nach § 30 SGB VIII kam nicht in Kontakt mit ihm, weswegen die Hilfe abgebrochen wurde. Da er nicht mehr zur Schule ging, aber auch nicht bereit war einen neuen Beschulungsversuch zu machen, schlug ein Jugendamtsmitarbeiter, der die Familie bereits seit Längerem kannte, NAlS als Hilfeform vor. Dass Frank auch nach diesem „Warnschuss" weiter dealte, wollte niemand so recht wahrnehmen oder glauben.

3. Rekonstruktion des Betreuungsverlaufes bei NAlS anhand von Selbstaussagen

Phase 1: Als Frank zu NAlS kommt, hatte er bereits einen eigenen Lebensplan für sich konzipiert, den er mit viel Energie umsetzt:

Auf die Frage womit er seine Zeit verbracht hätte, antwortet er:

„… nur getickt, den ganzen Tag getickt, nur Geld gesammelt! Weil ich sowieso immer mein Ding im Kopf gehabt hatte, mein Ziel, und das hab ich hartnäckig verfolgt".

„Zu der Zeit hab ich halt gedacht, ich bin abgesichert mit meinen Geschäften und der Kohle, so dass es auf jeden Fall eine Zukunftsperspektive gibt, weil man sieht ja, wenn man in sich in diesem Viertel umschaut: die Familien, die fahren mit einem 21-iger Mercedes und das sind ja heute nicht alles Drogendealer mehr, die haben vielleicht von 16 bis 20 (Jahren, M.S.) haben die Koks verkauft oder so, haben ihren Reibach gemacht, sind jetzt Clubbesitzer, haben mehrere Türsteher oder haben Videotheken. Also man hat ja einen Plan im Kopf, man will ja nicht sein ganzes Leben lang ticken, das hält man auch irgendwie psychisch so nicht mehr aus, weil es halt zu viel Stress ist, und da hat man ja seinen Plan im Kopf, man will ja irgendwas machen, Videothekenbesitzer, oder weiß der Geier halt, irgendetwas, was halt legal ist".

„Ich hatte keinen Bock auf Schule, was heißt keinen Bock, ich konnte zu der Zeit einfach nicht, weil man auch von Geld süchtig werden kann, wenn man einmal richtig viel Geld verdient hat, und sich dann mit 45 Euro in der

Woche (wie bei NAlS, M.S.) zufrieden geben soll, weil man Schule macht, man aber ohne Schule 65 Euro (am Tag, M.S.) machen kann, nee ähem, ich bin damals einfach nicht in die Schule, weil ich geldsüchtig war ... (...) mein Handy hat geklingelt früh morgens, da waren schon 150 Anrufe in Abwesenheit, da ging nichts anderes, deswegen fiel halt alles andere flach, und NAlS hat sich dafür eigentlich ganz gut angehört".

Seinen Tagesablauf schildert er so: „... morgens immer aufgestanden, hab ein, zwei Bier getrunken, was gegessen, und hab mir nen Joint angehauen und runtergerannt". Denn „ich hatte gut zu tun, ich war abends froh, wenn ich die Beine ausruhen konnte, den ganzen Tag rum laufen, das schlaucht schon".

Daneben hat er selbst viel konsumiert: „ich hab gut viel gekifft, ich hab auch gekokst, also je nach Geldmenge halt, ich hab aber nicht jetzt so getickt, weil ich irgendwie Geld brauchte ... (...) Gras hab ich eh immer umsonst bekommen, also musst ich nie was bezahlen für Gras".

Trotzdem ist Frank – wenn auch nicht so regelmäßig wie die anderen Jugendlichen – zum Dienstagsgespräch gekommen:

„Dann bin ich halt hier zum Jugendamt, weil ich ja auch so geldgeil war, ich hab das Geld ja gar nicht gebraucht vom Jugendamt, war ja auch voll oft nicht da, hab das Geld quasi verfallen lassen, sozusagen. Aber ich war meistens noch so geldgeil, dass ich mich noch hin gequält hab vormittags".

Einerseits führt er als Grund dafür seine „Geldsucht" an; andererseits „wär es ja auch ein bisschen auffällig gewesen, hätte ich mir die Kohle gar nicht geholt, weil dann peilt ja jeder, dass da was nicht stimmen kann bei mir".

Kommentierung zu Phase 1

Frank stellt sich als eine Art Jungunternehmer dar, der einen Businessplan im Kopf hat und diesen auch gezielt umsetzt. Dafür engagiert er sich und dafür setzt er seine Intelligenz und sein Organisationstalent ein. Tatsächlich gelingt es ihm, sowohl in der Zeit vor NAlS als auch bei NAlS, sich erfolgreich als Dealer zu etablieren und regelmäßig viel Geld zu verdienen. Interessant ist, dass er sich selbst als „geldsüchtig" beschreibt. Das Geld dient keinem spezifischen Ziel, es geht einfach darum, dass es mehr und mehr und mehr wird. Tatsächlich lebt Frank in einer kleinen, nicht besonders sauberen Einzimmerwohnung bei NAlS, auch wenn er sich dort nicht oft aufhält, und leistet sich keinen besonderen Lebensstandard, abgesehen von seinem Drogenkonsum. Das Geld, das er besitzt, ermöglicht ihm auf alle Unterstützungsleistungen der Anlaufstelle zu verzichten und den Erwachsenen dort konsequent aus dem Weg zu gehen. Insofern bestätigt es ihm seine „Unabhängigkeit" und „Autonomie". Wir vermuten, dass Frank eine Zeitlang sehr schlechte Erfahrungen mit kindlicher Abhängigkeit d. h. mit materieller und/oder emotionaler Versorgung gemacht hat, und sich deswegen geschworen hat, nie wieder abhängig sein zu müssen. Dieses Ziel hat er erreicht, freilich um den Preis einer doppelten Sucht: der nach immer mehr Geld und der nach Drogen. Damit und mit der täglich unter Beweis gestellten eigenen Tüchtigkeit kann Frank, wie wir vermuten, viele Verletzungen und Unsicherheiten kompensieren. Er wendet diese – wenigstens teilweise – „progressiv", indem er etwas Beeindruckendes leistet, allerdings etwas Kriminelles, was ihn in neue Schwierigkeiten bringt.

Seine Zukunftspläne stehen im Kontrast zu dem, was man sich für einen Jugendlichen erwartet: er scheint sich weder für Mädchen, noch für schicke Klamotten, noch für Ausgehen und Diskos zu interessieren („ich bin nicht so der Diskomensch, ich mag nicht so große Aufstände"). Aber er blickt bereits weit in die Zukunft voraus und plant den Schritt vom illegal erworbenen Geld zum legalen Unternehmertum. Insofern teilt und verfolgt Frank bürgerliche Werte in einem Ausmaß, das für (junge) Erwachsene typisch ist, nicht aber für einen 15-jährigen Jugendlichen. Auch hier könnten Erfahrungen mit prekären Versorgungszuständen eine motivierende Rolle spielen.

Phase 2: Veränderungsdruck und Scheinanpassung

„Wo ich dann halt die zweite Razzia hatte, die erste war halt so auf der Straße, wo sie mich gecatcht haben, da war schon gut Gras im Spiel so um die 120 Gramm so. Das zweite Mal haben sie halt die Wohnung gestürmt in Stadtteil X von meinem Kumpel, wo ich halt jeden Tag war (und man mich mit größeren Mengen Drogen erwischt hat, M.S.). Nach der zweiten Razzia hab ich dann halt überlegt ... (...) ... das Jugendamt hat mir Paranoia gemacht, meine Kumpels meinten alle ‚ach Quatsch, sag halt, dass du der Läufer bist, du hast es für jemand anderen gemacht', das war auch die Taktik, die ich dann auch gemacht habe vor Gericht". Aber beeindruckt war Frank auf jeden Fall.

„Da hab ich mir halt überlegt ‚na hörst du mal besser auf', wenigstens für ein halbes Jahr oder Jahr. Auf jeden Fall hab ich mir dann gedacht, ‚was machst du denn jetzt, wenn du wirklich in den Knast sollst, weil auf Knast hast'de keinen Bock, du brauchst deine Freiheit'. Ich find, das ist eine der schlimmsten Strafen, die sie einem aufbrummen können, so einsperren in eine acht Quadratmeter-Zelle und nur eine Stunde am Tag Ausgang, so also die Vorstellung war für mich krank!".

„...dann hab ich mich halt erkundigt, man kann halt den Knast umgehen, wenn man sagt, man ist halt drogenabhängig, indem man sagt, ‚ich geh auf ne Therapie' und dann hab ich mir halt gesagt, ‚na gut, dann probierst du das halt, dann gehst du jetzt einfach freiwillig in die Therapie!' und das war halt genau an meinem 16. Geburtstag, wo ich in den Entzug gegangen bin".

Diese Entscheidung ist mit dem Eingeständnis eines Scheiterns verbunden: wenn er an seine früheren Aufstiegs- und Karrierepläne dachte, musste er einräumen „ups, tja Pech gehabt, du bist nicht der, der es geschafft hat".

Freilich war die Entscheidung die Gefängnisstrafe zu vermeiden, noch nicht die Entscheidung für die Veränderung seines Lebens als Dealer und Drogenkonsument. „Ich hab halt gedacht so, machst ein Jahr Pause, bist ja noch jung, kannst danach immer noch weitermachen, machst du halt so ein Jährchen auf ruhig und später dann, halt im Lauf der Jahre danach, endgültig jetzt vor einem Dreivierteljahr, habe ich halt echt das aufgegeben, noch mal irgend so was zu machen!".

Kommentierung zu Phase 2
Der Verfolgungsdruck durch die Polizei muss für Frank eindrucksvoll und spürbar gewesen sein; aber noch klarer standen ihm wohl seine eigenen inneren Bilder vor Augen, mit denen er sich den Aufenthalt im Gefängnis bereits vorstellen konnte. Dazu scheinen viele Jugendliche in ähnlichen Situationen nicht in der Lage zu sein. Zudem ist Frank jemand, der sein freies Leben genießen kann, niemand, der – wenn auch unbewusst – sich nach festen, rigiden Strukturen sehnt, weil er sich nicht in der Lage fühlt, selbst für die Kohärenz seines Ich zu sorgen.

Wie viele Jugendliche passt sich Frank zunächst aus Berechnung und nur oberflächlich an. Er plant eine Weile mit dem Dealen und dem Konsum auszusetzen, um dann später weiter zu machen. Von Einsicht und intrinsischer Motivation keine Spur! Aber in dem Moment, in dem er sich für eine vorläufige Anpassung entschieden hat, kann er neue Erfahrungen machen: im Bereich von Entgiftung und Therapie, beim Sport, im Bereich seiner Familie und Freizeit, wo man ihn unter Umständen fortgeschrittener sieht, als er tatsächlich ist. Aber genau so können aus anfänglichen Scheinanpassungen nachhaltige Anpassungsleistungen werden. Frank hat gelernt abzuwägen; er kennt den Preis für seine frühere Lebensführung und schätzt seine Freiheit so sehr, dass er auf die vielen Vorteile des alten Lebens und die damit verbundenen Größenphantasien verzichten kann.

Wie wäre dein Leben ohne NAlS verlaufen?
„Für mich war es (das Setting) perfekt, (...) da ich jetzt sowieso sagen kann, es hätte mich eh keiner von meinem Weg abbringen können, ob mit Regeln oder ohne, war es halt egal, also für mich war es perfekt, also für nen Drogenticker ist das eine der perfektesten Umgebungen so".

„Zu der Zeit war es besser für mich bei NAlS. Im Betreuten Wohnen wär halt das Ding gewesen, dass dort Betreuer sind, und ich da vielleicht einen Ausraster bekommen hätte, dass ich vielleicht irgendjemandem eine Stange auf den Kopp geschlagen hätte. Denn wenn mich was angefuckt hat früher so, dann hab ich das halt einfach so mit Gewalt gelöst!".

Dass eine Wohngruppe oder Betreutes Wohnen keine Alternative gewesen wären, sieht er deutlich: „Da hätte ich jeden zweiten Tag so wegen Ruhestörung die Bullen da gehabt und dadurch, dass ich damals halt auch vor Grün überhaupt keinen Respekt hatte, hätte ich mich auch mit denen geboxt, das hätte noch schlimmer ausarten können".

Kommentar: Franks Bilanz bezogen auf die eigene Person fällt eindeutig aus: NAlS war in seinen Augen das richtige Setting für ihn; nicht nur, weil es ihm genügend Freiraum für seine kriminellen Aktivitäten gelassen hat, sondern weil jeder Versuch ihn mehr zu reglementieren, in gewalttätige Konflikte und Eskalationen geführt hätte. Das ist durchaus glaubhaft, denn um im Dealer-Milieu zu überleben, musste Frank über eine gewisse Gewaltbereitschaft verfügen. Natürlich hat auch seine Dealer-Tätigkeit Schäden an Körpern und Seelen einer unbekannten Zahl von Jugendlichen hinterlassen. Das muss man nüchtern erkennen und sollte es im Hinblick auf die Setting-immanenten Risiken auch tun. Aber immerhin sind ihm und anderen während der fünf Monate bei NAlS die Folgen massiver körperlicher Gewalt erspart geblieben.

Franks Einschätzung von NAlS

Franks Bilanz bezogen auf die Wirkung des Settings NAlS für andere Jugendliche fällt sehr viel kritischer aus. Zunächst analysiert er die von ihm vermutete Intention des Settings und prüft dann, inwieweit diese aufgeht: „und ich hab immer halt gedacht, so der Sinn (…) hinter NAlS ist, dass man sich aus der Scheiße hocharbeiten würde, so dass man halt sieht, dass es auch ganz anders laufen könnte, wenn man es will. Bloß dass das halt nur bei Leuten was bringt so, die auch Kämpfernaturen sind, bei Leuten, also ich hab's das mitgekriegt, das eine Mädchen war selbstmordgefährdet, die hat da in der Wohnung gesessen, sich irgendwie nur so geritzt und äh ich kannte keinen, der nicht kriminell war in diesem Haus, also da hat jeder Scheiße gebaut, von A bis Z. alle, weil keinem hat die Kohle gereicht".

Frank sieht auch Gründe dafür, warum das so ist, man könnte sie dem Themenkreis „Indikation" zuordnen (siehe Kapitel 1.3):

„Man ist meistens, wenn man da hin geht, schon so demoralisiert, dass man sagt ‚ach ist es alles scheißegal', dann die Wohnung, dann die Kälte in der Wohnung, dann die abgekackte Gegend, das ist wirklich was für Leute, die, wo man auch vorher die Prognose stellen kann, dass der auf jeden Fall so sich sagt: ‚so jetzt kämpf ich, ich zieh meinen Arsch hoch`, aber das sind nur sehr wenige Menschen, die so denken und so drauf sind. Ansonsten ist das eine Produktionshalle für Kleinkriminelle".

„Die meisten Leute stürzen noch weiter ab … Ich weiß nicht wie viele Leute es bei NAlS schaffen, ich glaub von Hundert schaffen das vielleicht zwei oder drei Leute, die sich richtig hocharbeiten. Das ist nur was für Kämpfer, wo du genau weißt, der ist so ne Person, sobald der im Dreck steckt, der kriegt die Kraft und den ermutigt das nur noch, sich hochzuarbeiten, aber so sind ja nun mal die meisten Menschen nicht (...) es gibt halt einfach Leute so, wo dann vielleicht jemand eher helfen kann, der außerhalb steht, der dann einem sagt, was man tun kann, der einem halt auf gut Deutsch in den Arsch tritt".

Kommentar: Einerseits ist es erstaunlich, wie klar Frank die Risiken wahrnimmt und auf den Punkt bringt, die im Setting NAlS angelegt sind. Stichwort „Produktionshalle für Kleinkrimielle". Wenn die Erwachsenen davon tatsächlich so wenig mitbekämen, wie das seiner Meinung nach der Fall ist, dann müsste das bedenklich stimmen, wenn man nicht annehmen will, dass sie aktiv die Augen vor den Missständen (Kriminalität, Suizidalität etc.) verschließen. Das war nach unserer Beobachtung aber keineswegs der Fall. Was Frank nicht mitbekommt, ist, dass die Erwachsenen zwar nicht alles (nicht so viel wie er als Peer), aber doch vieles mitbekommen und sich dazu entschlossen haben, es auszuhalten, weil sie die Alternativen dazu für ähnlich hilflos oder gar schädlich einschätzen, wie er das ja auch für die eigene Person reklamiert

Es ist interessant, dass seine Analyse für Menschen wie ihn und seine eigenen Erfahrungen im Setting keinen Platz lässt.: denn entweder ist man der „Kämpfertyp", der den „Arsch" hochkriegt und sein Leben auf die Reihe bekommt, oder man gehört zu den „Schwachen", die abstürzen. Er selbst gehört aber in keine der beiden Gruppen. Er blendet aus, dass man bei NAlS – nicht durch den heroischen Einsatz von Pädagogen – aber mit Hilfe von Polizei und Gericht die Grenzen oder Konsequenzen der eigenen destruktiven Lebensführung aufgezeigt bekommt und – irgendwann –sogar annehmen kann.

Stattdessen beschwört er das Bild des „starken Pädagogen", der „außerhalb" steht und seinen Jugendlichen „in den Arsch" tritt. Frank phantasiert damit einen Pädagogen, wie er ihn selbst nie kennengelernt, vielleicht ersehnt hat, aber wahrscheinlich nicht akzeptiert hätte. Dennoch spricht Frank etwas aus, das viele Erwachsene, und durchaus auch viele Fachleute denken: dass es zu gefährlich ist, manche Jugendliche so weitgehend wie bei NAlS alleine zu lassen und dass es Sinn macht sie massiver zu fordern und schneller zu begrenzen.

Das kann man für naiv halten, aber darin verbirgt sich auch ein Stück von Franks Lebenserfahrung: junge Menschen sind unterschiedlich und brauchen Unterschiedliches. Sicher ist das Setting NAlS nicht für alle „desolaten" Jugendlichen geeignet. Manch einer müsste dichter betreut und dabei „straighter" an die Hand genommen werden. Aber bei einigen hat eben auch das nichts genutzt. Ob es an der Hilfeform an sich lag oder den dort handelnden

Personen, weiß man nicht. Ohne dass es so etwas wie eine eindeutige Indikation für oder gegen NAlS geben würde, macht es Sinn bei jedem einzelnen Jugendlichen intensiv darüber nachzudenken, wie viel Freiraum und/oder wie viel Kontrolle oder gar Zwang ihm weiter helfen könnten.

4. Wie es nach NAlS weiterging?

Frank ging zunächst zur Entgiftung. Die darauf folgende Drogentherapie, mit der er eine Gefängnisstrafe verhindern konnte, hatte er schon nach einer Woche abgebrochen und ging zurück zu seiner Mutter. Warum das nicht zu seiner Inhaftierung führte, wissen wir nicht. Aber in diesem Fall scheint die Milde des Gerichts eher gut gewesen zu sein. Denn später hat er die Therapie ambulant fortgesetzt und auch zu einem Abschluss gebracht, und noch einmal später sogar ein Anti-Gewalt-Training absolviert.

Drei Jahre nach seinem Ende bei NAlS bilanziert er: „Ich bin zufrieden, so wie es zur Zeit läuft, gewöhn mich grad an die Schule, hab jetzt zum ersten Mal ne feste Freundin so, wo ich halt auch erst mal klar kommen muss so, und das mit der Musik klappt noch nicht ganz so, wie ich mir das vorstelle, ich rappe immer noch, ich versuche immer noch damit mehr zu machen, wobei jetzt das Problem ist, ich geh auf eine Abendschule, das nimmt auch viel Zeit in Anspruch. Ich will schon was mit Musik machen, aber da kann man sich auch nicht 100-prozentig drauf verlassen, z. B. kann man ja mit Realschulabschluss Tontechniker machen z. B.. Also probiere ich mir eine zweites Standbein aufzubauen, das ist halt die Schule erst mal". Frank betont aber auch, wie wichtig die Bewährung ist, die noch läuft, die neuen Freunde und dass er auch räumlich eine klare Distanz zum alten Milieu hält. Beim zweiten Interview zwei Jahre später bekräftigt Frank das endgültige Ende seines Drogenkonsums und arbeitet gerade auf sein Fachabitur zu, das er wenig später besteht. Sport scheint für ihn sehr wichtig geworden zu sein, seine musikalischen Interessen hat er wohl eher aufgegeben. Noch einmal ein Jahr später hören wir, dass er vorhat, BWL zu studieren. Frank scheint es nachhaltig geschafft zu haben.

5. Einschätzungen zum biographischen Sinn des Betreuungsverlaufes

Frank ist das typische Beispiel eines Jugendlichen, der in südlichen Bundesländern mit hoher Wahrscheinlichkeit in eine „freiheitsentziehende Maßnahme" gekommen wäre. Natürlich ist es müßig darüber zu spekulieren, wie er sich dort entwickelt hätte. Das Setting NAlS alleine konnte ihm nicht weiterhelfen und hat ihm sogar zeitweilig erlaubt, sich in seinem kriminellen Leben einzurichten. Andere Settings hätten jedoch mit hoher Wahrscheinlichkeit zu Widerständen und evtl. heftigen Eskalationen geführt. Es muss unsere Zunft schmerzen, dass es nicht Sozialpädagogik war, die Frank zur Einsicht gebracht hat, sondern der Verfolgungsdruck durch Polizei und Gericht gepaart mit seinem Freiheitswillen und seiner zunächst nur strategischen Anpassung plus einer Drogentherapie im Zwangskontext. Unserer Einschätzung nach war es diese spezifische Mischung aus Druck und eigenen Entscheidungsmöglichkeiten, die Frank weiter gebracht haben. Nur eine Gefängnisstrafe oder eine geschlossene Einrichtung der Jugendhilfe alleine hätten ihn unserer Einschätzung nach eher in eine Position von Abschottung und Verhärtung geführt, aus der heraus er gegen die neue Umwelt und deren Veränderungsansinnen gekämpft hätte. Wie so oft hängt die konstruktive Wirkung von „Druck" bzw. „Zwang" davon ab, ob oder wieweit eine Person diese Elemente in das eigene Selbstbild einbauen kann und ob diese Zwangselemente ihm genug Platz lassen für das Bewusstsein von Autonomie und Selbstwirksamkeit (Schwabe 2008, Wolf 2012). Bei Frank scheint diese Mischung gelungen zu sein.

Wir sehen bei ihm eine Parallele zum jungen Mann aus Grimms Märchen, „der auszog das Fürchten zu lernen". Dazu bekam der Jugendliche im Märchen viele Gelegenheiten, die jeden Anderen dazu gebracht hätten sich zu fürchten. Der junge Mann aber suchte und suchte und suchte, immer vergeblich. Am Ende war es etwas Harmloses und Banales, was ihm endlich die Erfüllung brachte: hunderte, kleine, zappelnde Fischlein, die eine kluge Magd über ihn kippt und die ihn schreien lassen. „Oh wie es mich gruselt!". Aber waren es wirklich die Fische? Vielleicht kam es sehr viel mehr auf seine ganz eigene Bereitschaft an, sich doch einmal das Fürchten zu erlauben, und dazu stellten die Fische eher eine willkommene Gelegenheit dar, die ihm kein Anderer oder nichts Anderes hätte vermitteln können: er musste es wie Frank zulassen sich fürchten zu können. Dann erst konnte die Angst auch etwas helfen.

5.3 Hermine: zwischen Schneekönigin und Messerstecherin

Hermine (geb. 1993) wurde Mitte Juli 2009 bei NAlS aufgenommen und Ende März 2010 ins Betreute Wohnen eines anderen Trägers entlassen. Mit einer 8-monatigen Betreuungszeit bei NAlS gehört sie zu den Jugendlichen mit einer eher längeren Verweildauer, was jedoch durchaus wünschenswert ist, um eigene Perspektiven zu entwickeln und gute Übergänge in andere Hilfen zu erreichen.

1. Erscheinungsbild, Auftreten, Selbstinszenierung

Hermine ist ca. 1,60 m groß und von mittlerer Statur. Als wir sie kennen lernen, trägt sie schulterlange braune, glatte Haare mit einer blondierten Strähne. Sie kleidet sich meist schwarz. Häufig trägt sie eine schwarze Trainingshose und ein schwarzes ärmelloses T-Shirt. Beide sind verwaschen und verleihen ihr einen lässigen Chic. Trotz der sommerlichen Temperaturen schlingt Hermine sich einen flauschigen, rosafarbenen Schal um den Hals, der sowohl von der Farbe als auch von der Qualität mit ihren übrigen Kleidungsstücken kontrastiert. In Kontakt mit Erwachsenen lächelt sie viel und zeigt sich sehr umgänglich. Ihre gepflegte äußere Erscheinung, ihr freundlicher Umgangston, ihre überdurchschnittliche verbale Kompetenz und ihre scheinbare Reflexionsfähigkeit prägen auch den ersten Eindruck der NAlS-Mitarbeiter/innen und tragen dazu bei, dass Hermine in eine der größeren und schöneren Außenwohnungen ziehen darf.

2. Biographischer Hintergrund:

Hermine wurde als zweites Kind eines bi-nationalen Paares geboren. Ihre deutsche Mutter berichtet über chronische und heftige Paarkonflikte über den gesamten Verlauf von Hermines Kindheit, die schließlich zur Trennung der Eltern führten, als Hermine 7 Jahre alt war. Der aus Polen stammende Vater soll alkoholabhängig gewesen sein und Hermine als Kind mehrfach geschlagen haben. Die Mutter scheint klare, aber auch rigide und eher konservative Erziehungsvorstellungen vertreten zu haben, an denen sich die Tochter schon früh rieb. Als Hermine 9 Jahre alt war, nahm ihre Mutter zum ersten Mal Kontakt mit dem örtlichen Jugendamt auf. Es folgten eine zwölfmonatige Unterstützung durch eine sozialpädagogische Familienhelferin sowie ein Jahr später eine ebenfalls zwölfmonatige kinderpsychotherapeutische Behandlung nach § 27 III SGB VIII. Beide ambulanten Hilfen wurden laut Jugendamtsakte erfolgreich und planmäßig beendet. Als Hermine 14 Jahre alt war, eskalierten die Auseinandersetzungen zwischen Mutter und Tochter jedoch derart, dass sich die Mutter erneut an das örtliche Jugendamt wandte und die Tochter der Wohnung verwies. In den darauf folgenden zwei Jahren wurde Hermine in insgesamt acht Einrichtungen der Jugendhilfe untergebracht, in denen sie nie Fuß fassen konnte und aus denen sie immer wieder „abhaute" oder frühzeitig entlassen wurde. Die Aufenthalte in Jugendwohngruppen alternierten mit kurzen Stationen in Kriseneinrichtungen und Jugendnotdiensten. Zwischendurch konnte Hermine immer wieder bei ihrer Mutter unterkommen. Zumindest einmal in dieser Zeit musste sie für mehrere Wochen auf der Straße leben und in Hauseingängen schlafen, einige Tage auch auf dem Dachboden des Hauses, in dem auch ihre Mutter lebte. Tendenziell wurde im Laufe der Zeit die Dauer der Aufenthalte in stationären Einrichtungen zunehmend kürzer und die Dauer der Intervalle zwischen zwei Maßnahmen zunehmend länger. Wenige Wochen vor der Aufnahme bei NAlS erfolgte auf eigenem Wunsch ein zweiwöchiger Aufenthalt in einer psychiatrischen Einrichtung. Die wegen Verdacht auf eine mittelschwere depressive Störung eingeleitete Medikation setzte Hermine jedoch nach kurzer Zeit eigenständig ab.

Bereits mit 14 Jahren vertritt Hermine den Wunsch, in eine eigene Wohnung (Betreutes Einzelwohnen) zu ziehen. Die damals zuständige Jugendamtsmitarbeiterin lehnte diese Vorstellung auf Grund ihres jungen Alters und ihres ungefestigten Verhaltens ab. Die nach dem Umzug der Mutter zuletzt zuständige Jugendamtsmitarbeiterin hielt ihrerseits eine Unterbringung in einer therapeutischen Einrichtung für geeignet und notwendig. Dies lehnte wiederum Hermine kategorisch ab. Als Kompromiss konnten sich alle an der Hilfeplanung Beteiligten auf eine Betreuung bei NAlS einigen. Diese Maßnahme wurde von der zuständigen Fachkraft im Jugendamt sowohl als letzte Station vor dem Sleep-In als auch als mögliche Eintrittsphase in das Betreute Einzelwohnen dargestellt.

3. Rekonstruktion des Betreuungsverlaufes:

Im Rahmen des Erstgesprächs mit der NAlS-Koordinatorin stellt Hermine die wichtigsten familiären Bezugspersonen ihrer inneren Welt vor: Auf der einer Seite ist es die Mutter, bei der sie „am liebsten" leben würde, bei der sie aber nicht leben kann. Auf der anderen Seite ist es der Vater, der trinkt und mit dem sie nichts zu tun haben will. Ihre undifferenzierte Aufteilung in „gute" Mutter und „bösen" Vater würde nicht so auffallen, wenn sie sich dabei nicht emotional ganz auf die Seite ihrer Mutter schlagen und zugleich offen ansprechen würde, dass sie viele Symptome mit ihrem Vater teilt: auch sie würde „nichts auf die Reihe kriegen" und hätte früher so viel Alkohol getrunken, dass sie „total abgestürzt" sei etc.

Ein weiterer Schwerpunkt des Gesprächs bildet Hermines Ablehnung von allem Psychiatrischen und Therapeutischen. Sie beschreibt, dass die in der Klinik eingeleitete psychopharmakologische Behandlung sie noch weiter „runter gezogen", ihr ein „ekliges Gefühl" bereitet und dazu geführt hätte, dass sie die Menschen um sie herum nicht mehr verstanden hätte. Aus ihrer Sicht sei sie aus der psychiatrischen Klinik geflohen, um nicht gänzlich „verrückt" zu werden. Mit der gleichen Vehemenz lehnt Hermine eine Unterbringung in einer therapeutischen Wohngemeinschaft ab, da sie befürchte, dass dort ihre Vergangenheit sie „einholen" könnte und sie dann „nur noch in sich selbst wühlen" würde. Als wolle sie der von Psychiater und Jugendamtsmitarbeiterin geteilten Definition etwas entgegensetzen, behauptet dann Hermine, dass sie „eigentlich der glücklichste Mensch der Welt" sei. Angesichts der bisher durchlebten Odyssee lässt diese Aussage bereits ahnen, wie wenig Hermine sich selbst und ihre innere Situation einschätzen kann.

Interaktionssequenz 1

Wenige Tage nach Hermines Einzug bei NAlS findet das erste Hilfeplangespräch im Jugendamt statt. Weil Hermine nicht pünktlich erscheint, tauschen sich die Mutter und die Jugendamtsmitarbeiterin über Hermine und ihre derzeitige Entwicklung aus. Beide prognostizieren, dass die ersten zwei Wochen bei NAIS „blendend klappen" werden, dass Hermine es aber auf Dauer nicht schaffen wird Ziele wie Schulbesuch etc. zu erreichen. Sie wird sich, so die Beiden, „von jedem Rückschlag runter ziehen lassen und irgendwann dann wieder abhauen, statt sich der Herausforderung zu stellen". Weiter sind sich beide Frauen darüber einig, dass Hermine eigentlich nicht wisse, was sie wolle. Mit keinem Wort werden Beziehungsprobleme oder gar Erziehungsfehler der Mutter erwähnt. Mit 30 Minuten Verspätung betritt Hermine, ganz außer Atem, das Sprechzimmer. Nachdem sie sich hingesetzt hat, eröffnet die Jugendamtsmitarbeiterin (J.) offiziell das Gespräch und fragt Hermine (H.): „Was willst du? Oder besser gesagt, wie kannst du herausfinden, was du willst?"

H.: „Naja, ich könnte einen Eignungstest beim Jobcenter machen."

J. thematisiert das Problem des „Nicht-aus-dem-Bett-Kommens".

H.: „Es ist, weil ich gestern so aufgeregt war."

J.: „Das ist aber öfters passiert. Wie willst du es mit der Schule machen?"

H.: „Deswegen will ich auch zur Abendschule! Bis dahin bin ich bestimmt wach."

J. fragt Hermine, was sie bei NAIS machen will.

H.: „Ich will alles selbstständig machen … so einkaufen und putzen und so … ohne dass jemand hinter mir steht … sonst mache ich es aus Trotz eh nicht … bin ja ziemlich motiviert."

J.: „Was machst du dann, wenn etwas nicht klappt, z. B. mit dem Job-Center?"

H.: „Ich kann dann zu den Ansprechpartnern (bei NAIS) gehen."

J.: „Und was willst du mit der Schule erreichen?"

H. schweigt …

J. weiter: „Es sind aber auch viele Hindernisse auf deinem Weg … weißt du, was ich meine?"

H.: „Ja, Stimmungsschwankungen, morgens aufstehen etc."

J.: „Und das Weglaufen …"

J. erwähnt weiter, dass die Zeit bei NAIS relativ kurz ist und macht einen ersten Versuch, ein Ziel für H. für die Zeit bei NAIS zu definieren: „Du machst dir Gedanken, was du nach der Schule machen willst und wie du dir die Hilfe holen kannst."

Die bisher schweigsame NAIS-Koordinatorin (K.) weist darauf hin, dass H. bereits ein eigenes Ziel definiert hat.

J. versucht, dieses in ihrem zweiten Zielvorschlag zu berücksichtigen: „Du findest heraus, welche Ziele für dich realistisch und erreichbar sind."

K. schlägt auch ein Ziel für H. vor: „Du willst ankommen in der Wohnung, dich zu Hause fühlen..."

J. ergänzt: „... und zur Ruhe kommen!"

H. nickt zaghaft alle Vorschläge ab.

J. ergänzt weiter: „Und dann machst du dir Gedanken über deine Ausbildung."

Die Mutter (M.) bestätigt, dass auch sie die genannten Ziele gut findet und dass sie sie für realistisch hält.

M. an ihre Tochter: „Mit den Zielen, die du dann hast für die Zeit bei NAlS, was erwartest du von mir?"

H.: „Eigentlich gar nichts! Naja, vielleicht dass du mich ...", sie zögert.

M. unterbricht sie: „Ich erwarte, dass du aber zu mir kommst. Ich werde nicht auf dich zukommen. Ich liebe dich weiter und du bist weiter meine Tochter. Aber du willst jetzt selbstständig werden und daher musst du auf mich zukommen, wenn du etwas von mir willst!"

Frau X. schreibt dieses Statement unter dem Punkt „Erwartungen der Mutter" im Hilfeplanprotokoll auf.

Kommentierung von Interaktions-Sequenz 1

Aus den bisherigen Erfahrungen mit Hermine ist es der Jugendamtsmitarbeiterin klar, dass Hermine nicht weiß, was sie will, außer in Ruhe gelassen zu werden. Trotzdem hält sie daran fest, an diesem Tag Ziele für die ersten drei Monate bei NAlS zu formulieren. Hier zeigt sich ein Dilemma der öffentlichen Jugendhilfe: Man meint an Standards (z. B. der Hilfeplanung) festhalten zu müssen, obwohl die emotionalen Grundlagen dafür bei den Klient/innen nicht vorhanden sind. In Bezug auf eine niedrigschwellige Übergangshilfe, die Jugendhilfe-müden Jugendlichen einen Freiraum zur Selbstklärung ihrer Zukunftsperspektive bieten soll, erscheint dieser Widerspruch umso kontraproduktiver (siehe Kapitel 2 „Das Setting"). Die vorgeschriebene Zielerkundung beginnt dennoch sehr gut mit der Frage: „Wie kannst du herausfinden, was du willst?". Hermine scheint diese Frage allerdings nicht zu verstehen. Sie antwortet ganz konkretistisch mit dem Hinweis auf das Jobcenter, als könnte ein Eignungstest ihr sagen, was sie selbst mit ihrem Leben machen will und was nicht. Dieses Missverstehen der an sich guten Frage wird leider nicht wahrgenommen. Der Schulbesuch wird dann schon von der Jugendamtsmitarbeiterin vorausgesetzt. Selbst die Koordinatorin, die doch um die Schulprobleme der meisten NAlS-Jugendlichen weiß, interveniert nicht. Stattdessen verfeinern Koordinatorin und Jugendamtsmitarbeiterin die Formulierung ihrer Ziele für Hermine für die Zeit bei NAlS. Währenddessen sitzt Hermine da und nickt alles etwas unbeteiligt ab. Aus der Beobachterperspektive schienen die Tempi der Helferinnen und der Jugendlichen nicht zueinander zu passen.

Während die Helferinnen sich bereits „warm geredet" hatten und schnell zu einem präsentablen Ergebnis kommen wollen, ist Hermine noch halb schlaftrunken und bräuchte mehr Zeit, um selbst Ziele zu formulieren oder um sich zumindest gegen die Zumutung, so rasch eigene Ziele formulieren zu müssen, wehren zu können.

Ähnliches passiert Hermine auch mit ihrer Mutter. Erst wird sie aufgefordert, einen Wunsch zu äußern. Als ihr aber nicht schnell genug etwas einfällt, dreht die Mutter den Spieß um und diktiert ihrer Tochter, was sie von ihr will. Vielleicht spielt hier auch die Kränkung der Mutter eine Rolle, die entsteht, wenn Hermine zunächst sagt, dass sie „eigentlich nichts" von ihr erwarte. Ob sie das wirklich so meint, um sich womöglich vor dem mütterlichen (Über-) Engagement zu schützen oder ob sie ihre Mutter vor ihren eigenen vielleicht (über-)großen Erwartungen schützen möchte, bleibt offen.

Dieses Interaktionsmuster aus Fragen stellen/Vorpreschen und Abhängen von Hermine wird sich – auch im Jugendamt – noch mehrmals wiederholen. Darin gleichen sich die Mutter und die Jugendamtsmitarbeiterin auf fatale Weise und Hermine könnte zu dem Schluss kommen, dass beide Frauen ein Bündnis geschlossen haben und dass dieser Kommunikationsstil normal sei. Dies könnte sie wiederum darin bestätigen, lieber nichts Eigenes oder gar Kompliziertes zu fühlen, zu denken oder zu äußern. Das Bündnis zwischen den beiden Frauen (Mutter und Jugendamt) und die Unterkomplexität beim Fallverstehen lassen ahnen, woran vorangegangene Hilfeversuche gescheitert sind.

Weiterer Verlauf: Wie Mutter und Jugendamtsmitarbeiterin prognostiziert haben, geht es Hermine in den ersten Wochen bei NAlS in der Tat „blendend". Sie zeigt sich den Ansprechpartnern gut gelaunt, richtet ihre Wohnung liebevoll ein, teilt mit, dass sie sich von ihrem knappen Geld Bücher kauft, weil ihr Lesen so viel Freude macht. Auch bei den ersten Dienstagsgesprächen „punktet" sie mit ihrem brav mit den Koordinator/innen abgestimmten und doch nie realisierten Plan, die Wände ihrer Wohnung neu zu streichen. Selbst ihr Aussehen spiegelt den erlebten Aufschwung wider: Statt Jogginghose und T-Shirt trägt sie jetzt einen kurzen schwarzen Rock, eine enge weiße Bluse sowie pinkfarbene Schuhe und eine ebenfalls pinkfarbene Handtasche. Eine Sonnenbrille im neu frisierten Haar, große Ohrringe und ein dezentes Make-Up vervollständigen das Bild eines Mädchens, das vor Elan strotzt und genau weiß, was es will. Gleichzeitig deutet sie bei einem ihrer zahlreichen Besuche in der Anlaufstelle auf die ersten Risse in diesem Bild hin, indem sie nebenbei erwähnt, dass sie vor den Dienstagsgesprächen sehr aufgeregt sei und schlecht schlafen würde, da sie nicht wüsste, was sie dort erzählen solle. Anscheinend macht sich Hermine viel Druck „alles richtig" zu machen, um den

Koordinatoren zu gefallen und das zu erzählen, was sie glaubt, dass diese von ihr hören wollen.

In den darauf folgenden Wochen wird Hermine wiederholt zwischen beiden Zuständen („bedrückt und antriebsarm" bzw. „voller Elan und aufgeräumt") hin und her wechseln. Dabei wird immer klarer, dass Hermine sich in ihren bemühten Phasen, in denen sie an sich glaubt, sich aber auch ungemein anstrengt und unter Stress steht, sehr gepflegt präsentiert. In den Zeiten, in denen sie sich schlecht fühlt, an sich selbst zweifelt und sich hängen lässt, wirkt sie dagegen ungepflegt bis „schmuddelig". In beiden Zuständen scheint sie sich aber nicht wirklich behaglich oder bei sich zu fühlen.

Auch auf der Handlungsebene zeigt Hermine ein merkwürdiges Muster: Einerseits verschiebt sie immer wieder die Erledigung der wenigen bei NAlS geltenden Pflichtaufgaben (polizeiliche Anmeldung) sowie der ersten konkreten Schritte zur Erreichung „ihrer" Ziele (Anmeldung in der Schule). Andererseits lehnt sie jegliche Unterstützung ab, da sie alles alleine schaffen will oder zumindest meint, alles alleine schaffen zu müssen. Was hindert aber Hermine daran, ihre an sich banalen Vorhaben umzusetzen? Offensichtlich ist es eine tief sitzende Versagensangst, die zwar ihr Vermeidungsverhalten steuert, die sie aber weder bewusst empfinden noch verbalisieren kann. Insofern scheint Hermine sich in einem Teufelskreis aus tiefer Angst, Verleugnung und Enttäuschung ihrer Mitmenschen zu befinden, die nicht recht verstehen können, was an den anstehenden Aufgaben so schwer oder gar Angst auslösend ist.

Interaktionssequenz 2

Nach ca. zwei Monaten und vielen Hochs und Tiefs kommt eine „aufgeräumte" Hermine zum Dienstagstermin: Sie hat ein konkretes Anliegen (Klärung ihrer Schulden bei der lokalen Beförderungsgesellschaft) und hat schon selbst erste Schritte dazu unternommen. Solche Begegnungen bestätigen die Koordinator/innen in ihrer Hoffnung, dass es eine motivierte Hermine gäbe, die bereit und in der Lage ist, ihr Leben zu ordnen und ihre Ziele auch anzupacken. Aber bereits in diesem Treffen kündigt sich ein Umschwung an, der sich auch sofort in einer dramatischen Handlung entladen wird.

Der Koordinator (K1) fasst den ersten Teil des Gesprächs zusammen: „Prima! Ich stelle fest, du hast so deine Ziele und verfolgst die auch. Das ist gut. Ich bitte dich ... Nein, ich bitte Dich nicht, ich will nicht, dass Lisa (eine Jugendliche, die bis vor Kurzem bei NAlS betreut wurde und gerade ihre Wohnung verloren hat) bei dir schläft! Ist das klar? Ich habe nämlich eine Meldung von den Ansprechpartnern, die sich Deine Wohnung angeschaut haben: Bei dir stehen eine Dose Hundefutter und eine Schale mit Wasser rum?!"

H.: „Ja, ich weiß … Das ist mein Problem. Ich kann nicht nein sagen!"

Die Koordinatorin (K2): „Hast du sie übernachten lassen oder nur für ein paar Stunden aufgenommen?"

H.: „Auch übernachten …"

K1: „Letzte Woche Mittwoch wegen der Bambule und der Polizei, da kommt ja auch noch was auf dich zu. Wenn das dein Weg ist, dann geh ihn, aber dazu brauchst du keine Jugendhilfe mehr! Oder du hältst dich an deine Ziele!"

H. (kleinlaut): „Ja …"

K2: „Wie kannst Du es denn besser schaffen „nein" zu sagen?"

H.: „Keine Ahnung…"

K2: „Es ist schwierig, Lisa tut Dir auch leid, das verstehe ich, aber sie hätte heute einen Termin im Jugendamt gehabt und ist nicht hingegangen. Da wollen sie ihr weiterhelfen, aber wenn sie dort nicht ankommt …"

H.: „Das hat sie mir nicht erzählt. (…) Na, es fällt einem halt schwer, wenn man die ganze Zeit alleine ist, dann lässt man sich da eher darauf ein, wenn da jemand steht wie Lisa."

K2: „Ja, das kann ich verstehen, mit Lisa ist immer was los. Aber sie kann zum Sleep-In gehen."

H. nickt und schaut traurig.

K1: „Die Sache macht dich ein bisschen traurig."

H.: „Ja, macht ganz schön Druck … das …"

K2: „Wo liegt denn die Angst?"

Hermines Körper verkrampft sich plötzlich. Sie atmet sehr flach. Man merkt deutlich, dass das Thema ihr sehr nah geht.

K2 (merkt das): „Und jetzt kannst du kaum atmen?"

H.: „Ja, wenn ich … Ich weine gleich …"

K2: „Das wär ja auch nicht schlimm."

H. atmet noch immer flach, aber etwas ruhiger.

K1: „Was ist es denn, was Dich so an der ganzen Geschichte bedrückt?"

H.: „Dass ich genau so abrutsche wie Lisa … So wie früher … Dass ich wieder genau so in die alten Muster reinfalle … und dann wird es wieder so schlimm wie damals! (…) Ich stehe so zwischen zwei Stühlen und muss meinen Weg einschlagen. (…)"

Kommentierung von Interaktionssequenz 2

Hermine zeigt sich vom Schicksal Lisas stark berührt. Deutlich wird zum einen, dass sie sich selbst recht allein fühlt und Lisa insofern eine willkommene Gesellschaft darstellt. Andererseits kann sie sich nicht abgrenzen. Mehr noch: Das gleichaltrige Mädchen scheint wie ein Spiegel für sie zu wirken. Aber Hermine ist nicht nur identifiziert mit Lisa. Sie scheint zu spüren, dass deren Persönlichkeit von ihrer Person Besitz ergreifen und dass sie immer stärker unter deren Einfluss geraten kann. Dieses Mädchen spricht einen Teil in ihrem eigenen Selbst an, der oft verdrängt oder verleugnet wird, jetzt aber aufgrund der Parallelität des Schicksals übermächtig wird und sie zu überwältigen droht. Daher die Beklemmung und die Atembeschwerden. Sie spürt förmlich, wie ihr ein neuer Absturz blüht und mit diesem wieder etwas „Schreckliches" auf sie zukommt.

Beide Koordinator/innen nehmen Hermine sehr ernst. Sie fokussieren auf ihre Ängste und ihr Mitleid und erfahren, dass Hermine in der Vergangenheit ähnliche Abstürze wie jetzt Lisa erlebt hat und sich fürchtet, selbst wieder abzustürzen. Insofern wird Hermine an diesem Tag gut aufgefangen. Trotzdem können sich die Koordinator/innen das ganze Ausmaß der Psychodynamik dieses Morgens nicht vorstellen. Auch Hermine kann das nur ansatzweise: Ihre konventionelle Metapher von den zwei Stühlen, zwischen denen sie steht, wird der Dramatik in ihrem Inneren nicht wirklich gerecht. Sie ahnt, dass es da dunkle Mächte gibt in ihrem Selbst, aber sie hat keine Sprache dafür.

Weiterer Verlauf: Noch am selben Tag wird Hermine, die aufgefordert worden war, sich an diesem Tag von einigen besonders aufgewühlten NAlS-Jugendlichen abzugrenzen, in eine Auseinandersetzung mit einem fremden Mann geraten, in deren Verlauf sie ein Messer ziehen und zustechen wird. Wie das genau passiert ist, konnte sie später nicht schildern. Weder stand sie im Zentrum der Auseinandersetzung, noch war sie von anderen aufgefordert worden aktiv zu werden. Auch die anderen Jugendlichen zeigten sich anschließend überrascht davon, dass Hermine so etwas tun konnte. Objektiv gesehen passiert nicht mehr als eine mittelschwere Stichverletzung, die in der späteren Gerichtsverhandlung mit einer Schmerzensgeldzahlung in Höhe von 400.- € abgegolten wird. Und doch ereignet sich etwas, das in Hermines innerer Realität von existentieller Bedeutung ist: Hermine erfährt wieder einmal, so unsere Hypothese, dass in ihr ein mörderischer Hass schlummert, der beinahe jederzeit ausbrechen kann; ein Hass, den sie nicht kontrollieren kann und dem sie deswegen auch nicht ins Gesicht schauen will. Stattdessen versucht Hermine diesen zu negieren oder als einen ihr nicht zugehörigen Teil bzw. als etwas überwiegend „von außen" Hervorgerufenes zu erklären. Was musste aber in der Situation passieren, damit die in Hermine schlummernde zerstörerische Kraft so schlagartig ausbrechen und das Kommando über ihre Handlungen übernehmen konnten? In dieser und noch in einer anderen Situation, in denen Hermine ihr Leben und das Leben eines vermeintlichen Aggressors gefährdete, agierte sie in dem festen Glauben, dass Eva – eine andere bei NAlS betreute Jugendliche, zu der Hermine im Laufe der Zeit eine sehr ambivalente Freundschaft entwickeln wird und die schwanger war – und dass der Aggressor sie angreifen wolle. Wir vermuten, dass bei Hermine, die selbst in eine zerrüttete Partnerschaft mit Gewalterfahrung geboren wurde, die Identifikation mit dem wehrlosen Kind im Bauch der Freundin eine entscheidende Rolle gespielt haben könnte. Ihre Idee, das Kind der Freundin beschützen zu müssen, hat, unserer Vermutung nach, etwas mit der von ihr erlebten eigenen Schutzlosigkeit zu tun. Wir vermuten, dass sich Hermine in solchen Situationen zugleich am gewalttätigen Vater rächen wie auch das tatsächliche oder vermeintliche Versagen ihrer Mutter ungeschehen oder wieder gut machen wollte.

Interaktionssequenz 3

Eine Woche nach dem Vorfall mit dem Messer begleite ich (Beobachter) einen Ansprechpartner bei seiner wöchentlichen Kontrolle der NAlS-Wohnungen. Hermines Wohnung liegt etwa ein Kilometer von der Anlaufstelle entfernt, in einer für diesen Stadtteil verhältnismäßig ruhigen Wohngegend. Auf dem Klingelschild steht ihr Namen in ordentlicher Schrift. Hermine ist nicht da. Wir betreten dennoch ihre Wohnung, um nach dem Rechten zu schauen. Die aus Wohn-/Schlafzimmer, Küche und Bad bestehende Wohnung ist in einem unordentlichen Zustand: Im Zimmer steht der Kleiderschrank offen und leer; alle ihre Anziehsachen liegen auf dem Boden oder auf dem Tisch verstreut; dazwischen leere Cola-Flaschen, feuchte Handtücher und benutztes Geschirr. Auf einer Decke zwischen Hosen und T-Shirts findet der Ansprechpartner einen elektrischen Haarglätter, der auf voller Betriebstemperatur angelassen wurde! Im Zimmer wurde das zweite Bett aufgebaut. Darauf steht eine Sporttasche und drum herum liegen weitere Klamotten. Anscheinend ist Eva bei Hermine eingezogen oder übernachtet zumindest regelmäßig hier. Das Zimmer wird durch ein freistehendes Regal geteilt, in dem eine Wasserpfeife, volle und halbleere Parfümfläschchen, drei Bravo-Zeitungen, sechs alte Mokkatassen sowie einige Bücher (darunter der Roman über die Geschichte der Philosophie „Sofies Welt") stehen. Die Innentüren des offenen Kleiderschranks sind mit Fotos von Hermine als Kind gemeinsam mit ihrer Mutter beklebt. Auch auf dem Tisch liegen weitere Fotos von Hermine mit ihrer Mutter sowie Hochzeitsfotos von ihrer Mutter. Alles in Allem wirkt die Wohnung sehr chaotisch. Der Ansprechpartner kommentiert den Zustand der Wohnung: „Es passt nicht zu Hermine, aber es spiegelt ihren jetzigen inneren Zustand wider!"

Kommentierung von Interaktionssequenz 3

So wie ihr Outfit wird sich immer wieder auch Hermines Wohnung als Spiegel ihres Seelenzustandes zeigen. Wenn es ihr gut geht, z. B. als sie einen neuen

Freund kennenlernt, räumt sie die Wohnung richtig ordentlich auf. Dazwischen gibt es längere Phasen, in denen die Wohnung stark verwahrlost. Die Sache mit dem elektrischen Haarglätter könnte „normaler" jugendlicher Gedankenlosigkeit entspringen. Sie könnte aber auch auf selbstdestruktive Tendenzen verweisen. Die Koordinator/innen sprechen das Thema mit Hermine beim nächsten Dienstagstermin nicht an. Dabei kann es sich um ein Versäumnis handeln. Andererseits wird Hermine ein solches Ansprechen sofort als Vorwurf auffassen und scheint gar nicht in der Lage, einen solchen Vorfall auf mögliche Bedeutungen hin zu untersuchen. Wichtig erscheint uns, dass die Mitarbeiter/innen nicht versuchen, die Unordnung und damit den unordentlichen, schwierigen Teil von Hermine durch Erziehungstechniken wie Geldabzug „weg machen" zu wollen. Sie registrieren die Verwahrlosung der Wohnung, thematisieren diese auch mit Hermine, aber akzeptieren sie auch als einen Ausdruck ihrer inneren Zustände. Nur wenn die Grenze zur Gesundheitsgefährdung überschritten ist, intervenieren sie mit konkreten Unterstützungsangeboten („Komm wir räumen zusammen auf") oder mit der Androhung von Sanktionen, die dann auch wirken.

Bei der Begehung der Wohnung fällt ebenfalls auf, dass Hermines Wohnung sehr viel von ihrer Kindheit und ihrer Beziehung zu ihrer Mutter ausstrahlt. Eigentlich könnte das als eine Aufforderung, diese Beziehung einmal näher zu untersuchen, verstanden werden. Aber Hermine reagiert darauf meist nur mit Floskeln und die Koordinator/innen bestehen auch hier nicht auf einer Ergründung dieses Themas. Insofern bleiben viele wichtige Fragen unbeantwortet: Was haben die Beiden miteinander erlebt, das zu einem so klaren Bruch geführt hat? Und wie viel Sehnsucht nach einer besseren Beziehung oder nach einer glücklicheren Kindheit hegt Hermine noch immer?

Zugleich ist klar: auch wenn das die entscheidenden Fragen sind, erwarten weder Hermine noch das Jugendamt, noch die Mutter, dass diese bei NAlS geklärt werden.

Weiterer Verlauf: In den nächsten zwei Monaten kehrt relative Ruhe in das Leben von Hermine ein. Der von ihr ausgehende Akt des Zustechens mit dem Messer wird von anderen Zeugen offen gelegt, aber ein intensives Gespräch über die Tat und ihre Hintergründe findet nicht statt. Es scheint auch für die Koordinator/innen schwierig, diesen abgespaltenen Teil in das Gespräch zwischen ihnen und Hermine hinein zu holen.

Hermine hat überdies eine neue Strategie entwickelt, um einerseits mit ihrem „gefährlichen" Anteil in Kontakt zu treten und ihn andererseits auf Distanz zu halten. Dieser Versuch besteht in ihrer ambivalenten Freundschaft mit Eva. Diese zeigt etliche Verhaltensweisen, die Hermine kennt und bei sich ablehnt, in sehr viel deutlicherem Ausmaß: Eva trinkt mehr, geht relativ schnell

wechselnde sexuelle Kontakte ein, pöbelt oft herum und stürzt sich geradezu in körperliche Auseinandersetzungen. Auf der Positivseite geht Eva offensiv
auf andere zu, verlangt selbstbewusst Unterstützung und wirkt dabei – zumindest oberflächlich betrachtet – fröhlich und vital. Dafür bewundert sie Hermine auch. Die beiden jungen Frauen verbringen viel Zeit miteinander. Eva kürt
Hermine zwischenzeitlich zu ihrer besten Freundin und weiht sie in alle ihre
Geheimnisse ein. Gleichzeitig ergeben sich zwischen den beiden immer wieder
größere und kleinere Streitereien, in denen es um Eifersucht, Vertrauen und
Verbindlichkeit geht. Die Beziehung schwankt rasch zwischen „bester Freundin" und „erbitterter Rivalin" hin und her. In Eva – so unsere Hypothese – hat
Hermine ein neues Gegenüber gefunden, das die „heftigen" und „gefährlichen"
Anteile in ihrem Selbst repräsentiert. Wenn sie mit Eva in Kontakt geht, kann
sie auch an ihren gefährlichen Anteilen mit partizipieren; wenn sie auf Distanz
zu Eva geht, weil diese es einmal zu „doll" getrieben hat, kehrt sie auch diesen
Anteilen in ihr den Rücken zu. So bekommt Hermine eine gewisse Kontrolle
über die bisher als unberechenbar erlebten Anteile in ihrem Selbst. Gefährlich
an dieser Projektion ist allerdings, dass Hermine Eva für Verhaltensweisen und
Gefühle verurteilt und wohl auch verachtet, die sie selbst von sich kennt.

Interaktionssequenz 4

Zu diesem wöchentlichen Gespräch mitten im Dezember erscheint Hermine nicht wie abgemacht um 10.00 Uhr sondern gegen 11.00 Uhr. Sie trägt
einen weißen Mantel aus Kunstpelz mit einem auffallend flauschigen, weißen Pelzkragen sowie eine engsitzende weiße Hose und kniehohe weiße
Lederstiefel. Ihre Haare sind noch heller blondiert als sonst.

Die Koordinatorin (K2) ruft spontan: „Wow, du blendest mich!"

H. (stolz): „Ja mein neuer Mantel, der ist toll! Der ist auch ganz schön ku-
schelig."

K2: „Und deine Haare. Für mich scheinen sie etwas blonder zu sein?!"

H.: „Ja (etwas verlegen), die Strähnen habe ich noch aufgehellt ... Hey,
dieselben Blumen hab ich auch!" (H. zeigt auf das Blumenmuster der
Tischdecke.)

K2: „Wie geht es dir denn?"

H.: „Eigentlich ganz gut ... ach ja, gemischt ... aber so ganz gut ... wie immer eigentlich!"

K2: „So wie immer heißt: Da bleibt deine Stimmung gemischt?"

H.: „Nee, aber es ist schon so eine Weile, ich bin ganz aufgeregt, weil
ich heute noch einen Termin hab mit meinem Anwalt. Ich hab doch eine
Anzeige bekommen wegen Körperverletzung. Das ist ein Staranwalt, da
bräuchte ich eigentlich keine Angst zu haben, aber irgendwie bin ich tie-
risch aufgeregt."

Der Koordinator (K1): „Ach das ist noch wegen der Sache mit dem Messer?"

H.: „Ja, mmh (etwas verlegen)."

K1: „Das ist also gefährliche Körperverletzung?!"

H.: „Ja mmh, ich muss jetzt gucken, was dabei herauskommt nächsten Donnerstag... wahrscheinlich Arbeitsstunden und mindestens ein Anti-Aggressionstraining, das hatte ich ja schon mal, mach ich aber ruhig noch mal."

K2: „Das Wort „Staranwalt", da hänge ich immer noch dran, an dem Ausdruck von dir ..."

H.: „Ja, der hat nur große Prozesse gemacht und hat auf jeden Fall einen guten Ruf, einen ganz bekannten Fall, aber das fällt mir jetzt nicht ein, wie der heißt..."

K2 (nach einem kurzen Schweigen): „Was macht denn deine Krankheit?"

H.: „Besser, eigentlich müsste ich jetzt zur Schule gehen!"

K2: „Das wollte ich nicht hören, ich wollte ja nur hören, wie es dir geht?"

H.: „Besser."

K2: „Irgendwie wirkst Du auf mich bedrübscht?!"

H.: „Ich war bei meinem Freund ..."

K2: „Du hast wieder einen neuen Freund?"

H.: „Ja, meinen neuen „alten" Freund. Mit dem war ich früher zusammen. Den hab ich doch wieder getroffen... und dann ging es ganz schnell, dass wir wieder zusammen sind und jetzt hoffe ich, dass es so bleibt!"

K2: „In letzter Zeit geht es sehr schnell mit dem Freundeswechsel bei Dir!"

H.: „Ja, ich bin jetzt richtig froh, dass ich ihn wieder habe, weil ich ihm ganz lange hinterher geheult habe. Das war eine schwere Zeit."

Kommentierung von Interaktionssequenz 4

Die Koordinatorin reagiert auf den neuen, weißen Mantel wie auf eine Erscheinung, die sie blendet. Sie registriert, dass sich Hermine auch sonst gestylt hat. Allzu lange will sich Hermine bei dem Thema allerdings nicht aufhalten und wechselt das Thema abrupt. In diesem Mantel sieht Hermine wie eine Schneekönigin aus: weiß, unschuldig, rein, aber auch ein wenig puppenhaft und künstlich. Dieser Mantel scheint für das perfekte Selbst zu stehen, das sie anstrebt, ein unerreichbares Ich-Ideal, neben dem die reale Hermine immer grau und schmuddelig aussehen muss. Interessanterweise hat Hermine diesen Mantel mit dem Geld gekauft, das sie ursprünglich mühsam für ein Weihnachtsgeschenk für ihre Mutter angespart hatte. Ob Hermine sich dieser Umwidmung bewusst ist und sich dafür schuldig fühlt, ist unklar. Gemäß den strengen Ansprüchen ihres eigenen Gewissens raubt sie dieses Geld ihrer

Mutter und zieht mit diesem Mantel ein falsches „Kostüm" über das eigentliche, gar nicht schöne, vielleicht sogar hässliche, eigene Selbst. Genau das könnte aber auch im übertragenen Sinne als Geschenk an die Mutter verstanden werden: Hermine beschenkt ihre Mutter, indem sie sich ihren unrealistischen Ansprüchen und tiefen Sehnsüchten zumindest äußerlich anpasst und für einen Moment in die Rolle der reinen und unschuldigen Jungfrau schlüpft. Dass dies nur eine Rolle ist und sie im realen Leben eher die „schmutzige" als die „goldene Marie" verkörpert, weiß Hermine allzu gut. Beispielsweise hat Hermine in Gesprächen mit einer Ansprechpartnerin wiederholt geäußert, dass ihre Mutter nichts von ihren sexuellen Kontakten erfahren dürfe, da diese noch an dem Anspruch fest halte, dass Hermine als Jungfrau in die Ehe zu gehen habe. Kontrastierend dazu lässt Hermine nach wenigen Minuten des obigen Gesprächs eine Bemerkung über ihren „neuen alten Freund" fallen, die selbst die lebenserfahrenen Koordinatorin zu einer wenn nicht moralisierenden, dann zumindest staunenden Bemerkung über ihre Leichtfüßigkeit beim Eingehen von Partnerschaften veranlasst.

Im heutigen Gespräch kann Hermine ebenfalls zugeben, dass sie vor dem Termin beim Rechtsanwalt sehr aufgeregt ist. Wahrscheinlich hat sie auch deswegen wieder schlecht geschlafen und ist deswegen wie damals beim ersten Hilfeplangespräch mit einer Stunde Verspätung zum Termin erschienen. Warum Hermine so aufgeregt ist, wird nicht klar. Fürchtet sie, dort mit der „dunklen" abgespaltenen, aber auch erregenden Seite in ihrem Selbst – der väterlichen Seite in ihr – konfrontiert zu werden? Oder empfindet sie die Tat als Schmutzfleck auf ihrer sonst so „weißen" Weste, d. h. ihrem idealen Selbst? Empfindet sie Schuldgefühle und hat Angst davor, brüskiert und beschämt zu werden? Oder ist sie aufgeregt, weil sie weiß, dass es um unangenehme Konsequenzen gehen kann, die man durch geschicktes Auftreten vor Gericht verhindern oder zumindest minimieren kann? Beim Darüber-Sprechen scheint Hermine wenig schuldbewusst bzw. abwehrend gegenüber dem emotionalen Aspekt der Tat und der Tatfolgen.

Weiterer Verlauf: Obwohl sie große Hoffnungen auf den „Staranwalt" gesetzt hat, wird sich im Laufe des Nachmittags die Angst vor der immer näher rückenden Begegnung derart steigern, dass Hermine den Termin schließlich gar nicht wahrnehmen wird. Sie trifft diese Entscheidung allerdings nicht bewusst, sondern schafft es, sich mit Essen und Internet dermaßen abzulenken, dass sie den Termin einfach versäumt. Hier wird ein weiteres Muster deutlich: Statt Unterstützung bei den NAIS-Mitarbeitern, ihrer Mutter oder einer Freundin zu suchen, lässt Hermine die Angst immer mächtiger werden und von ihrem Wesen Besitz ergreifen. Dem übermächtig gewordenen Objekt ihrer

Angst kann sie dann nur noch ausweichen, indem sie in einen Fugue-ähnlichen Zustand gerät und sich in geistige Abwesenheit flüchtet.

Im nächsten Gespräch mit den Koordinator/innen stellt Hermine ihr Versäumnis zunächst so dar, als sei es sogar besser gewesen, nicht dorthin zu gehen, da der „Staranwalt" sowieso zu teuer gewesen wäre. Gleichzeitig versucht sie, eine Teilschuld auf alle umzuwälzen, die sie hätten begleiten können. Als die Koordinatorin auf die Reaktion ihrer Mutter näher eingeht, antwortet Hermine mit dem Satz: „Wenn meine Mutter sauer ist, dann ist sie immer zu Recht sauer!" nachdem Motto „ Ich bin immer Schuld, wenn Mama sich ärgert!" Damit idealisiert sie ihre Mutter und zeigt zugleich, wie unfrei sie sich ihr gegenüber fühlt. Wenige Minuten später formuliert Hermine zum ersten Mal eine Hypothese, in der sie sich explizit zwischen der „perfektionistischen Mutter" und dem „unzuverlässigen Vater" stellt: *Ich mache mir da selbst so einen Druck. Ich bin perfektionistisch und dann bin ich andererseits auch wieder nicht so weit, dass ich das alleine schaffe. (...) Ich glaube, das ist so eine Mischung zwischen meinem Vater und meiner Mutter bei mir. Meine Mama, die ist so total perfektionistisch und mein Vater, der ist so wie ich, dass er was nicht auf die Reihe bringt, aber immer sagt: „Ich mach das! ich mach das!" Aber dann glaubt ihm das keiner mehr. So bin ich halt auch!"* Beide Teile scheinen stark und im Widerstreit miteinander zu sein. Hermine macht deutlich, dass der hohe Druck, der von der perfektionistischen Seite ausgeht, manchmal so erdrückend auf sie wirkt, dass der Wechsel auf die andere Seite als Rettung erscheint, auch wenn sie dadurch Schuld auf sich lädt.

Interaktionssequenz 5

Hermine lebt mittlerweile seit sechs Monaten in der NAlS-Wohnung. Die Hilfe wurde bereits zwei Mal verlängert und sollte planmäßig in sechs Wochen enden bzw. in eine neue Hilfeform – wahrscheinlich BEW – übergehen. Heute sieht Hermine zum ersten Mal einfach gut aus, weder schmuddelig noch überstylt.

In der Woche zuvor musste Hermine bei der Polizei aussagen, weil gegen sie erneut eine Anzeige wegen Körperverletzung erstattet wurde. Im Rahmen der Vernehmung zeigten ihr die Polizisten eine Videoaufnahme, auf der zu sehen war, wie sie sich in der U-Bahn mit einem Mann streitet, wie dieser nach ihr schlägt (und sie auch trifft) und wie sie wild zurückschlägt. Der Streit war dadurch entstanden, dass Hermine in der U-Bahn rauchte und der Mann ihr die Zigarette aus der Hand schlagen wollte.

Die Koordinatorin (K2): „Und mit dem Verfahren … hast du was klären können mit dem Rechtsanwalt, Prozesskostenbeihilfe?"

H.: „Nee, das ist ja nicht so weit, da ist … Ich hoffe nur, dass da nicht wieder so was kommt. (…) Ich hab' einen Nervenzusammenbruch gehabt bei der Vernehmung. Und ich hatte gar nichts mehr erinnert … da sollte ich eine Aussage machen. Der Typ hat gesagt, er hat mich nicht geschlagen und dann hab' ich das Video gesehen. Da sieht man, wie der mich schlägt … und irgendwann war es mir zu viel, und dann bin ich raus gerannt aus dem Zimmer."

K2: „Belastet dich das, wenn du solche Nervenzusammenbrüche oder solche Wutanfälle hast? Beunruhigt dich das, wenn da solche Sachen passieren, die du nicht kontrollieren kannst und die du so machst dann, ohne dass du sie erinnerst?"

H.: „Ja, schon … So bin ich ja eigentlich nicht und so will ich ja nicht sein! Ich mach' dann manchmal so Sachen, aber in dem Moment denk' ich gar nicht drüber nach, da bin ich einfach so, und nachher erschrecke ich dann: ‚Was? Das hast du gemacht?' Aber früher war es noch viel schlimmer, da bin ich fast täglich ausgerastet. Am schlimmsten war das zu Hause, aber jetzt ist es ja schon viel besser, höchstens noch alle halbe Jahr einmal!"

K2: „Aber dann ganz schön heftig!"

H.: „Ja."

K2: „Vielleicht solltest du dir mal überlegen, ob du dagegen was unternehmen willst, Therapie oder so …"

H.: „Aber ich weiß nicht so richtig, ich brauch' da ja einen Willen zu!"

K2: „Ja, da hast du Recht, das musst du wollen."

Kommentierung von Interaktionssequenz 5

Hermine zeigt sich erleichtert, dass nicht nur sie ausfällig und tätlich geworden ist, sondern auch der Mann. Das beweisen die Kameraaufnahmen eindeutig. Trotzdem geht ihr diese Situation sehr nah. Wahrscheinlich erinnerte sie sich noch an ihre Messerattacke und befürchtete, dass sie auch dieses Mal wieder impulsiver und heftiger agiert hat, als sie eigentlich wollte. In diesem Gespräch kann Hermine zum ersten Mal öffentlich schildern, wie es sich anfühlt, wenn man Taten begeht, die man nicht steuern kann und die einen selbst erschrecken. Gleichzeitig erinnert der erlittene Nervenzusammenbruch daran, dass Hermine eine zweite Bürde in sich trägt, nämlich die Verletzung, die ihr Vater ihr zugefügt hat und die hier mit einem Unbekannten vermutlich reaktiviert wurde.

Die Koordinatorin hat unbedingt Recht mit dem Vorschlag von Therapie, aber auch mit ihrem Einlenken bei Hermines Ablehnung: „Ja, da hast du Recht, das musst du wollen." An dieser Stelle kann man klar erkennen, was die Aufgabe der NAIS-Mitarbeiter/innen ist und wo sie endet. Sie können dafür sorgen, dass Prozesse der Selbsterkenntnis in Gang kommen, auch und gerade über geschickte Spiegelungen, Deutungen und Konfrontationen.

Anlässlich von Gesprächen wie dem oben berichteten, konnte Hermine weiderholt Einblick in ihre innere Verfassung gewinnen. Ein Problem wird aufgedeckt und kann zumindest für ein paar Momente aufgedeckt bleiben; ein Problem, das ohne Zweifel nach therapeutischer Hilfe verlangt. Aber keine Macht der Welt kann Hermine in Therapie zwingen. Sie muss es selbst wollen (auch wenn Zwangskontexte dafür bisweilen nützlich sein können). Freilich folgt daraus ein zweiter Auftrag: die NAlS-Mitarbeiter/innen müssen den Mitarbeiter(inne)n des Jugendamtes und des Freien Trägers, der Hermines Betreuung übernehmen soll, die eigenen Einsichten so genau wie möglich vermitteln, damit diese eine Idee davon bekommen, wen sie mit Hermine vor sich haben. Wenn ein solcher Austausch über das bisher gewonnene Fallverstehen nicht gelingt, bleiben die bei NAlS gewonnenen Erkenntnisse wirkungslos und niemand kann daran anknüpfen.

Weiterer Verlauf: Im nächsten Hilfeplangespräch wird beschlossen, dass Hermine sich einen BEW-Träger suchen darf. Diese macht sich allerdings nur mit wenig Tatkraft auf die Suche. Jetzt, wo ihr Wunschtraum, eine eigene Wohnung in einem „schöneren" Stadtteil zu bekommen, näher rückt, wirkt sie wie gelähmt. Wieder nimmt sie sich alles Mögliche vor, und setzt doch nichts davon um.

In den kommenden Wochen wird sich die Situation dramatisch zuspitzen: Der festgelegte Beendigungstermin rückt näher, ohne dass Hermine eine Wohnung oder einen Träger gefunden hätte. Hermine spekuliert auf eine letzte Verlängerung der Hilfe, schafft es aber nicht, ihre Jugendamtsmitarbeiterin anzurufen; diese wird krank und kann nicht mehr über eine mögliche Verlängerung entscheiden und selbst die Mutter lehnt einen zeitweiligen Aufenthalt im eigenen Haushalt kategorisch ab. Die dramatische Kombination aus sich zuspitzender Versorgungslage und hartnäckiger Verleugnung lässt die Vermutung aufkommen, dass Hermine auch hier etwas reinszeniert.

Auf einer Ebene könnte man an ihre Zeit auf der Straße denken, denn darauf steuert Hermine zielstrebig zu, obwohl sie diese Erfahrung als die „schlimmste" ihres Lebens beschreibt. Man könnte aber auch an etwas Grundsätzlicheres und Diffuseres denken: Hermine steht kurz vor einer metaphorischen Abtreibung. NAlS kann sie nicht mehr betreuen; die Mutter will sie nicht aufnehmen; sie wird von allen Systemen ausgestoßen und ins Nichts gestürzt. Vielleicht hat Hermines Mutter tatsächlich versucht ihr Kind abzutreiben. Vielleicht hat sie auch nur während der Schwangerschaft und der frühen Kindheit phantasiert, wie sie dieses ungeliebte oder zumindest ungewollte Kind loswerden könnte. Dies würde auch den eindringlichen Appell der Mutter an Hermine, als Jungfrau in die Ehe zu gehen, nachvollziehbar machen.

4. Wie es nach NAlS weiter ging

Tatsächlich ist es Hermine in letzter Minute gelungen, die Jugendamtsmitarbeiterin zu einer Verlängerung der Hilfe zu bewegen. Der geplante Wechsel ins BEW konnte allerdings nicht erfolgen, da weder Hermine noch der angefragte Träger eine Wohnung in dem Bezirk fand, in dem sie leben wollte. Hermine musste deswegen zunächst einmal in eine betreute WG ziehen, etwas, das sie vorher abgelehnt hatte, dem sie sich aber unter den neuen Umständen fügte. Es kann vermutet werden, dass in der Not des Augenblicks das Augenmerk der Beteiligten nicht primär auf die Wahl der für Hermine „richtigen" Einrichtung bzw. der nach NAlS „passenden" Anschlusshilfe gerichtet war. Eine ausführliche Übergabe mit den neuen Kolleg/innen mit allem, was bisher an Fallverstehen erarbeitet worden war, scheint nicht stattgefunden zu haben. Auch im Abschlussbericht steht wenig dazu. Hier leistet NAlS nicht, was von einer Übergangshilfe zu erwarten wäre.

Hermine teilt sich im Anschluss eine Wohnung mit zwei männlichen Jugendlichen und wird durch zwei Frauen betreut, die Hermine im Nachhinein als „unfähig" bzw. als „Übermuttis" beschreibt. Den als Voraussetzung für den Verbleib in der WG und für den späteren Wechsel ins BEW definierten Schulbesuch brach Hermine nach drei Wochen ab, da sie in einen heftigen Streit mit einer Mitschülerin geriet und dieser Situation ausweichen wollte. Auch die Beziehung zu ihren zwei Mitbewohnern blieb nicht ohne Konflikte. Als dann die WG nach sechs Monaten aufgelöst wurde und Hermine in eine andere WG hätte ziehen müssen, bot ihr ihre Mutter an, wieder bei ihr zu wohnen. Die Mutter hatte in der Zwischenzeit eine Therapie gemacht und offensichtlich ein besseres Verständnis für ihre Tochter entwickelt.

Als wir – anderthalb Jahre später – das nächste Mal mit Hermine Kontakt aufnehmen, wohnt sie immer noch zu Hause. Zwischendurch hat sie zwei Monate lang in einem Pub als Kellnerin gearbeitet, die Stelle aber gekündigt, als der Pächter sie zunehmend sexuell belästigte.

Anscheinend haben Mutter und Tochter ein tragfähiges Arrangement gefunden. Die Mutter, die inzwischen eine dreijährige Therapie abgeschlossen hat, scheint deutlich weniger Ansprüche an Hermine zu stellen und sich mit ihrer Antriebsarmut und ihrer Unentschlossenheit arrangiert zu haben. Hermine wiederum hat sich ihrer Mutter und deren Lebensstil angepasst: Sie kocht für sie, kümmert sich um den Haushalt und freut sich, dass sie sich so gut verstehen. Noch immer spielt sie mit dem Gedanken, irgendwann einmal ihren Schulabschluss nachzuholen. Alles klingt nett und geordnet, wenn auch auf einem kindlichen, nicht altersadäquaten Niveau. Von ihrer wilden und gefährlichen, aber auch lebendigen und leidenschaftlichen Seite ist erst mal nichts mehr zu spüren. Zusätzlich wird dieses Arrangement dadurch bedroht, dass die Mutter in wenigen Wochen nach Holland umziehen und die

Wohnung aufgeben wird. Was Hermine dann macht und wie sie sich finanziert, scheint unklar.

5. Einschätzung zum biographischen Sinn des Betreuungsverlaufes

Hermine scheint gefangen zwischen zwei Selbstbildern. Die zarte, reine „Schneekönigin" im blütenweißen Mantel mit Pelzbesatz entspringt wohl einer Phantasie vom perfekten weiblichen Wesen; vielleicht einer eigenen Phantasie von Hermine als Kind; vielleicht aber auch ein Vermächtnis der Mutter an ihre Tochter, die eigenen Verfehlungen wiedergutzumachen. Dieses symbolische Bild der Perfektion und der Reinheit hat große Macht über Hermines Leben. In ihm finden die eigenen und die mütterlichen Ansprüche Ausdruck. In Opposition zum Idealbild der „Schneekönigin" steht das andere Selbstbild: die „Messerstecherin", die „Schlampe" in ihrer versifften Wohnung oder gar die „Hure" mit ihren schnell wechselnden Beziehungen. Diese verruchten Aktionen steuert Hermine allerdings nicht bewusst. Vielmehr ergeben sich diese unbeabsichtigt und abrupt.

Zur inneren, persönlichen Spaltung kommt noch eine äußere, familiäre hinzu. Während die weibliche Linie ihrer Familie idealisiert wird und für den Anspruch der Unfehlbarkeit steht, verkörpert der Vater das Böse: Er „säuft", schlägt sein Kind und bekommt im Leben „nichts auf die Reihe". Hermine hat dieses von der Mutter tradierte Bild verinnerlicht. Ein Teil von ihr, vielleicht der Teil, mit dem sie den Vater geliebt hat und noch immer liebt, identifiziert sich mit eben diesem „Loser" und lässt sich von diesem Teil in ihr immer wieder zu gefährlichen Taten hinreißen. Aber eingeklemmt zwischen diese beiden starken inneren Bilder „perfektes, aber unzufriedenes Mädchen" und „böser, aber geliebter Vater" kann sie selbst nicht mehr spüren, was ihre eigenen Entwicklungsimpulse sind. Das Eigene von Hermine scheint zwischen diesen beiden Bildern verloren zu gehen. So bricht der „Vater-Loser" immer wieder in das Reich der „Schneekönigin" ein und holt sich sein Recht. Das, was dann passiert, wird von Hermine zwar irgendwie „genossen", aber ebenso schnell wieder vergessen und „als nicht zu ihr gehörig" erlebt. Das ist die Tragik von Hermine und ihren Helfer/innen. Diese werden immer wieder mit der Abweichung zwischen erklärtem Willen und den Ergebnissen des Abgespaltenen konfrontiert: Wenn sie Termine nicht wahrnimmt, auf dem Weg ist und plötzlich umkehrt, eigentlich aufräumen will und es dann doch nicht tut. Leider kann sich Hermine mit diesem Abgespaltenen als etwas Relevantem für ihr Leben nicht wirklich auseinander setzen. Man kann es ihr buchstäblich unter die Nase halten und dennoch will sie es einfach nicht anschauen

Soweit unsere Vermutungen zu Hermine, die wir im Laufe vieler gemeinsamer Teamreflexionen entwickelt haben. Auf deren Hintergrund möchten wir folgende Leistungen der Mitarbeiter/innen bei NAlS würdigen

→ Die Entdeckung von Angst als einem zentralen Hintergrundthema, das auch scheinbar einfache Aufgaben betreffen kann, sowie das geduldige Aushalten, bis Hermine diese endlich angegangen ist oder auch nicht.

→ Die Entdeckung und Thematisierung des polnischen Teils der Familie, der auch positiv gesehen werden kann und vielleicht irgendwann eine Brücke zum Vater bilden kann.

→ Das wiederholte Sich-Anbieten für Unterstützungsleistungen, ohne beleidigt zu sein, wenn Hermine doch nicht zu den Terminen kam.

→ Das wiederholte Thematisieren der abgespaltenen Anteile und das Aushalten der betroffenen Reaktionen von Hermine.

→ Das wiederholte Ansprechen der Möglichkeit und Notwendigkeit von Therapie.

→ Das Einfordern von Sauberkeit in ihrer Wohnung, ohne daraus ein Thema von Vorwurf und Moral zu machen, und die Anwendung von klar angekündigten und selbstdefinierten Sanktionen zur Durchsetzung dieses Anspruchs.

Dies alles führte dazu, dass sich Hermine nach sieben Abbrüchen und wiederholten Kriseninterventionen zum ersten Mal seit Langem auf eine Hilfe einlassen konnte und dort über acht Monate eine Art Betreuungsdach fand, das groß bzw. breit genug war, dass sie sich darunter ansiedeln konnte. Das ist angesichts ihrer fragmentierten Hilfekarriere und ihrer vielen, enttäuschenden Erfahrungen mit dem Jugendhilfesystem eine bemerkenswerte Leistung des Settings NAlS.

6. Chancen/Stärken und Risiken/Schwächen des Settings

Wie man sieht, kann es in einem Setting wie NAlS gelingen, ein Problem, das nach therapeutischer Hilfe verlangt, aufzudecken und auch aufgedeckt zu lassen. Gleichzeitig wird klar, dass Hermine mit Pädagogik alleine die beiden Selbstbilder, die sie innerlich zerreißen, nicht entzaubern und integrieren kann. Die nötige psychotherapeutische Hilfe setzt allerdings eine dezidierte Eigenmotivation voraus. Nach der anfänglichen kategorischen Ablehnung hat Hermine immerhin diese Notwendigkeit erkannt und in Aussicht gestellt, dass sie sich beim nächsten Scheitern von Schule Therapie noch einmal überlegen wird. Vielleicht wird es auch erst beim über- oder überübernächsten Mal der Fall sein... An dem Thema muss man dran bleiben.

Freilich folgt daraus ein zweiter Punkt: Um dran bleiben zu können, müssten die Jugendamtsmitarbeiter/innen und die Mitarbeiter/innen der Folgeeinrichtung so genau wie möglich über die bei NAlS entwickelten Hypothesen und das zumindest ansatzweise entwickelte Fallverstehen informiert werden. Wenn dies ausbleibt, wird das Erreichte rückwirkend zunichte gemacht. Im Fall Hermine hätte die Berücksichtigung der gesammelten Informationen zur Auswahl eines Settings führen können, das eine Entwicklung im Schneckentempo und mit vielen Aufs und Abs aushält. Leider ist das nicht geschehen.

Schließlich ist es wichtig zu sehen, dass Hermine trotz kurzzeitiger Öffnungen weiterhin im Bann der alten unproduktiven Abwehr- und Verleugnungsmuster stand. Diesen Abwehrpanzer haben die NAlS-Mitarbeiter/innen immer wieder durchlöchern, aber nicht grundlegend verändern können. Mehr kann man von einer Übergangshilfe auch nicht erwarten. Immerhin wird deutlich, dass die innere Situation dieser Jugendlichen hoch komplex ist und nicht mit Standardangeboten und den üblichen Zielplanungen angegangen werden kann. NAlS schafft es, eine Pause für Hermine zu organisieren, was diese im Nachhinein beim Interview auch sehr wertschätzend beschreibt: *„NAlS ist eine Einrichtung, die ist nicht gut und die ist nicht schlecht. Es muss einfach passen! Es gibt Leute wie Tobias, die das einfach nur noch weiter runterzieht und es gibt Leute wie mich, denen es auf jeden Fall weiterhilft (…), ich bin so froh, dass ich endlich mal machen durfte, ich weiß jetzt viel besser, was ich kann und was nicht …das kann man vorher gar nicht sagen, ob das hilft, das muss man erst mal gemacht haben!"*

Für uns Beobachter bleibt Hermine eine Jugendliche, die wir in die Kategorie „auf niedrigem Niveau stabilisiert" einordnen (siehe Kapitel 7). Sie ist noch lange nicht in der Lage, ihre zweifellos vorhandenen Fähigkeiten zu gebrauchen und ist immer noch in der Gefahr wieder abzustürzen. So bleibt es ein bemerkenswerter, nicht weiter aufhebbarer Widerspruch, dass junge Menschen mit Hilfen hoch zufrieden sein können, ohne dass wir Erwachsenen von außen sehen könnten, dass sie viel oder wesentlich weitergeholfen hätten.

6 Chancen, Risiken und Grenzen bei der Betreuung von riskant agierenden Jugendlichen, insbesondere in niedrigschwelligen Betreuungssettings

In diesem Kapitel geht es um den Umgang mit Risiken in der Arbeit mit „riskant agierenden" und „schwer zu vermittelnden" Jugendlichen. Wir vergegenwärtigen uns das den Mitarbeiter(inne)n aufgegebene Spannungsverhältnis angesichts einiger Fallvignetten aus dem Betreuungsalltag von NAlS (6.1). Danach gehen wir auf das Problem ein, dass niedrigschwellige Hilfen „passgenau" sein, aber auch instrumentalisiert werden können, wenn niemand mehr weiter weiß (6.2). Daraufhin stellen wir eine „Systematik von Risiken" vor und spezifizieren diese im Hinblick auf verschiedene Settings und Angebote für diese Zielgruppe (6.3). Anschließend erörtern wir, welche Verfahren und Regeln zu einem verantwortlichen Umgang mit Risiken gehören, unter der Voraussetzung, dass diese bei der angesprochenen Zielgruppe nie ein für alle Mal in den Griff zu bekommen sind (6.4).

6.1 Chancen und Risiken von „Übergangshilfen" mit dem Ziel der Selbstklärung

Niedrigschwellige Hilfen wie NAlS beenden die „fürsorgliche Belagerung" durch Sozialpädagog(inn)en, durch die sich die Jugendlichen verfolgt fühlen; sie ermöglichen ihnen einen Freiraum, in dem sie die Konsequenzen ihres „eigensinnig" geplanten und/oder chaotisch geführten Lebens erfahren können; und setzen auf Formen der Unterstützung, die einen „Gebrauchswert" aufweisen und deswegen von den Jugendlichen angenommen werden können.

Und dieser Freiraum wirkt. Nicht immer, nicht immer sofort, aber doch bei einer beachtlichen Anzahl von Jugendlichen, wie diese in den Interviews deutlich gemacht haben (siehe Kapitel 4 und 7): Dafür sprechen u. a. die Selbstaussagen der drei weiblichen Jugendlichen eine deutliche Sprache, die dem Setting NAlS und seinen Mitarbeiter(inne)n ihr eigenes Überleben zu verdanken glauben (vergl. Kapitel 4.1). Anna, Tamara und Melanie schildern, dass sie in der Zeit bei NAlS ziellos dahin trieben, sich massiv verwahrlosen ließen, in erheblichem Umfang „harte" Drogen konsumiert und sich auch in sexueller Hinsicht gefährdet haben, indem sie zumindest zeitweise prostitutionsähnliche Verhältnisse eingegangen sind. Vieles davon, wenn auch nicht alles, haben sie auch bei den Dienstagsgesprächen im Jugendamt erzählt. Wie sie selbst mit ein paar Jahren Abstand folgern, haben sie damals deutlich die Sorge der Mitarbeiter/-innen um sich gespürt und auch gebraucht. Und konnten doch über einige Monate nichts an ihrem selbstdestruktiven Verhalten verändern. Es dauerte bei allen Dreien eine für ihre Betreuer/innen „schrecklich" lange Zeit, bis sie sich selbst wieder so viel wert waren, dass sie überleben und ein Leben mit Würde führen wollten. Dafür machen sie im Rückblick das Engagement der Mitarbeiter/innen bei NAlS verantwortlich, die bei aller Sorge, die sie zu Recht um sie hatten, nichts getan haben, was die jungen Frauen selbst nicht wollten. Die Mitarbeiter/innen haben sie ausgehalten. Mit diesen konnten sie die Ohnmacht gegenüber ihren eigenen psychischen Verletzungen und den dunklen Mächten in ihrem Selbst teilen. Es scheint, dass diese weiblichen Jugendlichen das selbstdestruktive Verhalten bis über die Schmerzgrenze hinaus ausleben mussten, aber eben nicht geheim oder versteckt, sondern vor den Augen einfühlsamer, aber nicht besserwisserischer oder intervenierender Mitarbeiter/innen.

Dazu passt, was eine Sozialpädagogin vom Jugendnotdienst in Hamburg meint beobachtet zu haben: dass etliche weibliche Jugendliche aus Süddeutschland, die aus geschlossenen Heimen weggelaufen waren, sich in der Szene in Hamburg „noch mal verstärkt „die Kante gegeben haben", mit allen, schlimmen Formen der Selbstgefährdung, „so als müssten sie alles nachholen, was ihnen vorher im Zwangskontext sozusagen vorenthalten wurde" (mündlicher Beitrag der Teilnehmerin bei einem Vortrag in Hamburg, notiert am 03.04. 2008, M.S.).

Auch im Fall der massiven Selbstgefährdung von Ute war es die Erfahrung des Freiraums bei NAlS, der Tobias dazu motiviert hat, den Heroinkonsum der Beiden und seine damit verbundenen Sorgen offen anzusprechen. Er konnte das, weil er wusste, dass die Mitarbeiter/innen mit diesen Informationen und seinem Eingeständnis von Hilflosigkeit ruhig und besonnen umgehen konnten und nicht als erstes die Polizei oder Psychiatrie informieren würden. Die Mitarbeiter/innen boten Ute Gespräche an, begleiteten sie zu einer Drogenberatung, mussten aber auch aushalten, dass Ute nicht wusste, ob sie den Konsum einstellen wollte, weil ihr eigenes Leben ihr nicht viel wert schien. Zugleich machte sie deutlich, dass sie auf keinen Fall in eine Klinik wollte und dort sofort „abhauen" würde. Sie wollte ihre Freiheit behalten und selbst Schritt für Schritt für sich entscheiden, was zu tun ist. Was beide Jugendliche dann ja auch gemeinsam taten, indem sie sich für einen selbst organisierten Entzug (der entgegen allen professionellen Einschätzungen gelungen verlief) und den Umzug zurück nach Mecklenburg entschlossen (siehe Kapitel 5.1).

Einen „Freiraum mit Risiko" eröffnet eine Ansprechpartnerin auch in dieser Szene: in die Anlaufstelle kommt der an beiden Armen mittelstark blutende Lars, der sich damit wieder einmal den Zugang zur x-ten unproduktiven, aber für ihn bequemen Schleife in der Psychiatrie erpressen will. Er kennt das übliche Vorgehen genau: Notarzt rufen, Kliniktransport, zwei Tage Station aufmischen, abhauen oder rausgeworfen werden, weiter vor sich in „dümpeln" bis zum nächsten Mal. Diesmal erscheint ihm die Einlieferung besonders attraktiv, weil auch seine Freundin auf Station ist. Die Mitarbeiterin unterbricht sein Muster und stellt ihn vor eine Entscheidung: „Brauchst du das wirklich? Falls ja, hier ist das Telefon, ruf dort an und bestell dir selbst den Krankenwagen! Falls nein, können wir dir jetzt hier die Arme verbinden, anschließend hilfst du mir zwei, drei Stunden in der Schreinerwerkstatt und heute Abend lade ich dich zum Essen ein!". Lars hielt das Telefon mehrere Minuten in der Hand, schaute die Ansprechpartnerin an, die kein weiteres Wort mehr sagte, schaute das Telefon an und entschied sich: fürs Bleiben, Verbinden und Mitarbeiten, womit seine Wochenendkrise erst einmal vergessen war.

In allen diesen Fällen haben das Setting und die Mitarbeiter/innen Chancen eröffnet,

→ indem sie selbst- und fremddestruktive Verhaltensweisen wahrgenommen und thematisiert, aber auch ausgehalten haben. Trotz hohem Druck und großem Mitleid haben sie sparsam interveniert. So konnten die Jugendlichen mittelfristig wieder mehr Selbstverantwortung übernehmen.

→ indem sie ihnen Wahlmöglichkeiten aufgezeigt, aber die Entscheidungen weitgehend den Jugendlichen überlassen haben. So haben sie deren Autonomiebedürfnisse ernst genommen und deren Selbstwirksamkeitsüberzeugungen gestärkt.

→ indem sie die Jugendlichen mit ihren Sorgen konfrontiert haben, ohne sie zu bedrängen oder in sie „einzubrechen" (siehe D.W. Winnicott, Kapitel 2.2).So konnten sich die Jugendlichen ihres Wertes in den Augen eines Anderen vergewissern, aber nicht die Verantwortung für ihr Überleben abgeben.

In allen diesen Fällen haben die Mitarbeiter/innen und der Träger aber auch beträchtliche Risiken auf sich genommen:

→ Mindestens einer der jungen Menschen hätte während der Betreuung bei NAlS auch sterben können.

→ Während der Krisenphasen wären traumatische Erlebnisse möglich gewesen.

→ Eltern oder Jugendämter hätten den NAlS-Mitarbeiter(inne)n aufgrund ihrer scheinbaren (!) „Laissez-faire"-Haltung Vorwürfe machen können.

→ Wären „schlimme" Vorfälle eingetreten, hätten ermittelnde Polizeibeamte oder Richter Strafanzeige wegen „Verletzung der Aufsichtspflicht" stellen können.

Angesichts dieser nicht von der Hand zu weisenden Gefahren benötigen Mitarbeiter/innen und Träger, die mit dieser Zielgruppe arbeiten, besondere Fähigkeiten, die man unter dem Stichwort **„Risikokompetenz"** bündeln kann:

→ Sie wissen ganz nüchtern, was gefährdete junge Menschen sich und anderen antun können.

→ Sie können abwägen, wie lange sie deren Agieren „aushalten" und diesem mit eigenen Angeboten begegnen können, und wann sie Polizei und Psychiatrie einschalten müssen.

→ Sie müssen nicht wie in vielen stationären Einrichtungen primär um die eigene Absicherung bemüht sein, sondern können etwas Neues und Anderes wagen, weil herkömmliche Handlungsweisen und juristisch abgesicherte Verfahren schon viele Male ins Leere gelaufen sind.

Die „aushaltende" Arbeit von NAIS macht es nötig, mit dramatischen Entwicklungen und Tiefpunkten zu rechnen, weil diese – nicht immer und nicht regelmäßig, aber immer wieder – auch Wendepunkte darstellen. Nicht unbedingt sofort Wendungen in die Richtung eines „guten Lebens", aber zumindest im Sinne einer Unterbrechung der gefährlichen Entwicklung. Wie bei Tobias und Ute, die Stadt ihrer Sehnsucht verließen, um mit diesem Ortswechsel auch dem Heroinkonsum zu entgehen, was ihnen schließlich auch gelang. Das allerdings konnte nicht verhindern, dass Tobias verhaftet wurde und Ute ein vermutlich drogengeschädigtes Kind mit Behinderungen geboren hat. Insofern liegen die Chancen und die Grenzen solcher niedrigschwelliger Angebote dicht beisammen. Auch da darf man sich nichts vormachen.

6.2 Zwischen „pass-genauer" Hilfe und der Gefahr der Instrumentalisierung aus Hilflosigkeit

Die Verantwortung, junge Menschen bei NAIS betreuen zu lassen, liegt in erster Linie bei den Jugendämtern, die NAIS aus einem relativ großen Spektrum möglicher Hilfen als geeignete Hilfeform auswählen. Dies sollte in einem Prozess des Abwägens geschehen, in dem verschiedene Alternativen geprüft und auf ihre jeweiligen Chancen und Risiken hin untersucht werden. Wenn möglich geschieht dieser Prozess nicht alleine im Team der Jugendamts-Mitarbeiter/innen, sondern gemeinsam mit Vertreter/-innen der Freien Träger wie es z.B. in den „Fall-Teams" im Rahmen der Sozialraumorientierung geplant und umgesetzt wird. Oder doch zumindest im Dialog mit dem potentiell Aufnahme-bereiten Träger, der selbst möglichst gut über den Fall informiert werden sollte, bevor er eine verantwortliche Zu- oder Absage erteilen kann. „Passgenau" ist eine Hilfe, wenn sie mehrere Fachleute, die den Jugendlichen gut kennen, mit Blick auf seine individuellen Bedürfnisse und Verhaltens-Muster für geeignet halten, man eine Grundakzeptanz voraussetzen kann (die nicht immer verbal geäußert werden muss) und alle wissen, welche Probleme mit dieser Betreuung auf sie zu kommen und wie sie mit diesen verantwortlich umgehen wollen.

Die Realität sieht häufig anders aus:

Das Jugendamt hat eine fachliche Betreuungs-Präferenz, aber die lässt sich nicht realisieren; meist deswegen nicht, weil die Plätze in der Wunsch-Einrichtung belegt sind. Also hält man nach der zweit-, dritt-, viertbesten Lösung Ausschau. Im Rahmen dieser Suche wird der Druck zur Unterbringung groß und größer. Am Ende lautet die Frage weniger „Finden wir die passende Hilfe", sondern immer mehr „wer nimmt den Fall ab?". Auch wenn man weiß, dass es nur für zwei, drei Tage oder Wochen ist, scheint irgendwann jede Unterbringung besser als keine.

Häufig sieht man im Jugendamt die eigene Präferenz aber auch gar nicht im Bereich der Erziehungshilfen, sondern in den angrenzenden Systemen. Man denkt, eigentlich müsste dieser Jugendliche in Untersuchungs-Haft genommen werden. Eigentlich müsste ihn die Psychiatrie aufnehmen, am besten in einer geschlossenen Abteilung etc. Eigentlich steht der junge Mensch zur Abschiebung an, aber da die diesbezüglichen Gerichtsverfahren noch laufen, ist das Jugendhilfesystem weiter für ihn zuständig.

Die angrenzenden Systeme spielen häufig nicht so mit wie sie sollen: die dort tätigen Mitarbeiter/innen anderer Professionen sehen den Fall anders, brauchen ihre Zeit und können ihre internen Prozesse nicht beschleunigen oder haben schon „schlechte" Erfahrungen mit diesem jungen Menschen gemacht und wollen ihn auch nicht (mehr) aufnehmen.

So bleibt der „Fall" am Jugendamt kleben.

Inobhutnahme-Stellen gehen zwar immer, vor allem, wenn sie in kommunaler Trägerschaft sind, aber sind erstens teuer und zweitens oft auch nicht mehr bereit, bestimmte, bereits bekannte Jugendliche aufzunehmen: entweder weil sie die, ohnehin schon Krisen-anfällige, Gruppe „aufmischen" bzw. andere Jugendliche gefährden oder nach wenigen Minuten oder Stunden wieder zum Hinterausgang herausmarschieren, und diese Betreuungsform so ad absurdum führen.

In solchen Situationen kommt es immer wieder auch zu **Instrumentalisierungen von Trägern und Angeboten.** Und zwar immer dann, wenn offenkundige oder zumindest absehbare Risiken verharmlost oder verschwiegen werden, und die offiziellen Aufträge anders formuliert werden als es der Realität des Falles angemessen ist: z. B. wenn man von Seiten des Jugendamtes eine niedrigschwellige Betreuung ordert, aber im Grunde eine Kontrolldichte wie in einer Intensivgruppe erwartet. Oder man eine solche Kontrolldichte gerne herstellen würde, aber nicht bereit ist über deren mögliche Realisierung und Finanzierung mit dem Träger zu sprechen. Oder wenn man lediglich einen „Parkplatz" für wenige Tage braucht, den Träger aber in dem Glauben wiegt, es ginge um eine mittelfristige Betreuung. Verschiedene solcher „Unklarheiten" haben wir als außenstehende Beobachter mehrfach bei NAlS mitbekommen

Offensichtlich kommen alle Einrichtungen und Angebote der Jugendhilfe mit solchen Jugendlichen an die Grenzen ihres, aber auch aller anderer Systeme: Jugendhilfe, Justiz, Psychiatrie. In solchen Grenzregionen stellen sich komplexe fachliche Fragen, die nicht leicht zu vermitteln sind, vor allem nicht einer aufgebrachten bzw. betroffenen Öffentlichkeit, die sich sofort formiert, wenn etwas „Schlimmes" passiert ist wie z. B. eine erhebliche Gewaltstraftat oder den Tod eines betreuten Jugendlichen: erstickt an Erbrochenem nach einem Alkohol-Exzess; Tod nach einer Überdosis Heroin; auf Grund von Unachtsamkeit aus dem Fenster aus dem 3. Stock gestürzt und sich den Hals gebrochen; Totschlag eines Jugendlichen an einem anderen aufgrund von Beleidigung oder Diebstahl; Suizid in einem Moment tiefer Niedergeschlagenheit und aus generellem Ekel am Leben.

Sicher waren solche Risiken nicht bei allen NAlS-Jugendlichen in gleicher Weise gegeben. Nach unserem Einblick, den wir über Akten, Interviews und Fallstudien gewonnen haben, würden wir etwa die Hälfte der Jugendlichen als „Hoch-Risiko-Klientel" einschätzen, wenn auch in zum Teil sehr unterschiedlichen Formen. Zudem liegen diese Risiken nicht immer offen zu Tage: Wie gefährdend und gefährdet junge Menschen sind, bemerkt man manchmal erst im Laufe von Wochen oder Monaten, wenn nicht sogar erst im Nachhinein, wenn sich viele kleine Mosaiksteine zu einem Bild verdichten. Klar ist, dass es bei der hohen Anzahl von 150 riskant agierenden Jugendlichen in den letzten 14 Jahren bei NAlS mit einer gewissen Wahrscheinlichkeit gravierende (meldepflichtigen) Vorfälle und sogar Todesfällen erwartbar waren. Ersteres hat sich bestätigt, zweiteres war bisher nicht der Fall. In diesem Zusammenhang müssen wir allerdings an die einzige Jugendliche erinnern, die später an einer Überdosis Heroin gestorben ist (Daniela): nicht bei NAlS, nicht in der nächsten oder übernächsten Hilfeform, sondern im Gefängnis! So viel zu den Kotrollillusionen der Gesellschaft!

Halten wir fest: Weder die oben skizzierten Möglichkeiten von Todesfällen noch Straftaten wie Raub, gefährliche Körperverletzung, Waffenbesitz, Drogenhandel, Nötigung, sexuelle Belästigung etc., von denen etliche Jugendliche in ihren Interviews freimütig berichten, sind in einem offenen, niedrigschwelligen Setting wie bei NAlS prinzipiell verhinderbar. Die NAlS-Mitarbeiter unterstützen die Polizei bei ihren Ermittlungen so gut es geht. Für ihre Straftaten vor, während und nach ihrer Zeit bei NAlS wurden etliche Jugendliche angeklagt und saßen zum Teil mehrfach Gefängnisstrafen ab.

Was das Setting NAlS anbieten kann, sind die „Betreuungsformen 1 und 2 und 3" (siehe Kapitel 2 „Setting"). Diese beruhen in erster Linie auf freiwilliger Inanspruchnahme und setzen die Erreichbarkeit der Jugendlichen voraus. Bleiben die Wohnungskontrollen, die vielleicht mit (dem bis vor wenigen Jahren gängigen Rhythmus von) Einmal in der Woche noch zu selten waren, um Anhaltspunkte für Selbst- und Fremdgefährdungspotentiale so rasch wie möglich zu entdecken. Aber machen wir uns nichts vor: Die Jugendlichen sind sehr wohl in der Lage, alles, was sie verraten könnte, wie z. B. Waffen, Diebesgut oder Spritzbestecke für Heroin, zu verstecken, wenn sie wissen, dass ihre Wohnungen begangen werden. Deswegen ist es unklar, ob häufigere Kontrollen in erster Linie die Kontrollillusion von Behörden befriedigen oder tatsächlich eine effektive Verhinderungsstrategie darstellen. Klar ist dagegen, dass man an dem Pflichttermin, der jeden Dienstag für ca. 30 Minuten stattfindet, als Mitarbeiter/in nur eingeschränkt Risiken erkennen und ihnen auch nur ansatzweise entgegenwirken kann, wenn der Jugendliche sie nicht auch als solche empfindet und darüber reden will.

Einschränkend und kontrollierend können die Mitarbeiter auch deswegen nicht arbeiten, weil im Konzept Sanktionsmöglichkeiten nur in geringem Umfang vorgesehen sind. Diese bestehen lediglich in der

→ Nichtauszahlung des wöchentlichen Beitrages zum Lebensunterhalt,
→ der Kündigung der Wohnung und/oder
→ der Aufkündigung der Betreuung.

Ersteres führt dazu, dass die Jugendlichen verstärkt in Läden der Umgebung stehlen. Die zweite und dritte Sanktionsmöglichkeit beenden die Grundlage der Hilfe. Nach deren Ende gehen die Jugendlichen zurück auf die Straße, wo ihre Gefährdungen noch unsichtbarer werden, oder in die Inobhutnahme, aus der sie sich ebenso leicht entfernen können wie bei NAlS. Andere Sanktionen haben die Jugendlichen auch in anderen Einrichtungen nicht erreicht.

Möglich und sinnvoll ist es trotzdem, dass die Mitarbeiter/innen bei jeder Begegnung mit den Jugendlichen Risikoverhalten mit offenen Augen wahrnehmen. Wo immer ein Verdacht auf massive Straftaten besteht, macht es Sinn die Polizei einzuschalten. Das haben die Mitarbeiter/innen in vielen Fällen auch getan. Dennoch müssen sie darauf achten, die Kontrolldichte nicht zu früh zu hoch zu schrauben. Das führt in vielem Fällen lediglich zu einem noch geschickteren Verbergen oder einer Flucht der Jugendlichen aus dem Setting, in dem sie keinen Sinn mehr für sich erkennen können.

6.3 Systematische Risikoanalyse bei riskant agierenden Jugendlichen in unterschiedlichen Hilfeformen

In diesem Abschnitt wollen wir die Risiken, die bei der Betreuung von jungen Menschen eine Rolle spielen, wenn sie in Settings wie bei NAlS, aber auch in stationären Intensivgruppen oder Gruppen mit Freiheitsentziehenden Maßnahmen betreut werden, systematisch in den Blick nehmen. In einem zweiten Unterkapitel werden wir analysieren, wie sich spezifische Risiken in den einzelnen Hilfeformen typischer Weise darstellen und wie man ihnen verantwortungsvoll, aber ohne Kontrollillusion begegnen kann.

6.3.1 Um welche Risiken geht es?

Sogenannte „schwierige" Jugendliche oder „Hoch-Risiko-Klienten" oder „Systemsprenger" zeichnen sich durch riskante Verhaltensweisen aus, die sie selbst oder andere in unterschiedliche Gefahren bringen können. Wir nehmen an, dass die jungen Menschen ihre riskanten Verhaltensweisen zum Teil mit in die Hilfe mitbringen, weil sie für sie trotz aller damit verbundenen Gefahren Sinn machen und ihnen helfen „schlimme" Gefühle zu bewältigen. Klar ist aber auch, dass diese riskanten Verhaltensweisen abhängig vom institutionellen Kontext und dem Verhalten der Mitarbeiter/innen stark zunehmen oder auch abnehmen können, so dass man sie als Resultate von Interaktionen betrachten muss. Im Folgenden werden sechs unterschiedliche Risikoquellen thematisiert:

1. Selbstgefährdung,
2. Fremdgefährdung,
3. ungewollte Schwangerschaften,
4. Risiken für Mobiliar und Gebäude,
5. Risiken für den Ruf des Trägers und die Belegung und
6. Risiko der vermeintlich klaren Fehlerfokussierung.

Mit den Begriffen „Selbst- und Fremdgefährdung" liegt uns ein, wenn auch relativ unbestimmter, juristischer Terminus vor, der bei der Sortierung dieser Risiken dennoch hilfreich sein kann.

1. **Selbstgefährdung** liegt beispielsweise vor,

→ wenn eine Menge von Alkohol getrunken wird, durch die man seine Steue-
rungsfähigkeit hinsichtlich einer adäquaten „Selbstsorge" verliert; dann
kann man stürzen, sich verletzen, am Erbrochenen ersticken, erfrieren;
sich zu sexuellen (oder auch aggressiven) Handlungen hinreißen lassen,
die einen selbst traumatisieren oder schwer belasten oder zu ungewollter
Schwangerschaft oder Zeugung führen. Im Wiederholungsfall kann man
der eigenen Person (oder im Sinne von Fremdgefährdung dem Kind, mit
dem man schwanger ist,) irreparable toxische Schädigungen der Leber
oder des Gehirns zufügen.

→ wenn eine Menge von Drogen konsumiert wird, durch die man in Wahn-
zustände (drogeninduzierte Psychose) geraten oder das eigene Leben
(oder die Gesundheit) gefährdet bzw. durch die man, wie oben geschil-
dert, seine Selbststeuerung verliert und sich (oder das ungeborene Kind)
schädigenden Konsequenzen ausliefert;

→ wenn selbstverletzendes Verhalten wie Ritzen, Schnibbeln etc., Nahrungs-
verweigerung oder übermäßiges Essen auf eine Weise praktiziert werden,
dass irreparable Schädigungen der Gesundheit eintreten können;

→ wenn Selbsttötungsideen überhand nehmen und zu Handlungen führen,
die das eigene Leben in Gefahr bringen,

→ wenn sich junge Menschen prostituieren oder unsicheren bzw. ihre Würde verletzenden sexuellen Kontakten hingeben und dadurch psychische
wie physische Schäden davontragen (können);

→ wenn sie sich im Zustand von Hocherregung oder psychischer Verwirrung
Gefahren aussetzen, z. B. hektisch und wie blind durch die Straßen laufen
und Opfer von Unfällen oder Überfällen werden;

→ wenn junge Menschen in Abhängigkeitsbeziehungen geraten (Banden,
Sekten, Zuhälter, psychisch kranke Eltern etc.), in denen sie unmündig
gehalten und/oder ausgebeutet werden und an altersadäquaten Formen
der Beschäftigung oder der Freizeitgestaltung gehindert werden (Schule,
Ausbildung, Freunde etc.);

→ wenn junge Menschen z. B. in vermüllten Wohnungen oder auf der Straße
leben und/oder Körperhygiene oder gesundheitliche Probleme (dabei) so
stark vernachlässigen (z. B. Diabetes), dass dies zu anhaltenden gesundheitlichen Schäden führen kann.

Die Aufzählung macht klar, dass man als Beobachter und Verantwortlicher
in vielen Situationen nicht genau wissen kann, ob eine Selbstgefährdung in
der aktuellen Situation schon vorliegt oder nicht bzw. in welchen Zeiträumen
diese Selbstgefährdung akut wird (z. B. wenn ein junger Mensch mit dem de-
zidierten Wunsch losgeht, sich Heroin zu kaufen; oder eine Jugendliche an-

droht, wegzulaufen und sich zu prostituieren?). Ob z. B. Schulverweigerung vor allem in jüngerem Alter als Selbstgefährdung zählen soll, weil man sich selbst damit in massiver Weise Zukunftschancen verbaut, gilt als umstritten. In den meisten Fällen ist eine auf den Einzelfall-bezogene umsichtige Risikobewertung nötig, an der immer mehrere Fachkräfte, aber auch die Personensorgeberechtigten und die jungen Menschen selbst teilnehmen sollten (wenn diese in entspannten bzw. ruhigen Momenten dazu befragt werden können, was nicht ständig, aber immer wieder einmal möglich ist).

2. Fremdgefährdung liegt beispielsweise vor, wenn

→ junge Menschen gewalttätig werden und andere junge Menschen oder Mitarbeiter/innen körperlich angreifen und/oder verletzten oder so massiv bedrohen bzw. terrorisieren, dass diese psychische Schäden davon tragen;

→ junge Menschen andere junge Menschen in sexueller Hinsicht bedrängen und/oder sexuell missbrauchen, indem sie über deren ablehnenden Signale, Vorbehalte und Ängste hinwegsetzen oder das Neugierverhalten deutlich jüngerer Kinder für ihre Ziele ausnützen;

→ sie im Zustand von Hocherregung wild um sich schlagen ohne abzusehen, dass sie dabei (sich = Selbstgefährdung) und/oder andere erheblichen Verletzungsgefahren aussetzen;

→ sie andere Menschen mit Drohungen einschüchtern, um ihnen Angst zu einzujagen, sie zu nötigen, zu quälen oder zu demütigen;

→ sie ihre eigenen gesundheitlichen Risiken ungeschützt an andere weiter geben (Hepatitis, Aids, Geschlechtskrankheiten etc.);

→ im Zuge von Unvorsichtigkeit oder zwanghaftem Verhalten oder auch aus Absicht Brände auslösen, die sie oder andere gefährden.

Das Gesetz schreibt Sozialpädagogen in allen Fällen von „akuter" bzw. „erheblicher" Selbst- und Fremdgefährdung vor, einzugreifen, um „Schäden an Leib und Leben" des jungen Menschen oder Anderer zu verhindern. Dies gebietet zunächst die „Aufsichtspflicht" (nach §§ 1631, 1800 BGB). Tun sie das nicht, kann ihnen Verletzung der „Fürsorge- oder Erziehungspflicht" vorgeworfen werden (§ 171 StGB) und/oder „fahrlässige Körperverletzung" (§ 229 StGB). Die Handlungen gegenüber dem selbst- oder fremdgefährdenden Kind, zu denen zur Verhinderung von Schlimmeren u. U. auch Festhalten oder Überwältigen gehören können, und damit „Freiheitsberaubung" und „Gewalt", werden durch „Notwehr/Nothilfe" (§ 32 StGB) bzw. den „rechtfertigenden Notstand" (§ 34 StGB) legitimiert (Ernst/Höflich 2008).

Schon hier stehen wir vor schwierigen Fragen: sollen die Mitarbeiter/innen z. B. in eine gewalttätige Eskalation zwischen betreuten Jugendlichen oder einem betreuten und einem fremden Jugendlichen selbst eingreifen, oder besser die Polizei anrufen, wohl wissend, dass diese 10 bis 15 Minuten braucht, um vor Ort zu erscheinen? Macht es bei einer 15- oder 16-jährigen Jugendlichen Sinn, sie durch Festhalten oder sich in die Türe Stellen vom angekündigten und mit hoher Wahrscheinlichkeit auch ausgeführten Heroinkonsum oder der zur Geldbeschaffung vorgeschalteten Prostitution abzuhalten? Oder von einem angekündigten Sprung von der Brücke, wenn man nicht genau abschätzen kann, ob die Ankündigung ernst gemeint ist oder in manipulierender Absicht vorgetragen wurde? Insbesondere wenn man weiß, dass die Jugendlichen ihr „Recht" zu gehen durch aggressive Angriffe durchzusetzen versuchen werden, und man sie durch den Verhinderungsversuch zu einer Körperverletzung provozieren wird?

Aber ob man nun sofort eingreift oder noch zuwartet: parallel sind die Mitarbeiter/innen bei akuter und erheblicher Selbst- und Fremdgefährdung dazu verpflichtet, die Polizei und/oder einen Arzt einzuschalten (die Reihenfolge hängt von der Art der Gefährdung und des Risikos ab), damit diese die Situation in Augenschein nehmen können. Diese beschließen, wie mit dem jungen Menschen weiter zu verfahren ist; in der Regel wird er in eine Kinder- und Jugendpsychiatrie gebracht werden. Näheres regeln länderspezifische Psychisch-Kranken-Gesetze (PsychKG) bzw. für die Polizei die Sicherheits- und Ordnungsgesetze.

Soweit die Gesetzeslage. Aber passt diese zur Praxis des Umgangs mit der Zielgruppe von „hochriskant agierenden jungen Menschen" oder sog. „Systemsprengern" in sozialpädagogischen Einrichtungen? Nur wenn folgende Konstellationen bzw. Situationen aktiv mit gedacht werden:

A) Viele junge Menschen agieren so häufig selbst- und fremdgefährdend (manche mehrfach am Tag), dass es gar nicht möglich und auch nicht sinnvoll ist, jedes Mal die Polizei oder die Kinder- und Jugendpsychiatrie einzuschalten.

B) Sehr häufig beenden die jungen Menschen das „selbst- oder fremdgefährdende Verhalten" nach kurzer Zeit oder sofort, wenn die Polizei eintrifft oder sie in der Kinder- und Jugendpsychiatrie vorgestellt werden. Häufig definieren Polizei und Psychiatrie ihre Schutzaufgabe dann so eng, dass sie den „zurechnungsfähig" bzw. vernünftig" erscheinenden jungen Menschen nach einem kurzen Gespräch wieder entlassen bzw. den Mitarbeiter(inne)n aus der Erziehungshilfe (zurück) übergeben.

C) Das ist insbesondere der Fall, wenn junge Menschen in einer Klinik bei vorangegangenen Interventionen als „unbehandelbar" eingeschätzt wurden oder die Belegungssituation in der Klinik die Aufnahme eines weiteren, riskant agierenden Jugendlichen dort verbietet. Manchmal setzt darauf hin eine Transport-Odyssee ein, die den selbst- oder fremdgefährdenden jungen Menschen und den begleitenden Mitarbeiter von einer Klinik zur nächsten Klinik führen kann. Nicht selten landet man nach mehreren Stunden wieder in der Einrichtung, in der die Krise auftrat.

D) Einige junge Menschen möchten mit ihrem Verhalten das Kommen der Polizei oder den Klinikaufenthalt erzwingen; teils, weil sie das im Rahmen ihrer Größenphantasien als Machtbeweis ansehen, teils weil sie mit dem Klinikaufenthalt die Erledigung anderer Aufgaben und Pflichten vermeiden wollen. So kann es sein, dass alle verantwortlichen Erwachsenen überein stimmen, dass der Anruf bei der Polizei oder das Verbringen in die Klinik bezogen auf das „Störungsbild" eher kontraproduktiv ist, weil es das Agieren des Jugendlichen weiter „ankurbelt".

E) Etliche junge Menschen lassen sich vor Ort durch beherztes Eingreifen der Mitarbeiter/innen steuern oder beruhigen, ohne dass man die Polizei anrufen muss; dazu muss man allerdings häufig selbst „handgreiflich" werden und ihnen z. B. ein Messer oder eine Eisenstange abnehmen oder sie überwältigen und festhalten bzw. auf den Boden bringen, worauf sie sich nach kurzer, manchmal auch längerer Zeit mit anfänglicher Gegenwehr, beruhigen. Natürlich birgt auch dieses Verhalten Verletzungsrisiken für alle Beteiligten und vollzieht sich im Rahmen von Rechtsunsicherheit (Ernst/Höflich 2008). Wenn etwas passiert, wird gefragt, warum man als Pädagoge oder Team selbst gehandelt hat und nicht die Polizei oder den Krankenwagen zum Transport in die Klinik angerufen hat. Dennoch wird ein solches proaktives Vorgehen häufig auch von der örtlichen Polizeidienststelle und auch den Ärzten der Kinder- und Jugendpsychiatrie für sinnvoll gehalten und angeraten. Man sieht sich in beiden Institutionen durchaus als Partner der Jugendhilfe, möchte aber auch, dass diese so viele Gewaltprobleme wie möglich selbst löst, d. h. ihnen mit eigenen Mitteln der Intervention und Prävention begegnet. Eine Form dazu besteht in der von Einrichtungen selbst organisierten „Auszeit" d. h. dass in konkreten Situationen von Selbst- oder Fremdgefährdung ein oder zwei Mitarbeiter/innen mit dem jungen Menschen an einen ruhigen geschützten Ort fahren oder laufen, an dem er sich beruhigen kann (vgl. Schwabe 2008). Freilich kann auch dazu Zwang notwendig sein.

F) Andere junge Menschen wollen auf keinen Fall (wieder) in die Psychiatrie oder noch einmal von der Polizei abgeholt werden. Sie sind dankbar dafür, wenn die Mitarbeiter/innen vor Ort die Krise mit selbst- oder fremdgefährdendem Verhalten gemeinsam mit ihnen durchstehen und „auflösen". Sie fühlen sich, im Gegenteil, erneut abgeschoben und nicht ausreichend engagiert „ausgehalten", wenn die für sie zuständigen Mitarbeiter/innen zu rasch oder automatisch andere Professionen und Systeme mit dem Krisenmanagement beauftragen.

Wie man sieht, gibt es mehrere „gute Gründe" (A-F), trotz des Vorliegens von Selbst- und Fremdgefährdung nicht sofort und umstandslos die Polizei oder Kinder- und Jugendpsychiatrie einzuschalten, sondern die gefährdende Situation sehenden Auges auszuhalten oder andere Lösungen für sie zu entwickeln als die gesetzlich vorgegebenen. Gerade im Fall der NAlS-Jugendlichen, die schon zum wiederholten Male von Polizei und Psychiatrie „behandelt" wurden, ohne dass dies zu einer Verhaltensänderung führte, schien das immer wieder angeraten.

Aber noch etwas Zweites schränkt effektives Handeln angesichts von Risikoverhalten ein: etliche junge Menschen agieren **auf sehr versteckte Weise selbst- und fremdgefährdend**, so dass dieses Verhalten über lange Zeit oder immer wieder gar nicht bemerkt wird. Manchmal liegt das an der Naivität oder mangelnden Wachsamkeit bzw. Kontrolle der Mitarbeiter/innen. Manchmal entgehen diesen aber auch monatelang praktizierte kriminelle Machenschaften und/oder sexuelle Übergriffe, obwohl sie angemessen wach wahrgenommen und beobachtet haben. Manchmal stellt sich auch die Frage, ob es angesichts des riskanten Verhaltens Einzelner Sinn macht, die Kontroll- und Aufsichtspraxen in der Einrichtung so hoch zu schrauben, dass alle jungen Menschen dadurch Einschränkungen ihrer Freiheitsrechte oder des Vertrauensniveaus zwischen Erwachsenen und jungen Menschen hinnehmen müssen (z. B. durch das Installieren von Überwachungskameras oder regelmäßige Zimmer- oder Taschenkontrollen etc.).

3. Ungeplante Elternschaft

Schwangerschaft und Geburt eines Kindes stellen für die Mutter und den Vater eine erhebliche Herausforderung dar, der viele Jugendliche in ihrem momentanen Zustand nicht gewachsen sind. Wer selbst eine gute Frühversorgung erlebt hat, kann dieses Gut an sein Kind weitergeben und an dieser Aufgabe wachsen. Aber vielen Jugendlichen fehlt neben der emotionalen und kognitiven Reife eben auch die innere Fähigkeit, ein kleines Kind ausreichend gut zu bemuttern oder zu bevatern. Beziehung mit und/oder Versorgung des Säuglings weisen dann häufig Elemente von Kindeswohlgefährdung auf. Das führt häufig zum Erleben eines erneuten Scheiterns, das in die lange Reihe des eigenen Versagens hinzutritt. Insofern stellt ungewollte Elternschaft ein Risiko für den weiteren Lebensweg der Jugendlichen und zugleich für den Säugling bzw.

das Kind dar. Dabei trifft es die weiblichen Jugendlichen meist härter als die männlichen. Den bei NAlS schwanger gewordenen Müttern musste mindestens zur Hälfte das Kind später, oft noch in der Mutter-Kind-Einrichtung, abgenommen werden, um es in Obhut zu nehmen.

4. Risiken für Mobiliar und Gebäude

Die Zielgruppe, von der wir sprechen, geht nicht gerade pfleglich um mit Gegenständen. Mobiliar wie Betten, Schränke, Stühle, Türen etc. werden häufig zerstört, manchmal im Zuge eines „acting out", bei der die Wut gegen Personen an Sachen ausgelebt wird, was einen Fortschritt in der Wutkontrolle oder der Entwicklung von Rücksichtnahme oder Besorgnis darstellen kann. Manchmal aber auch aus Unachtsamkeit, aus Frustration über das eigenen oder das „Anstaltsleben" oder im Zuge von „Gruppenrandale" (Schwabe 1994). Schlimmer sind Überschwemmungen, vor allem, wenn das Wasser von einer Etage in die darunter liegenden läuft, oder Feuer. Dabei spielt es für die Höhe der Schäden keine Rolle, ob Absicht oder Versehen/Unachtsamkeit verursachend waren.

Die Schäden gingen alleine bei acht NAlS-Jugendlichen im Lauf der Jahre in die Hunderttausende (in Euro). Meist zahlen die Versicherungen ohne große Umstände zu machen. Zu organisatorischen Engpässen, und in deren Folge zu finanziellen Einbußen, kommt es aber trotzdem.

5. Risiken für den Ruf des Trägers und die Belegung

Weit unkalkulierbarer ist das Risiko, das den Ruf des Angebots oder des Trägers betrifft. Ein (Beinahe-)Todesfall oder die Aufdeckung von länger anhaltenden entweder zu laxen oder zu rigiden Kontrollpraxen gegenüber jungen Menschen kann zur Schließung eines Angebotes, zur Entlassung aller Mitarbeiter oder auch zum Ende eines (kleinen) Trägers führen. Oft braucht die Aufarbeitung und juristische Klärung der Vorwürfe mehrere Wochen oder Monate. In der Zwischenzeit kursieren Gerüchte. Die Presse greift den Vorfall auf und skandalisiert ihn häufig in einer unfachlichen Art und Weise. In vielen Fällen geht es nicht mehr um seriöse Aufklärung von wenig informierten Bürgern, sondern um eine „Story", die man „ausschlachten" möchte, um Auflagen zu sichern. Gerade in Wahlkampfzeiten kann ein „saftiger" Jugendhilfeskandal einem Stadtrat oder Bürgermeister den Listenplatz oder die Wiederwahl kosten, wenn die Presse Wind davon bekommt und es ins politische Ränkespiel passt, den Kandidaten „an- oder abzuschießen". Häufig sind die Informationen, die gegeben werden, noch nicht einmal falsch, sondern nur lückenhaft oder verzerrt, so dass sich leicht ein falsches Bild in der Öffentlichkeit hängen bleibt.

6. Risiko der vermeintlich klaren Fehlerfokussierung

Wenn im Rahmen von Sozialer Arbeit dramatische Vorfälle passieren, sind daran bei genauer Analyse zumeist mehrere Personen bzw. Institutionen beteiligt. Zur Logik der Rekonstruktion eines vergangenen Prozesses gehört, dass nachträglich spezifische Handlungen und Unterlassungen ins Auge springen oder entdeckt werden können, denen während des Ablaufes wenig oder eine untergeordnete Aufmerksamkeit geschenkt wurde. Nachträglich ist so etwas wie Fehlerfokussierung möglich. Aber waren diese „gefährlichen" oder „unvorsichtigen" Handlungen und Unterlassungen auch schon während des Prozesses, in dem sie sich mit vielen anderen Handlungen und Unterlassungen verschlungen haben, erkennbar? Manchmal ja: manchmal haben Kolleg/innen einfach fahrlässig gehandelt. Manchmal wurde von Kolleg/innen im Vorfeld auf Versäumnisse und/oder Missstände hingewiesen und wurden diese auf die „leichte Schulter genommen" oder ignoriert. Solche offensichtlichen Fehlerquellen müssen identifiziert und besprochen werden, damit sie in Zukunft möglichst nicht mehr vorkommen. Häufig wäre der schlimme Vorfall aber auch nicht verhinderbar gewesen, weil zu wenig auf ihn hindeutete und sich zu viele Faktoren zu einem „worst case" verdichtet haben.

Wenn etwas „Schlimmes" passiert ist, erwarten Vorgesetzte und offizielle Stellen, dass man es auf eine Ursache oder einen Verursacher zurückführen kann. Fast immer aber haben mehrere Menschen in mehreren Institutionen auf mehreren Ebenen etwas getan oder unterlassen, was ineinander verzahnt ist. Statt bequem zu entsorgender Monokausalität also schwierig zu ergründende Multikausalität. Dass es sich dabei auch um eine Verkettung unglücklicher Umstände handeln kann, dass das Unheil manchmal schicksalhafte Züge trägt, ahnen wir zwar oft. Aber nach außen müssen wir, oder meinen wir zumindest, einen oder mehrere „Schuldige" präsentieren zu müssen. Darum beginnt nach dem „schlimmen" Vorfall ein allgemeines Hauen und Stechen: Einige bringen sich rasch in Sicherheit, indem sie mit Anderen, denen man ebenfalls etwas anhängen könnte, Koalitionen schmieden. Gegenseitige Nicht-Angriffspakte werden geschlossen, „wir waschen unsere Hände in Unschuld!". Wer von den Beteiligten da nicht schnell genug reagiert, Selbstzweifel zu erkennen gibt oder gar eine Teilverantwortung einräumt, wird oft zum Alleinschuldigen gestempelt. Und ganz häufig: den Letzten d. h. den in der Hierarchie am weitesten unten Stehenden oder den, der das operative Geschäft in schlechten Rahmenbedingungen ausführen musste, beißen die Hunde.

Das scheint eine Logik zu sein, die vielen Arbeitsbereichen auch außerhalb der Sozialen Arbeit immanent ist. Gleichzeitig wird die Etablierung einer „Fehlerkultur" postuliert; aber das scheint eher etwas für Sonntagsreden zu sein, gültig eben nur so lange, wie nichts Dramatisches passiert.

In diesen riskanten Prozess der nachträglichen Fehlerzuschreibung können gerade Träger und Mitarbeiter/innen von Diensten, die mit „riskant agierenden Jugendlichen" arbeiten, jederzeit hineingeraten. Wer da einmal drin ist, kommt nicht mehr so schnell wieder heraus. Er kann sich angesichts der häufig maßlos übertriebenen Schuldzuweisungen nicht mit dem auseinander setzen, was er vielleicht tatsächlich falsch gemacht hat und folgt damit oft den anderen, die sich aus ihrer Verantwortung herausgewunden haben. Das ist das Verhängnisvolle an dieser Art der Fehleridentifizierung.

6.3.2 Unterschiedliche Risiken in unterschiedlichen Settings

Die Angebote der Jugendhilfe für die Betreuung der Zielgruppe der „riskant agierenden Jugendlichen" sind sehr unterschiedlich (siehe auch Kap 1.1 und 1.3 B). Dabei kann man sie – zumindest holzschnittartig – zwei Hauptgruppen zuordnen:

A) Settings, die auf dichte Betreuung (meist rund um die Uhr) und ein mittleres bis hohes Maß an Kontrolle setzen; hierzu zählen alle stationären Intensivgruppen, aber auch Formen der Individualpädagogik, in denen der Jugendliche und sein Betreuer(-team) viele Stunden am Tag zusammen sind, sei es in einer Wohnung oder auf Reisen.

B) Settings, die auf einen Freiraum zur Selbstklärung setzen bzw. auf freiwillige Annahme von Angeboten und eher ein niedriges Maß an Kontrolle bieten. Dazu gehören viele Formen von Intensiver Sozialpädagogischer Einzelbetreuung (ISE mit und ohne Wohnangebote wie z. B. bei NAlS oder in Wohnwägen oder auf Campingplätzen) und/oder Formen von aufsuchender Sozialarbeit, bei denen die Jugendlichen auf der Straße oder in der Szene aufgesucht werden und/oder man sie in (stationäre oder mobile) „Anlaufstellen" mit Dienstleistungscharakter einlädt.

Die unter A) zusammen gefassten Settings unterscheiden sich noch einmal in solche, die bei aller Kontrolle und Forderung nach Verbindlichkeit auf ein hohes Maß an Freiwilligkeit und Partizipation setzen, um auf die individuellen Wünsche und Neigungen der Jugendlichen eingehen zu können. Zur Kennzeichnung für diese erste Untergruppe hat sich das, wenn auch missverständliche und ideologisch aufgeladene Label „Menschen statt Mauern" eingebürgert (hier A1). Die zweite Untergruppe besteht aus Angeboten, die dezidiert im „geschlossenen Rahmen" (FM = 1631 b BGB) und/oder mit unverhandelbaren „Zwangselementen" arbeiten und bei denen ein festes Programm zum Erwerb von mehr Freiheiten im Zentrum der Alltagsanforderungen steht (Permien 2010, Schwabe 2008). Auch in diesen können Begriffe wie Beziehungsaufbau und Vertrauen etc. eine wichtige Rolle spielen, aber man beginnt ganz be-

wusst und geplant mit Forderungen und bei Unfreiwilligkeit. Beide Angebotsformen werden von therapeutischen und Trainingsangeboten flankiert (Kom-
petenztraining, Anti-Gewalt-Training etc.) (hier A2).

Es gibt in Deutschland keine systematische Reflexion der Frage, welcher „riskant agierender Jugendlicher" am besten in welchem dieser beiden Haupt-
oder einer der Untergruppen von A1 und A2 besser d. h. mit mehr Entwick-
lungschancen aufzunehmen ist (siehe Kapitel 1.3, D). Darüber entscheiden
meist regionale Zugänge bzw. Angebotslücken zusammen mit fachlichen
Überzeugungen und individuellen Vorlieben bzw. „guten" oder „schlechten"
Erfahrungen einzelner Jugendamts-Mitarbeiter mit konkreten Angeboten und
Anbietern. Und manchmal noch schlichter: Aufgrund des ungeheuren Drucks,
der mit diesen Jugendlichen verbunden ist, sie möglichst schnell irgendwie zu
versorgen , bekommt derjenige Träger aus den Angebotsgruppen A und B den
„Zuschlag", der dem Jugendamtsmitarbeiter zuerst einen Platz anbietet. Die
Kosten für das Entgelt spielen bei diesen Jugendlichen, die keiner mehr haben
will, nur eine untergeordnete Rolle.

Diese Situation scheint uns trotz guter Vorschläge, die bereits vorliegen,
wie z. B. die Etablierung von regional verankerten, interdisziplinären Fallkon-
ferenzen oder Jugendhilfeverbünden, nur schwer reformierbar (Ader/Schrap-
per 2004). Deswegen wird es auch in den nächsten Jahren bei unprofessio-
nellen Vermittlungen bleiben. Für einige Jugendliche ist diese Beliebigkeit
schlimm, weil sie dezidiert in das „falsche" Angebot kommen: d. h. entweder
zu eng und zu rigide geführt werden und sich im Kampf gegen dieses System aufreiben und manchmal auch gebrochen werden oder bei „Scheinanpassung" landen. Oder weil sie in viel zu offenen und unverbindlichen Settings
betreut werden und deswegen (weiter) in „entgrenzte Zustände" geraten, in
denen sie ihr kriminelles oder selbstdestruktives Verhalten noch einmal steigern, um bald im Gefängnis, der Psychiatrie oder, mit spätestens 18 Jahren,
auf der Straße zu landen.

Das Ausmaß, in dem eines der Angebote aus den Gruppen A oder B für
einen konkreten Jugendlichen eindeutig „richtig" oder „falsch" ist, halten wir
für hoch genug, dass sich Hilfeplan-bezogenes Fallverstehen auf jeden Fall
lohnt (Schwabe 2002). Für einen kleineren Teil von Jugendlichen könnte es
allerdings relativ egal sein, in welches Setting sie vermittelt werden. Entscheidend ist für sie eher, welchen konkreten Menschen sie dort begegnen, wie
wach diese sind, wie herzlich, wie sicher sie eine angemessene Nähe-Distanz-
Regulierung handhaben, wie gut sie ihre eigenen inneren Konflikte kennen
und zumindest ansatzweise im Griff haben etc.. Und wie selbstbewusst und
klar sie mit dem riskanten Agieren der Jugendlichen umgehen können.

Mit dieser Einschätzung stehen wir in der Jugendhilfelandschaft relativ alleine: die meisten Trägervertreter kämpfen immer noch um prinzipiell und für alle Jugendliche richtige Betreuungsformen und gegen andere Angebotsformen, die auf jeden Fall „des Teufels sind". Typisch hierfür sind die Kämpfe für oder gegen „Freiheitsentziehende Maßnahmen" oder „GU" (siehe dazu Kapitel 1.3, C).

Die oben analysierten Risiken **verteilen sich auf die Angebotsgruppen teils gleich, teils unterschiedlich. Spezifische Risiken in der A Gruppe** (stationär, dichte Betreuung, mittlere bis hohe Kontrollintensität) sind:

1) Gewalt entlädt sich in der A-Gruppe zu einem hohen Prozentsatz im Binnenraum der Gruppe oder Einrichtung (nach unserer Schätzung 60-90%). Die Atmosphäre dort ist häufig aggressiv aufgeladen und für Jugendliche und Mitarbeiter/innen auf lange Sicht nicht einfach zu ertragen. Wutspannungen, die häufig durch Regelkonflikte mit Mitarbeiter(inne)n entstehen, werden von diesen Jugendlichen oft an schwächeren jungen Menschen abreagiert und führen immer wieder zu Verletzungen und Demütigungen. Mitarbeiter(inne)n gegenüber passieren Verletzungen oft im Übermut und aus Versehen z.B. dass jemandem durch Herumgefuchtel mit einem Ast ein Auge ausgestochen wird oder er so an den Herd geschubst wird, dass er sich mit kochendem Wasser überbrüht.

Mehr oder weniger geplante Attacken auf Mitarbeiter/innen mit der Absicht schwere Verletzungen zuzufügen, kennen wir nur aus stationären Kontexten. So etwa, wenn ein Jugendlicher im Kellerraum des Heimes einem Mitarbeiter, der ihm das Fahrrad repariert, eine volle Glasflasche auf den Kopf schlägt. Oder wenn ein Jugendlicher in einem Auslandsprojekt den Mitarbeiter mit einem Wagenheber niederschlägt. Oder wenn in einer „Bayerischen Clearingstelle" zwei Jugendliche z.B. einen Mitarbeiter mit einem Elektrokabel stranguliert haben, um ihm den Schlüssel abnehmen zu können. Und das, obwohl beide wenige Tage später ihren ersten Ausgang bekommen sollten. In geschlossenen Gruppen kam es mindestens schon zu einem Todesfall, als sich eine Mitarbeiterin dem Versuch dreier Jugendlicher zu entweichen entgegengestellt hat (Pies/Schrapper 2004). Und noch etwas: auch das Risiko der riskant agierenden Jugendlichen, bei einem Einsatz von Körperkraft oder auch von Gewalt von Mitarbeiter(inne)n verletzt zu werden, ist sehr viel höher als in niedrigschwelligen, offenen Settings.

2) Drogenkonsum wird dagegen in stationären Einrichtungen oft schnell aufgedeckt und bearbeitet, aber häufig auch mit einem „Rauswurf" beendet. Der

Drogenkonsum wird natürlich häufig fortgesetzt und so lediglich in Einrichtungen oder Dienste des Typs B verschoben.

3) Sexuelle Übergriffe finden unserer Wahrnehmung nach in stationären Settings häufiger statt, weil es hier regelmäßig zu Gelegenheiten kommt, in denen man anderen jungen Menschen nackt oder im Schlafanzug begegnen kann (Bäder, Toiletten, Schlafzimmer). Die „Täter" (jugendliche Bewohner ebenso wie Mitarbeiter) fischen oft im eigenen „Pool".

Die spezifischen Risiken in der B- Gruppe (Freiraum freiwillige Angabe, wenig Kontrolle) hängen damit zusammen, dass sich Betreute und Betreuer weniger häufig und gleichzeitig in unverbindlicheren Situationen begegnen:

1) Gewalt entlädt sich sehr viel häufiger im Sozialraum. Die Atmosphäre zwischen Jugendlichen und Mitarbeiter(inne)n ist in der Regel sehr viel entspannter als in stationären Gruppen. Ein Nachteil ist, dass die Mitarbeiter/innen oft sehr viel weniger „Spezialisten im Umgang mit Gewalt" sind als ihre Kolleg/innen aus den offenen oder geschlossenen Intensivgruppen.

2) Drogen- und gefährlicher Alkoholkonsum bleiben oft längere Zeit unbemerkt; dadurch können sie sich auch im Rahmen einer Betreuung intensivieren oder chronifizieren.

3) Dasselbe gilt für Art und Ausmaß von Depression und Suizidalität; diese können bei den wenigen Begegnungen verborgen und übersehen werden.

4) Gemeinsame Auftritte von Jugendlichen, die losziehen, um andere Jugendliche zu provozieren und/oder zu überfallen oder um gemeinsam in organisierter Weise hochpreisige Produkte zu stehlen (Alkoholika, Schmuck, Handys etc.) und an Hehler weiter zu verkaufen, dürften in Settings der Gruppe B länger unbemerkt bleiben und häufiger auftreten.

5) Ungewollte Elternschaften treten in offenen Settings häufiger auf, da das sexuelle Leben der Jugendlichen unreglementiert verläuft. Allerdings dürfte das Risiko in koedukativen stationären Wohngruppen nicht sehr viel niedriger liegen.

Die Möglichkeit, „Opfer" eines von der Presse ausgeschlachteten Vorfalls oder einer aus dem Prozess der Fehlerzuschreibung entstandenen Skandalisierung zu werden, ist in beiden Angebotsgruppen A und B gleich hoch. Hier trifft es

häufig eher die Einrichtungen, die vermeintlich als besonders „progressiv"
und „liberal" oder „repressiv" gelten, weil sie durch ihr dezidiertes Profil immer auch Kritiker und Neider auf den Plan rufen.

Wie man sieht, sind beide Angebotstypen in gleichem Maß mit teils ähnlichen, teils unterschiedlichen Risiken verbunden. Es besteht kein Anlass von
einer Angebotsgruppe (A oder B) auf die andere herabzuschauen und zu meinen „die machen es sich einfach!". Mit der beschriebenen Zielgruppe sitzen
alle gegenüber der Öffentlichkeit in einem Boot.

**Das Schutzbedürfnis der Gesellschaft spricht für stärker kontrollier-
te oder geschlossene Gruppen. In diesen werden allerdings die Mitarbei-
ter/innen und die gleichzeitig untergebrachten, jungen Menschen mit
einem hohen Maß an Wut und Gewalt konfrontiert, das zu Ängsten bis
hin zu körperlichen Verletzungen und/oder seelischen Traumatisierungen führen kann. Das Selbstbestimmungsparadigma derselben Gesellschaft, die so repressionsfrei wie möglich erziehen will, spricht dagegen
für offene Angebote. Damit werden aber Gewalttaten und Verelendung,
die diese Jugendlichen „begleiten", im öffentlichen Raum sichtbar und
erlebbar. Beide Alternativen sind mit – unterschiedlichen – Risiken behaftet. Risikofreie Alternativen gibt es im Umgang mit dieser Zielgruppe
nicht.** Was will die Gesellschaft? Sicherlich lässt sich das nicht klären, weil
es die Gesellschaft nicht gibt, lediglich sehr unterschiedliche und heterogene
Gruppen. Dennoch wäre es an der Zeit, dieses Thema auch außerhalb der Jugendhilfe offen zu diskutieren.

6.4 Wie sieht ein „achtsamer" und fairer „Umgang" mit Risiken in diesem Arbeitsfeld aus?

Angesichts der Zielgruppe „riskant agierender Jugendlicher" stellt sich die
Frage, welchen Risiken man sich als Träger und Mitarbeiter/in mit deren Betreuung einhandelt. Oder: welche Begrenzungen im Hinblick auf eine möglichst offene und aushaltende Betreuung muss man hinnehmen, wenn man
Risiken so weit wie möglich ausschließen und sich ein hohes Maß an „Rechtssicherheit" bewahren möchte? Unsere These ist, dass diese Fragen in der
Jugendhilfe noch nicht mit der gebührenden Sorgfalt diskutiert werden. Entweder wird so getan, als ob Risikominimierung und Rechtssicherheit mit ein
paar einfachen Richtlinien und Verfahren organisiert werden können. Und
zwar, ohne dass das fachliche Nachteile mit sich brächte. Oder die Risiken
werden nicht wirklich klar in den Blick genommen und zu umstandslos auf
die eigenen Schultern geladen, häufig auch mit einem kritischen Habitus
gegenüber Polizei und Psychiatrie, denen gegenüber man sich in der „freien"
Jugendhilfe als das „bessere" System dünkt.

Beide Haltungen sind nicht nur falsch, sondern auch gefährlich, weil sie „Scheinwelten" aufbauen, die durch reale Vorkommnisse oft abrupt zerstört werden.

Stattdessen empfehlen wir angesichts der besonderen Zielgruppe eine Haltung, die um die Permanenz und Unaufhebbarkeit vieler Risiken und damit auch der bestehenden Rechtsunsicherheit weiß, sich aber gleichzeitig intensiv um Formen und Verfahren der Risikoeinschätzung und Risikovermeidung bemüht.

Hier **sieben unverzichtbare Eckpfeiler** für ein halbwegs sicheres Risikomanagement in den beiden Angebotstypen A und B:

1) Gemeinsam getragenes Risikobewusstsein: Allen Beteiligten muss klar sein, welche Risiken die Arbeit mit diesem Klientel mit sich bringt und wie viel Unsicherheit im Umgang mit diesen konstitutiv für das Handlungsfeld bleibt. Gleichzeitig muss klar sein, welche Interventionsformen (dazu gehören auch „Nicht-Interventionen") Mitarbeiter/innen nutzen sollen oder dürfen und worauf sie verzichten sollen oder müssen. Öffentlicher und Freier Träger tragen die damit verbundenen Risiken gemeinsam und handeln miteinander aus, wie dies konkret möglich ist. Häufig muss man dazu das Landesjugendamt als Vertreter der einzelnen Jugendämter – am besten schon in die Konzeptionierungsphase – mit einbeziehen. Gemeinsame Strategien für den Umgang mit „schlimmen" Vorkommnissen und Fehlern sollten im Vorfeld vereinbart werden. Pressesprecher oder im Umgang mit den Medien geschulte Mitarbeiter/innen sollten vorab informiert werden, welche Aufgaben auf sie zukommen können.

2) Allen anfragenden Jugendämtern und allen Sorgeberechtigten müssen vor Aufnahme (!) in einfach gehaltener, aber schriftlicher Form darüber informiert werden, welchen Risiken junge Menschen in der jeweiligen Form der Betreuung ausgesetzt sind, welche kontrollierbaren Verpflichtungen der Träger hinsichtlich der Risikominimierung eingeht, aber auch welche Risiken „unwägbar" bleiben und deswegen nur von allen gemeinsam ge- bzw. ertragen werden können. Sicher kann man das besser machen als auf den „Beipackzetteln" von Medikamenten, die häufig eher verunsichern als aufklären. Aber die Grundidee ist dieselbe: Hilfe im Kontext Sozialer Arbeit ist mit Risiken verbunden, über die man offen sprechen muss.

3) Risikoträchtige Orte, Gegenstände und Situationen müssen im Vorfeld und anhand der laufenden Erfahrung der Mitarbeiter/innen identifiziert und ein fachlicher Umgang mit ihnen schriftlich vereinbart werden. In einer Einrichtung kann das heißen, dass man die Messer wegschließt und regelmäßige

Zimmerkontrollen durchführt; bei NAlS kann das heißen, dass man Kontrollgänge in den Wohnungen nur zu zweit durchführt, gefährliche Gegenstände entweder fotografiert, damit sie in den Dienstagsgesprächen thematisiert
werden können, oder auch sofort mitnimmt etc. In vielen Einrichtungen hat
sich dafür zusätzlich die Rolle eines „Sicherheitsbeauftragten" bewährt, d. h.
eine Stabsstelle, die einen direkten Draht zu Vorgesetzten hat und speziell dafür verantwortlich ist, Sicherheitsbelange von jungen Menschen und Mitarbei-
ter(inne)n zu vertreten.

4) Gleichzeitig muss es – wie jetzt auch bei NAlS – Checklisten geben, mit denen
sich die Mitarbeiter/innen vor Ort die Risikointensität mit Blick auf konkrete
Jugendliche oder auf einzelne Situationen immer wieder selbst verdeutlichen
können. Ab einer gewissen Risikohöhe muss die Verantwortung auf noch mehr
Schultern verteilt werden: es muss jedem Mitarbeiter klar sein, wann Leitung,
(Landes-)Jugendämter, Eltern, Polizei informiert werden müssen. Und es muss
klar sein, wer die verantwortlichen Partner für eine interdisziplinäre „Helfer-
konferenz" sind und wie rasch diese an einen Tisch kommen können. Dies geschieht freilich um den Preis, dass Andere (wie z. B. das Jugendamt oder die
Polizei) die Betreuung abbrechen, auch wenn die Mitarbeiter/innen den Jugendlichen noch weiter ausgehalten hätten. Für solche Fälle ist es wichtig vor-
zubereiten, wie Transparenz gegenüber den anderen Betreuten geschaffen und
demjenigen, der gehen muss oder inhaftiert wird, ein halbwegs guter Abschied
ermöglicht werden kann (manchmal erst im Nachhinein möglich).

5) Fragen nach Sorgen und Ängsten von Mitarbeiter(inne)n in Bezug auf die
eigene Sicherheit bzw. Gesundheit oder die der Betreuten müssen bei jedem
Teamgespräch gestellt werden. Man wird nicht immer dem „ängstlichsten"
Mitarbeiter folgen können, und doch muss es möglich sein, den Kontakt mit
bestimmten Jugendlichen abzulehnen, ohne dass man als Teammitglied das
Gesicht verliert.

6) Als Verantwortlicher (Erziehungsleiter etc.), aber auch als externer Berater
oder Supervisor ist es wichtig auf die Sprache der Mitarbeiter/innen zu achten; diese imponiert häufig durch Flapsigkeit („hab ich eine auf die Mappe bekommen") und/oder unangemessene Dramatisierung („der bringt noch mal
einen von uns um!"). Beides sind Hinweise darauf, dass es im Team Blockaden
hinsichtlich der gemeinsamen Kommunikation über Ängste und Sorgen gibt.

7) Eine gute und schnell zugängliche rechtliche Beratung für die Mitarbeiter/
innen muss vorgehalten werden, damit diese sich in komplizierten Situationen, in denen mehrere Rechtsgüter zur Abwägung anstehen, rechtlich infor-

mieren können; aber auch ein institutionell zu Verfügung gestellter Rechtsbeistand, wenn es zu Beschwerden oder Anzeigen kommt, man aber im Rahmen der institutionell erwünschten Praxis und damit auch der bewusst in Kauf genommenen Rechtsunsicherheit korrekt gehandelt hat.

Was aber ist „korrekt"? Das was die Verantwortlichen in der Einrichtung für fachlich angemessen und konzeptionell begründet halten und so auch mit Jugendämtern, Heimaufsicht und Personensorgeberechtigten in mündlicher und schriftlicher Form kommuniziert haben, so dass diese sich davon ein Bild machen können.

Diese Definition macht deutlich, dass die Bandbreite des „Korrekten" sehr unterschiedlich sein kann. In einer Einrichtung kann das Wegnehmen der Bekleidung, um das Abhauen einer Dreizehnjährigen zu verhindern, oder das sich einem Fünfzehnjährigen in den Weg stellen, der droht die Autos der Mitarbeiter zu demolieren, als ein fachlich guter Umgang mit Risikoverhalten gelten. In anderen Einrichtungen würde man das Wegnehmen der Kleider als zu harschen Eingriff in die Freiheitsrechte des Mädchens ansehen oder als unnütze Form der Einschränkung, weil es den Weglaufwunsch nur akut verhindert, aber nicht wirklich bearbeitet. Und bei der angedrohten Autobeschädigung wird mancher Leiter sagen, „richtig so, weil dafür zahlt keine Versicherung", und ein anderer, dass es für den Mitarbeiter zu gefährlich war sich mit dem Jugendlichen mit der Eisenstange zu konfrontieren, da es bei den Autos „nur" um Sachbeschädigung gegangen wäre, der Mitarbeiter aber mit seinem Einsatz die eigene Gesundheit gefährdet hat.

Die organisationskulturellen Bandbreiten in diesem juristisch vorab nur eingeschränkt fest zu legenden Feld sind erheblich. Damit soll nicht behauptet werden, dass der Umgang mit solchen riskanten Situationen beliebig zu gestalten ist. Sehr wohl aber, dass es angesichts auch nur geringfügig (!) unterschiedlicher Zielgruppen in unterschiedlichen Hilfeformen unter dem Dach unterschiedlicher Konzeptionen und innerhalb unterschiedlicher Organisationskulturen und auch innerhalb unterschiedlicher Auftragsverhältnisse von Seiten des Jugendamtes sehr unterschiedliche Gestaltungsformen geben kann, die zunächst gleichermaßen Anspruch auf fachliche Begründetheit haben. Und die mit je anderen Vor- und Nachteilen bzw. ähnlichen oder unterschiedlichen, meist aber gleich hohen Risiken behaftet sind. Diese sollte man genau kennen, gegeneinander abwägen und selbstbewusst dazu stehen. Risikofreie Betreuungsformen gibt es mit dieser Zielgruppe nicht. Wenn es „Unfälle" und „Katastrophen" gibt, und die gibt es irgendwann, ist man zwar immer noch „tief betroffen" und „menschlich verstört" aber vorbereitet. Mehr kann man nicht tun.

Zurück zu NAlS: MitarbeiterInnen und Leitungskräfte in Projekten wie diesem müssen in der Lage sein, die Risiken, die mit der Aufnahme eines spezifischen Jugendlichen oder mit dem Zusammentreffen mehrerer „riskant agierender Jugendlicher" im Binnenraum des Projekts, ständig wach und aufmerksam zu registrieren. Und dürfen zugleich nicht zu ängstlich werden und zu früh einen Fall ablehnen oder eine riskante Gruppensituation entzerren wollen, weil sie für diese Zielgruppe eine „Bleibe auf Zeit" anbieten wollen und sollen. Sie müssen die Risiken bei den Jugendlichen sehenden Auges aushalten, weil genau dieses Aushalten der Motor dafür sein kann, dass die Jugendlichen wieder mehr für sich und ihr Leben in Verantwortung gehen. Aber sie müssen auch ihre eigenen Sorgen und Befürchtungen hinsichtlich Selbst- und Fremdgefährdung ernst nehmen und im Sinne einer kontinuierlichen Prozessbeobachtung genauer verifizieren oder relativieren. Das bedeutet auch, dass sie ihre einmal getroffene Entscheidung für eine Betreuung immer wieder in Frage stellen und gegebenenfalls revidieren müssen: „Ja, wir wollten diesen Jugendlichen betreuen. Ja, wir haben ihn betreut, aber jetzt wollen wir ihn aus bestimmten Gründen nicht mehr weiter betreuen!".

Und vor allem müssen sie dafür sorgen, dass sie ihr Wissen um Risiken, die mit dem Jugendlichen oder seiner Betreuung verbunden sind, gut dokumentieren und rasch an die Jugendämter weiter geben, damit sie nicht in die Situation kommen, Risiken alleine verantworten zu müssen. NAlS-Jugendliche kann man nur im Schulterschluss von Öffentlichem und Freiem Träger aushalten. Für sie bedarf es einer Risikopartnerschaft. Jeder der beiden Partner muss die Möglichkeit haben, die Reißleine zu ziehen und die Hilfe in diesem Fall zu beenden. Die Frage stellt sich allerdings, was dann?

In Frage kommen bei selbst- und fremdgefährdendem Agieren
→ (erneut) Inobhutnahme-Stellen,
→ Druck machen auf Richter, damit diese U-Haft(-Vermeidung) anordnen oder die Gerichtsverhandlung früher ansetzen,
→ Freiheitsentziehende Maßnahmen nach § 1631b BGB bzw. §§ 70 ff FGG,
→ Einweisung in eine Klinik durchsetzen über PsychKG.

Insofern geht es auch darum die Grenzen des eigenen Angebots nüchtern in den Blick zu nehmen. Und dies, ohne eine rasche und scheinbar plausible Antwort für Fallkonstellationen zu wissen, deren Kern gerade darin liegt, dass es keine einfachen und risikolosen Antworten in Bezug auf die sich dort manifestierenden Probleme gibt. Kein Angebot und keine Hilfeform sind für alle „schwierigen" Jugendlichen geeignet.

7 Wirkungen und Erfolge bei NAlS

In diesem Kapitel sollen die Daten aus Interviews (7.1) und Aktenanalyse (7.2) unter dem Aspekt des Erfolges und der Wirkung von NAlS betrachtet werden. Der Blickwinkel auf die Interviews ist hier ein anderer als in Kapitel 4, in dem es um eine Rekonstruktion der eigenen inneren Sicht der Jugendlichen auf ihre Zeit bei NAlS ging. Hier dagegen stehen Bewertungen im Vordergrund, die in Form von „Erfolgskriterien" von außen an die Interviews und an die in den Akten vorgefundenen Verlaufsdarstellungen herangetragen werden. Die 47 Interviews und die 105 Akten wurden unabhängig voneinander ausgewertet; aus datenschutzrechtlichen Gründen war es allerdings nicht möglich die Angaben aus Interviews und Akten aufeinander zu beziehen. Insofern war es zu Beginn der Auswertungen nicht absehbar, zu welchen Aussagen beide Analysen führen werden. Im Nachhinein kann man sagen, dass sich diese beiden Quellen hinsichtlich der Frage nach Wirkung und Erfolg eher bestätigen als widersprechen.

Ergänzt werden diese professionellen „Erfolgs-Einschätzungen" durch eine Bewertung der Jugendlichen, die im Rahmen des Interviews darum gebeten wurden, aus ihrer persönlichen Perspektive zu sagen, ob sie NAlS für sich als hilfreich und nützlich ansehen (7.3).

Auf eine methodische Schwierigkeit sei hier noch hingewiesen: der Beobachtungszeitraum des weiteren Lebensweges nach Beendigung von NAlS war bei den Jugendlichen unterschiedlich lang. Bei den Interviews variiert er zwischen zwei und zehn Jahren; bei der Aktenanalyse zwischen einem halben und zwölf Jahren. In einem längeren Beobachtungszeitraum ist mehr Lebenszeit verstrichen und es können sich mehr Dinge ereignet haben als in einem kürzeren. So kann es sein, dass sich manche Jugendliche erst fünf oder sieben Jahre nach NAlS grundlegend stabilisieren und die „zu früh" Befragten (oder Akten mit einem kurzen Zeitfenster nach NAlS) um die Kenntnis einer letztendlich doch noch gut ausgegangenen Entwicklung gebracht werden. Aber auch der umgekehrte Fall ist denkbar, dass bei früh einsetzender Stabilisierung ein Rückfall eingetreten ist, der außerhalb des Zeitfensters der vorliegenden Untersuchung liegt. Für die folgenden Auswertungen wurden trotz dieser Problematik alle Fälle als Gesamtgruppe betrachtet und die Länge des Beobachtungszeitraums nicht berücksichtigt. Der Hauptgrund dafür liegt in der geringen Fallzahl. Die Ungenauigkeiten und Unschärfen, die sich durch eine solche Zusammenführung ergeben, werden an dieser Stelle hingenommen und müssen bei der Bewertung der Ergebnisse berücksichtigt werden.

Ein weiteres methodisches Problem besteht in der Festlegung der Kriterien, anhand derer ein Entwicklungsverlauf oder -stand als günstig oder weniger günstig, also als erfolgreich beurteilt wird. Hier wurde als Maßstab angelegt, inwieweit sich in den Verläufen Veränderungen in Richtung auf ein „halbwegs abgesichertes" und „sozial zufriedenstellendes" Leben andeuten bzw. deutlich sind. Als Hinweise darauf wurden gewertet: ein Schulbesuch stabilisiert sich, Schulabschlüsse werden gemacht, die Berufsausbildung wird aktiv angegangen, die Beziehungen zu den Eltern oder anderen Bezugspersonen verbessern sich, eine Therapie wird begonnen, Suchtprobleme reduzieren sich, eine Partnerschaft mit Kind wird eingegangen und „hält", selbständiges oder auch betreutes Wohnen ist möglich, Schuldenprobleme werden geklärt, eine Anschlusshilfe wird angenommen und verstetigt sich usw.. Die Bewertungen der Fälle vor dem Hintergrund dieser Folien von „Normalität" erfolgten in der Diskussion des Forschungsteams. Bewertungen zu einigen wenigen, unklaren oder widersprüchlichen Verläufen wurden von mehreren Ratern unabhängig vorgenommen und anschließend verglichen. Eine systematische Übereinstimmungsanalyse wurde nicht durchgeführt.

Bei den **47 Interviews** erfolgte die Einordnung in insgesamt drei Entwicklungskategorien, und zwar:

a) Mittelfristig positive Entwicklung auch nach schweren Krisen und Komplikationen. Die Jugendlichen haben Schulausbildungen, Ausbildungen, Therapien etc. abgeschlossen oder sind dabei diese ernsthaft anzugehen. Damit haben die Jugendlichen eine deutlich positive Trendwende vollzogen.

b) Mittelfristige Stabilisierung auf niedrigem Niveau: Einige Probleme haben die Jugendlichen in den Griff bekommen, (neue oder alte) Gefährdungen bestehen aber fort. Sie können eine eigene Wohnung halten. Ein Abrutschen in schwere Krisen oder andauernde Verelendung ist aber immer noch möglich.

c) Mittelfristig problematische Entwicklung: Alte Probleme, die schon während der Zeit bei NAIS eine Rolle spielten, haben sich chronifiziert oder sind eskaliert und/oder neue Probleme sind verschärfend dazu gekommen.

In der **Aktenanalyse** wurde ein vierstufiges Rating zum Entwicklungsstand vorgenommen (sehr positiv bis sehr negativ), hinzu kamen die beiden Kategorien „stagnierend" und „wechselnd". Die Einschätzungen erfolgten auf der Basis der diversen Unterlagen in den Akten, Hilfeplangesprächen, anderen Unterlagen und Gutachten. In der Aktenanalyse erfolgten solche Einschätzungen für verschiedene Zeitpunkte des Hilfeverlaufs, um Veränderungen aufzeigen zu können. Folgende Zeitpunkte **wurden** einbezogen:

→ Stand am Ende der letzten Hilfe vor NAIS,
→ Stand während NAIS,
→ Stand am Ende von NAIS,
→ Stand am Ende der letzten (dokumentierten) Hilfe nach NAIS.

Datenbasis für diese Auswertung bilden alle 105 Akten, wobei eine Einschätzung zum Entwicklungsstand nicht für alle aufgeführten Zeitpunkte möglich war, weil in den Akten entsprechende Angaben fehlten. So war beispielsweise eine Einschätzung für die letzte Hilfe vor NAIS nur in 77 Akten und für die letzte Hilfe nach NAIS nur in 42 Akten möglich.

7.1 Einschätzung der mittelfristigen Entwicklungen auf Grundlage der Interviews

Werden die oben aufgeführten drei Kategorien zur Bewertung des Entwicklungsverlaufs auf die Selbstaussagen der Jugendlichen (Interviews) angewendet, ergeben sich die folgenden Aussagen und Zahlenverhältnisse.

18 Jugendliche können auf eine gute Entwicklung nach NAIS verweisen; sei es in Form von Schulabschlüssen und/oder Drogenfreiheit und/oder gelingender Elternschaft und/oder Beendigung der kriminellen Karriere (und zumeist auch der Verfolgung durch Gerichte). Das sind – wenn man bei so kleinen Stichproben überhaupt mit Prozenten arbeiten kann – ungefähr 38 %. Bei den weiblichen Jugendlichen fällt diese Trendmeldung sehr viel klarer aus (mit über 50 %) als bei den männlichen (um die 25 %). **Positive Werte um die 30 % stellen bei aller gebotenen methodischen Vorsicht eine gute Erfolgsrate dar.** Denn bei einer hoch belasteten und riskant agierenden Klientel kann man nach einer Faustregel, die auch in anderen Evaluationen bislang bestätigt wurde, zumindest grob die folgende Aussage treffen: Ein guter Erfolg eines Settings liegt vor, wenn nach Untersuchung durch fremde (!) Evaluatoren ein Drittel des Klientel angefangen hat, sich gut zu entwickeln, ein Drittel sich zumindest auf niedrigem Niveau stabilisiert hat und nur ein Drittel weiter eskaliert bzw. eine lang anhaltende Negativ-Karriere einschlägt (Kinney/Haapala 1991, Hoops/Permien 2006, Raschke/Schliehe/Grönemayer 1985, Sherman/Gottfredson u. a. 1997, Schwabe 2007, Stadler 2005). Bezogen auf diese allgemeine „Messlatte" schneidet NAIS gut ab.

Tabelle 4: Einschätzung von Verläufen nach NAlS; Datengrundlage „Interview"

Entwicklung	Positiv	Stabilisierung auf niedrigem Niveau	Negativ chronifiziert, eskaliert
Männliche Jugendliche (n = 27)	7	15 (4 7 4)	5
Weibliche Jugendliche (n = 20)	11	8 (1 7 0)	1
Gesamt (n = 47)	18 (38 %)	23 (49 %) (5 14 4)	6 (13 %)

Was bedeutet dieser Erfolg für das Setting NAlS? Die Interviews, d.h. die Aussagen der Jugendlichen, legen nahe, dass die Trendwende selten noch während der Zeit bei NAlS erfolgt. Eine Ausnahme bilden die Jugendlichen des oben beschriebenen Cluster 4 „Bald (wieder) Struktur suchend" bei den männlichen bzw. „Freiraum mit Strukturen" bei den weiblichen Jugendlichen. Bei vielen Jugendlichen scheinen sich die positiven Entwicklungen mittel- und langfristig, d.h. erst in der nächsten oder übernächsten Hilfe oder noch später abzuzeichnen. Interessant ist, dass die Aktenanalyse in diesem Punkt zu etwas anderen Ergebnissen kommt (siehe unten).

Die Verantwortlichen und Mitarbeiter/innen bei NAlS können jedoch mit Fug und Recht behaupten, dass sie und das Setting diese Jugendlichen in ihrer schwierigsten Zeit ausgehalten und begleitet haben und zumindest für die Hälfte einen gelungenen Übergang in eine nächste Hilfeform geebnet haben. Dafür war auf Seiten der Jugendlichen – wie die Interviews belegen (siehe vor allem Hanna, Henriette, Tamara, Frank, Norman, Raffael) – die Erfahrung eines weitgehend unreglementierten Lebens wichtig: Für viele Jugendliche fing das Nachdenken über regelhaftes Verhalten und Normenbezug wie z.B. Schulbesuch oder Arbeit erst wieder an, als diese Themen von Seiten der Erwachsenen eine ganze Zeitlang dispensiert blieben. Und zwar eindeutig und ohne Zeitbegrenzung. Erst die Erfahrung dieses Freiraumes, der immer auch eine „Leere" beinhaltet, hat die Möglichkeit eröffnet, selbst wieder Normalität oder zumindest weniger Stress für sich selbst zu wollen.

Dem Setting NAlS kann man auf keinen Fall vorwerfen, dass es regelhaft oder in der Mehrzahl für die dort angekommenen Jugendlichen in Verwahrlosung und Verelendung mündet; als Zwischenphasen und als Tiefpunkt sind diese durchaus möglich, bleiben aber nicht oder zumindest nicht unbedingt von Dauer. 18 von 47 Jugendlichen d.h. 38 % bleiben nicht in dieser Phase stecken, sondern überwinden sie weitgehend und nachhaltig.

In einigen Fällen leisten die Mitarbeiter/innen bei NAlS aber doch Weichstellendes und Bahnbrechendes. NAlS hat nach den Angaben von drei jungen Frauen ihr Leben gerettet (ähnliches schildert allerdings auch Stadler von weiblichen Jugendlichen aus der GU/FM, Stadler 2005, 92). Sie balancierten lange Zeit nahe am Abgrund und gerieten immer wieder in Lebensgefahr (vergl. Kapitel 6.1). Diese Mädchen geben durchaus zu, noch längere Zeit ernsthafte Schwierigkeiten gehabt zu haben, aber haben doch die entscheidende Weichenstellung mit NAlS-Mitarbeiter(inne)n während ihrer Zeit bei NAlS vollzogen: raus aus der Todeszone und hin zum Leben (Anna, Melanie, Tamara).

Die Kernkompetenzen des Settings und der Mitarbeiter/innen scheinen in den Bereichen Versorgung mit Wohnraum, Freiraum gewähren, Aushalten und Zugänglichkeit der Erwachsenen zu liegen. Diese münden bei einigen wenigen Personen in eine „Rettung", unterstützen bei Cluster 4 die (Wieder-) Annäherung an Alltagsstrukturen und bei etlichen Anderen in die Vorbereitung der nächsten Hilfe, die noch nicht eine neue Entwicklungsetappe darstellen muss, aber zumindest einen ersten Anlauf in diese Richtung. Perspektiventwicklung im engeren Sinn oder Motivierung für die nächsten aktiven eigenen Schritte scheint dagegen keine Stärke des Settings darzustellen. Dazu dürfte der Freiraum zunächst und auch über die ersten drei, vier, fünf Monate hinweg von vielen Jugendlichen als zu attraktiv und aufregend erlebt werden. Was man in dieser „wilden" Zeit alles an Attraktionen und „Angstlust" erleben kann (Balint 1972), lenkt eben auch gut von den eigenen Problemen ab.

Die eigene Perspektive klärt sich oft erst nach der Zeit bei NAlS; während der Zeit bei NAlS scheint es zunächst eher gut zu sein, (noch) keine zu haben, um in den Tag leben zu können. Ziele, die als echt und eigen erlebt werden, scheinen oft erst später aufzutauchen. Aber auch nach NAlS wird es bei vielen Jugendlichen nicht sofort besser, sondern erst nach mehreren Auf und Abs. Alle Entwicklung braucht Zeit.

Für 23 Jugendliche erfolgt auf der Grundlage der Interviews die Einschätzung, dass sie sich zwei bis zehn Jahre nach ihrer Zeit bei NAlS **auf niedrigem Niveau stabilisiert haben**. Fünf von ihnen mit einer deutlichen Tendenz zu einer positiven Entwicklung und vier mit einer Tendenz in eine eher negative Richtung. Aber alle haben sich irgendwie eingerichtet und wohnen bereits einige Zeit in einer eigenen Wohnung. Das ist viel und wenig zugleich. Gemessen an der ursprünglichen Heftigkeit ihrer Dissozialität oder ihrer Todesnähe und der tragischen familiären Verstrickungen kann man darin zumindest eine Art Kompromissleistung sehen: Die Jugendlichen leben noch; sie machen zwar keinen freien Gebrauch von ihren Fähigkeiten und ihrer Lebendigkeit.

Sie leben ein Nischenleben und sind von staatlicher Alimentierung abhängig. Das ist für 20 bis 27-jährige Menschen wenig und kann wieder in prekärere Lebensumstände umschlagen, z.B. wenn jemand die Wohnung verliert, den Partner oder die Kinder. Immerhin hat sich die Dramatik und Risikointensität ein ganzes Stück in ihrer „Verlaufskurve des Erleidens" (Schütze 2006) gemildert. Sie leben nicht mehr so laut und grell und bandenförmig wie in ihrer Zeit bei NAlS, sondern eher leiser, ein wenig vernünftiger, zurückgezogener und für sich. Ihr Leben hat vielleicht an Power und Strahlkraft verloren, dafür ist auch die Selbst- und Fremdgefährdung nicht mehr so akut oder mehr zu einem Thema im Hintergrund geworden. Etliche pendeln in ihrer Selbstdarstellung zwischen Selbstvorwürfen, Glorifizierung der Vergangenheit und Resignation. Wenn Kinder mit im Haushalt leben, können die auf niedrigem Niveau stabilisierten Erwachsenen für jene natürlich auch entwicklungshemmend wirken. Was haben diese Kinder für Vorbilder vor Augen? Dürfen sie es besser machen als ihre Eltern oder müssen sie diesen auf ihrem prekären und desolaten Lebensweg folgen, um „gute" Kinder zu sein? Eine Problemperspektive über mehrere Generationen wird hier sichtbar.

Gleichzeitig ist es immer noch möglich, dass sich auch in dieser Teilgruppe, zu der deutlich mehr Männer als Frauen gehören, Menschen noch positiv entwickeln. Oder gerade ihren Kindern eine andere Entwicklung gönnen und diese fördern. Dazu müsste man die ehemaligen Jugendlichen und heutigen Erwachsenen noch einmal in 6 bis 10 Jahren interviewen.

Insgesamt betrachtet stellen die 23 Personen der auf niedrigem Niveau Stabilisierten die größte Gruppe dar; sie entspricht etwa 50% der Gesamtgruppe. Auch das ist ein Ergebnis, das sich sehen lassen kann.

Sechs Personen bewegen sich, den Interviews zufolge, auch zwei bis sieben Jahren nach NAlS noch in **erheblich selbst- und fremdgefährdenden Bahnen**. Ihr Leben scheint mittel- bis langfristig aus der Spur gekommen zu sein. Alle nach NAlS einsetzenden Hilfen haben es nicht geschafft; Therapien sind gescheitert, Gefängnisaufenthalte ohne ein „Schluss jetzt!" wiederholt worden. Eine junge Frau ist im Gefängnis an einer Überdosis Heroin gestorben (Daniela). Natürlich kann man sich nicht zurücklehnen und behaupten: Denen war eben nicht zu helfen! Diese sechs Jugendlichen zeigen, dass alle beteiligten Erwachsenen keinen Zugang zu ihnen gefunden haben. Bei diesen Jugendlichen konnte NAlS nicht wirken oder war NAlS das falsche Angebot.

7.2 NAlS im Urteil der Jugendlichen

Wie bewerten die Jugendlichen NAlS? Finden sie dieses Jugendhilfeangebot hilfreich und nützlich? Für sich selbst und für andere? Meist haben sie zu beiden Aspekten Stellung genommen. Die Beurteilungen der Jugendlichen kontrastieren dabei durchaus mit ihrem eigenen Entwicklungsweg, wie er oben eingeschätzt wurde: So beurteilen einige wenige der später erfolgreichen Jugendlichen NAlS sehr kritisch (wie z. B. Frank, Kapitel 5.2) und schätzen andere Jugendliche das Setting in besonderer Weise, auch wenn sie nach unseren Maßstäben wenig davon profitieren konnten (wie Tobias, Kapitel 5.1). Es scheint wichtig, dass diese zum Teil überraschenden Korrelationen wahr- und ernst genommen werden. Die Jugendlichen haben – wenigstens zum Teil – andere Qualitätskriterien bezogen auf Hilfen wie Erwachsene. Während diese sich an Zukunfts- und Erfolgs-geleiteten Kriterien orientieren, schätzen die Jugendlichen das Ernstgenommenwerden und den Autonomiespielraum als Markenzeichen einer „guten" Hilfe ein. .

Die drei Hauptgruppen, denen wir die Urteile der Jugendlichen zuordnen, sind:

1) Die Jugendlichen beurteilen das Setting für sich und/oder andere als hilfreich und nützlich.

2) Die Jugendlichen sehen positive Aspekte, betonen aber auch Gefahren und Risiken, die mit dem Setting verbunden sind.

3) Die Jugendlichen sehen wenig oder keine positiven Aspekte und beurteilen es überwiegend als negativ und schädlich.

Die drei Hauptgruppen gliedern sich weiter auf in insgesamt sechs Einzelabstufungen

Tabelle 5: NAlS im Urteil der Jugendlichen

	„positiv, auch für mich"	„positiv, wenn auch nicht für mich"	„abwägend-ambivalent"	„unent-schieden"	„nicht rele-vant"	„negativ"
Männliche Jugendliche	9	4	6	2	3	3
N = 27	13 (48 %)		11 (41 %)		3 (11 %)	
Weibliche Jugendliche	11	3	3	0	2	1
N = 20	14 (70 %)		5 (25 %)		1 (5 %)	
Gesamt	20	7	9	2	5	6
N = 47	27 (57 %)		16 (34 %)		4 (9 %)	

Das Setting NAlS wird von weit über der Hälfte (57 %) der Jugendlichen als ein prinzipiell gutes Angebot eingeschätzt; hilfreich und nützlich auch mit Blick auf sich selbst für immerhin 20 von ihnen. Besonders die weiblichen Jugendlichen schätzen das NAlS-Setting. Zwar sagt dieses Urteil noch wenig über die fachliche Qualität der Betreuung; aber was ihnen angeboten wurde und wie sie behandelt wurden, hat vielen Jugendlichen eingeleuchtet. Und auch wenn für Erwachsene nicht immer nachvollziehbar ist, was es ihnen gebracht hat, so sind sie doch mit dieser Form von unaufdringlicher Betreuung sehr zufrieden.

Das erinnert noch einmal an das, was D.W. Winnicott über die Bedürfnisse von Jugendlichen formuliert hat: Im allgemeinen lehnen Jugendliche Scheinlösungen ab; „statt dessen müssen sie eine Art *Stagnation* durchmachen, eine Phase, in der sie sich überflüssig fühlen und in der sie sich noch nicht gefunden haben. Man kann immer wieder beobachten, wie sich Jugendliche um einen Neuanfang bemühen, als gäbe es nichts, was sie von irgendjemandem übernehmen könnten. Offensichtlich suchen junge Menschen eine Form der Identifizierung, die sie in ihrem Kampf nicht im Stich lässt, *„dem Kampf sich real zu fühlen"*, dem Kampf eine persönliche Identität herzustellen, sich nicht in eine zugewiesene Rolle zu fügen, sondern all das durchzumachen, was durchzumachen ist. Sie wissen nicht, was aus ihnen werden wird. Sie wissen nicht, wo sie sind und sie warten. Denn alles ist in der Schwebe; sie fühlen sich unwirklich und das veranlasst sie gewisse Dinge zu tun, die sich für sie wirklich anfühlen", auch wenn sie sich nachträglich als Fehler oder Sackgasse herausstellen (Winnicott, 1978, S. 124).

Manchmal ist es eben nicht das, was Erwachsene anbieten und mit Hilfe von Interventionen erreichen wollen, was aufgegriffen wird oder wirkt, sondern dass die Jugendlichen wieder ein Gespür dafür bekommen, dass es **ihr** Leben ist, das sie leben (können) und dass sich dieses Leben **real** anfühlt, mit dem, was sie tun und lassen und mit allen Schattenseiten und Problemen. Das ist noch nicht viel. Das kann auch ein flüchtiges Gefühl sein, das sich wieder auflöst oder ein Moment, der ungenutzt verstreicht. Aber darauf können sie aufbauen. Und vor allem: alles andere von außen ihnen Aufgenötigte hätten viele (nicht alle) auf jeden Fall abgelehnt und/oder unterlaufen und „zerstört".

Sechzehn andere Jugendliche schätzen NAlS kritisch ein, wobei sie hinsichtlich ihrer Bewertungen eine heterogene Gruppe bilden. Hier finden sich z.B. die Hinweise von so klugen jungen Menschen wie Frank und Ella; Frank, der für NAlS den Ausdruck „Produktionshalle für Kriminelle" geprägt hat (vergl. Kapitel 5.2) und Ella, die vor den Gefahren warnt, die „haltlosen Jugendlichen" drohen können. Es stellt sich die Frage, wessen Identität schon so negativ gepolt ist, dass er nur noch mit fremder Hilfe da wieder herausgeholt werden kann. Wer kann nicht sich selbst überlassen werden? Für wen wird der Freiraum wann zu gefährlich? Man würde das allerdings bei etlichen Jugendlichen annehmen, die es dann doch alleine oder mit eigenen Kräften geschafft haben (Edith, Janine, Hanna etc.). Gleichzeitig weiß man nicht, ob eingreifendere und beschützendere Hilfe wirklich geholfen hätten (bei Darius und Tom offensichtlich auch mit zwangsweiser gesetzlicher Betreuung nicht; bei Lars war nach freiheitsentziehender Maßnahme durchaus eine Besserung erreichbar, wobei er diese Hilfe noch schlimmer fand als NAIS). Hier bleibt das Bild offen.

Bei den verantwortlichen Erwachsenen scheint für eingreifende Hilfen die Idee zu sprechen, sich dann wenigstens sagen zu können: „Wir haben alles probiert!". Aber vielleicht wäre weniger Betreuung wie bei NAIS zugleich mehr an Entwicklungschance gewesen? Mehr tun kann deswegen nicht automatisch als das bessere Handeln angesehen werden.

Nur für wenige Jugendliche (5) bleibt NAIS völlig irrelevant – zumindest in ihrer Einschätzung – oder stellt sich als ein „unnützes" und/oder „gefährliches" Setting dar, dem man mehr Schaden als Nutzen zuschreibt (4). Interessanterweise sind es nicht die Jugendlichen mit den schwierigsten Verläufen, die den Stab über NAIS brechen. Diese sind sogar eher Anhänger von NAIS wie Tobias oder Eva. Es ist schwer zu entscheiden, welche Kritik und Verbitterung dieser Jugendlichen realen Mängeln zuzuschreiben ist, und wie viel davon Abwehr von eigener Verantwortung entspricht. Einerseits ist jeder unzufriedene „Kunde" ernst zu nehmen, auf der anderen Seite gibt es kein Setting, das alle Klienten zufrieden stellen kann.

7.3 Entwicklungsverläufe laut Aktenanalyse

Eine dritte Perspektive auf Veränderungen bei den Jugendlichen während und nach NAIS soll in diesem Abschnitt auf Grundlage der Aktenanalyse eingenommen werden. Wie oben gesagt, erfolgte in der Aktenanalyse eine Einschätzung des Entwicklungsstands zu unterschiedlichen Zeitpunkten des Hilfeverlaufs. Bis zu sieben Erfassungszeitpunkte waren möglich, begonnen bei der letzten Hilfe vor NAIS bis zur letzten in der Akte dokumentierten Hilfe. Auf diese Weise sollte im Sinne einer Zeitverlaufsuntersuchung geschaut werden, ob sich u. a. durch NAIS eine nachhaltige Veränderung ergeben hat oder Veränderungen z. B. erst später einsetzten. Als Schwierigkeit dieser Verlaufsbetrachtung erwies sich, dass nicht für alle vorgesehenen Zeitpunkte Einschätzungen vorlagen und sich dadurch die auswertbare Datengrundlage erheblich reduziert hat. Dabei musste zwischen zwei Ausfallgründen unterschieden werden: Der eine bezieht sich auf fehlende Angaben aufgrund einer zu mageren Datenlage und der andere Grund bezieht sich auf die (triviale) Tatsache, dass nur dann eine Einschätzung/Messung vorliegen kann, wenn auch eine Hilfe statt-gefunden hat und diese dokumentiert ist (also die Akte vorhanden war). Für alle Jugendlichen ohne Hilfen nach NAIS ist unbekannt, wie sie sich entwickelt haben; hier ist das Interview die zuverlässigere Datenbasis. Auf Grund dieser Problematik wird die VerlaufsaNAlSyse auf vier bzw. drei Messzeitpunkte be-schränkt, so dass nur der Zeitraum beginnend mit der letzten Hilfe vor NAIS bis zur letzten dokumentierten Hilfe nach NAIS betrachtet wird. Eine weitere Vereinfachung wird durch die Zusammenfassung von Kategorien vorgenom-men und die Bewertungen „stagnierend" und „wechselnd" werden der Kate-gorie „eher negativ" zugeordnet.

Die Abbildung 3 zeigt die absolute Häufigkeit positiver und negativer Bewer-tungen; die „Lücke" bis zur Gesamtzahl von 105 Akten macht die Zahl fehlen-der Angaben deutlich (siehe Tabelle 6). Werden bei der Prozentberechnung zur Zahl positiver/negativer Bewertungen pro Messzeitpunkt nur die gültigen Werte einbezogen, also z. B. die Anzahl 77 für die letzte Hilfe vor NAIS oder die Anzahl 53 für die letzte dokumentierte Hilfe, ergeben die im Folgenden aufge-führten Prozentwerte. Dem entsprechend wurde am Ende der letzten Hilfe vor NAIS der Entwicklungsstand der Jugendlichen ganz überwiegend als negativ eingeschätzt (97 %); Ausnahme bilden lediglich zwei Jugendliche mit der Be-wertung „eher positiv". Während der Zeit bei NAIS steigt der Anteil positiver Entwicklungseinschätzungen deutlich an, erreicht zunächst 42 % (im Verlauf von NAIS), um bis zum Ende von NAIS den Wert von 45 % zu erreichen. Für die letzte dokumentierte Hilfe nach NAIS ist eine weitere leichte Zunahmen der positiven Einschätzungen auf 47 % zu verzeichnen.

Abbildung 3: Einschätzung der Entwicklungsverläufe; Datenquelle: Aktenanalyse

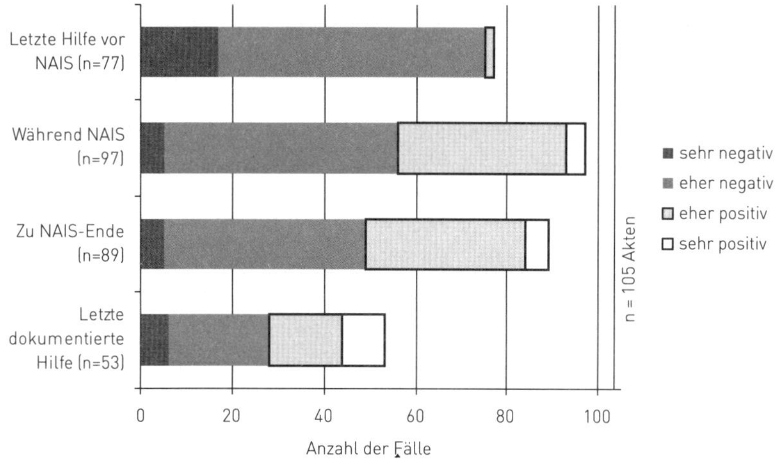

Tabelle 6: Einschätzung der Entwicklungsverläufe; Datenquelle: Aktenanalyse

Absolute Zahlen	Sehr negativ	Eher negativ	Eher positiv	Sehr positiv	Gesamt	Fehlend
Letzte Hilfe vor NAIS	17	58	2	0	77	28
Während NAIS	5	51	37	4	97	8
Zu NAIS-Ende	5	44	35	5	89	16
Letzte dokumentierte Hilfe	6	22	16	9	53	52

Relative Häufigkeiten	Sehr negativ	Eher negativ	Eher positiv	Sehr positiv	Gesamt	
Letzte Hilfe vor NAIS	22 %	75 %	3 %	0 %	100 %	
Während NAIS	5 %	53 %	38 %	4 %	100 %	
Zu NAIS-Ende	6 %	49 %	39 %	6 %	100 %	
Letzte dokumentierte Hilfe	11 %	42 %	30 %	17 %	100 %	

Die aufgeführten Zahlen zeigen einen eindrucksvollen Anstieg bei den positiven Entwicklungseinschätzungen, nachdem die Jugendlichen bei NAIS angekommen sind. Dieses Ergebnis steht den Schlussfolgerungen aus den Interviews entgegen, denen zufolge sich Veränderungen und Entwicklungen erst nach NAIS ergeben haben. Auch wenn möglicherweise die Bewertung am Ende einer Hilfe nach NAIS (der zweiten oder dritten) von den Beteiligten in der Aktendokumentation besonders schlecht ausfällt (vielleicht weil der/die Jugendliche in der Einrichtung nicht mehr tragbar ist und man sie/ihn „endlich loswerden will") oder aber die Bewertung der Zeit bei NAIS besonders gut ausfällt (vielleicht um die Bedeutung dieser Hilfeform zu unterstreichen), ist der Anstieg doch groß genug, um den positiven Stellenwert, den NAIS für einen nicht unerheblichen Teil der Jugendlichen hat, belegen zu können. Hinzu kommt, dass sich positive Entwicklungen, die am Ende von NAIS erreicht wurden, in der Zeit danach tendenziell verstetigen – mindestens bei den Jugendlichen, die weitere Anschlusshilfen haben. Dasselbe trifft allerdings auch für die negativen Verläufe zu.

Um die Entwicklungen im Einzelnen genauer zu betrachten, sind in der nächsten Tabelle (Tabelle 7) die Veränderungen jeweils bezogen auf zwei Messzeitpunkte aufgeführt, und zwar im Vergleich der Einschätzungen
→ am Ende der letzten Hilfe vor NAIS und zum Ende von NAIS,
→ am Ende von NAIS zur letzten Hilfe nach NAIS, für die es eine Entwicklungsbewertung gibt.

Hieraus ergibt sich eine Entwicklungskette, die eine Untersuchung erlaubt, bei wie vielen Jugendlichen eine Veränderung von einem Zeitpunkt zum anderen eingetreten ist. Um die Datenlage vollständig abzubilden, sind in dieser Tabelle alle 105 Jugendlichen aufgeführt – also auch diejenigen, bei denen Angaben fehlen.

Diese Betrachtungsweise bestätigt die oben aufgeführten Ergebnisse: Immerhin 29 Jugendlichen (44 %) ist bis zum Ende von NAlS ein Wechsel von einem als negativ bewerteten Entwicklungsstand zu einem positiven gelungen.

Tabelle 7: Einschätzungen zum Entwicklungsstand im Vergleich vom Ende der letzten Hilfe vor NAlS und am Ende von NAlS (Turn-over-Tabellen)

		Einschätzung am Ende von NAlS						
		Sehr negativ	Eher negativ	Eher positiv	Sehr positiv	Akte fehlt	Einschätzung fehlt	Gesamt
Einschätzung der letzten Hilfe vor NAlS	Keine Hilfe dokumentiert	0	1	0	0	0	0	1
	Sehr negativ	5	7	2	2	0	1	17
	Eher negativ	0	28	23	2	0	5	58
	Eher positiv	0	0	0	1	0	1	2
	Akte fehlt	0	3	5	0	3	1	12
	Einschätzung fehlt	0	5	5	0	0	5	15
	Gesamt	5	44	35	5	3	13	105

Einschätzung* ist …		Prozent bezogen auf alle Fälle mit einer Einschätzung (n = 70)	Prozent bezogen auf alle Fälle (n = 105)
… gleich bleibend negativ	40	57 %	38 %
… gleich bleibend positiv	1	1 %	1 %
… verbessert	29	44 %	28 %
Einschätzungen fehlen	35	100 %	33 %
	105		100 %

* Die Kategorien „sehr negativ" und „eher negativ" sowie die Kategorien „sehr positiv" und „eher positiv" sind zusammengefasst.

Die weitere Entwicklung nach Beendigung von NAlS kann allerdings nur für diejenigen Jugendlichen betrachtet werden, für die es Folgehilfen gab. Das betrifft lediglich 47 Jugendliche, was eine zuverlässige Gesamtbewertung für alle 105 Jugendliche erschwert. Werden nur diese 47 Jugendlichen betrachtet, so bleibt bei 21 von ihnen die Bewertung des Entwicklungsstandes gleich bleibend negativ. Zusammen mit drei Jugendlichen, die von einer positiven Bewertung am Ende von NAlS später in eine negative rutschen, gibt es 24 Jugendliche (51 %), deren Entwicklung bis zum Ende der letzten Hilfe ungünstig verlaufen ist. Dem stehen fast ebenso viele Jugendliche mit positiven Entwicklungen gegenüber (23 Jugendliche). Vor dem Hintergrund, dass vor NAlS fast alle Jugendlichen (bis auf zwei) eine negative Entwicklungseinschätzung hatten, ist dieses Ergebnis als Erfolg zu bewerten.

Tabelle 8: Einschätzungen zum Entwicklungsstand im Vergleich vom Ende NAlS und der letzten dokumentierten Hilfe nach NAlS (Turn-over-Tabellen)

		Einschätzung letzte Hilfe nach NAlS							
		keine Hilfe nach NAlS	Sehr negativ	Eher negativ	Eher positiv	Sehr positiv	Akte fehlt	Einschätzung fehlt	Gesamt
Einschätzung am Ende von NAlS	Eher negativ	2	1	0	0	1	1	0	5
	Eher negativ	7	5	15	5	3	8	1	44
	Eher positiv	8	0	3	8	2	13	1	35
	Sehr positiv	1	0	0	1	3	0	0	5
	Akte fehlt	0	0	0	0	0	3	0	3
	Einschätzung fehlt	1	0	4	2	0	6	0	13
	Gesamt	19	6	22	16	9	31	2	105

Einschätzung* ist ...		Prozent bezogen auf alle Fälle mit einer Einschätzung (n = 47)	Prozent bezogen auf alle Fälle (n = 105)
... gleich bleibend negativ	21	45 %	20 %
... gleich bleibend positiv	14	30 %	12 %
... verbessert	9	19 %	9 %
... verschlechtert	3	6 %	3 %
Einschätzungen fehlen	58	100 %	38 %
Keine weitere Hilfe	18		18 %
	105		100 %

* Die Kategorien „sehr negativ" und „eher negativ" sowie die Kategorien „sehr positiv" und „eher positiv" sind zusammengefasst.

Auch wenn sich der Aufenthalt bei NAlS in vielen Fällen eher schwierig als einfach gestaltet, kann für etwa die Hälfte der Jugendlichen aus den Akten abgelesen werden, dass sie im Vergleich zum Ende der letzten Hilfe vor NAlS auf einem positiven Weg sind. Diese positiven Entwicklungen scheinen sich bei ihnen nach der Beendigung von NAlS nicht in allen, jedoch in vielen Fällen zu verstetigen.

Die andere Hälfte der NAlS-Teilnehmer/innen, die Gruppe mit schwieriger, negativer Situation, ändert ihr Verhalten im Vergleich zu der Zeit vor NAlS kaum. Unter ihnen gibt es wiederum einige, bei denen sich, laut Aktenlage, die Lebenssituation noch weiter verschärft. Hierbei handelt es sich um eine Teilgruppe, bei der z. B. erst nach NAlS-Ende verschiedene Straftaten zum Tragen kommen und Gefängnisaufenthalte angetreten werden müssen. Bei zwei Jugendlichen der Studie kam es nach NAlS zur Zwangseinweisung in die Psychiatrie. Zudem gibt es in den Hilfen nach NAlS Jugendliche, deren Drogenkonsum lebensbedrohende Züge annimmt. Zwei Jugendliche sind nach NAlS verstorben (eine Jugendliche im Gefängnis an Drogen, ein Jugendlicher bei einem Verkehrsunfall).

Werden abschließend die Ergebnisse zu Entwicklungsverläufen während und nach NAlS aus Interview und Aktenanalyse verglichen, ergibt sich aus der Perspektive der Aktenanalyse ein etwas höherer Prozentsatz ‚erfolgreicher' Verläufe. Vom Ende der letzten Hilfe vor NAlS bis zum Ende von NAlS haben, den Akten zufolge, 45 % der Jugendlichen eine Wandlung von einer negativen zu positiven Bewertungen durchgemacht. Dieses Ergebnis verstetigt sich in der Zeit nach NAlS; zumindest für die Jugendlichen, für die aus Nachfolgehilfen eine Aussage getroffen werden konnte. Hier liegt der Anteil positiver Entwicklungen nun sogar bei 50 %. Aus den Interviews ergibt sich dagegen nur einen Anteil von 38 % erfreulicher Entwicklungen; die meisten Jugendlichen (49 %) werden als „auf niedrigem Niveau stabilisiert", weitere 13 % als „negativ" eingeschätzt. Darüber, worauf diese Unterschiede zurückgehen, kann nur spekuliert werden: Haben sich in der Gruppe derjenigen, für die keine weiteren Angaben für die Zeit nach NAlS aus den Akten zur Verfügung standen, häufiger ungünstige Lebensverläufe ergeben als für die, deren weitere Entwicklung aus den Akten zu ersehen war? Haben sich vielleicht doch eher Jugendliche mit negativem Verlauf für ein Interview gemeldet? Wurden die Akten ein wenig zu „schön" geschrieben, um die riskante Hilfeform NAlS auch von Seiten der Jugendamtsmitarbeiter/innen abzusichern? Wurden in Aktenanalyse und Interview unterschiedliche Messlatten für die Bewertung angelegt? Sind die Zeiträume, auf die sich Interview und Aktenanalyse beziehen, letztendlich zu unterschiedlich?

Wir wissen es nicht und stoßen hier – wieder einmal – auf Unschärfen, mit denen wir bei allen empirischen Untersuchungen rechnen müssen.

8 Ergebnisse anderer Studien zu Settings für sogenannte „Systemsprenger"

Für die kleine und in sich heterogene Gruppe schwer zu vermittelnder „riskant agierender Jugendlicher" kommen mehrere, sehr unterschiedliche Hilfeformen in Betracht, von denen jede für sich in Anspruch nimmt, passend bzw. entwicklungsförderlich sein zu können (Kap1.1 und 1.3). Es liegt daher nahe, einen Blick auf andere Settings zu werfen, die zu Alternativen geworden wären, wenn es NAlS nicht gegeben hätte oder wenn der Lebens- und Hilfeverlauf die Jugendlichen in andere Settings für diese Zielgruppe geführt hätte. Gleichzeitig lassen sich diese Settings nur schwer vergleichen, da Einstiegsalter, Zugangsvoraussetzungen, Verweildauer, Betreuungsdichte und Kosten etc. sehr unterschiedlich sind. Die Hilfe bei NAlS dauert z. B. gemittelt 6,3 Monate, in der FM/GU nach 1631 b BGB waren es 1,1 Jahre und 1,5 in den individualpädagogischen Maßnahmen. Schon das macht klar, dass man nicht von allen drei Settings dieselbe Wirkmächtigkeit erwarten sollte. Auch die Studien, die diese Settings evaluieren, sind oft nur schwer vergleichbar, da sie mit unterschiedlichen wissenschaftlichen Methoden Unterschiedliches in den Blick nehmen: subjektive Zufriedenheit, Einschätzungen von Betreuern oder Auftraggebern, objektive Ergebnisse wie Schulabschlüsse etc.. Angesichts dieser Schwierigkeiten haben wir uns bemüht Vergleichbares herauszuarbeiten, aber auch die Grenzen der Vergleichbarkeit deutlich zu machen. Bezogen auf die Frage nach Wirkungen und Erfolgen, aber auch Risiken und Nebenwirkungen anderer Hilfeangebote beziehen wir uns auf

→ therapeutische Wohngemeinschaften,

→ ein Angebot an der Schnittstelle Jugendhilfe – Kinder- und Jugendpsychiatrie,

→ ein Projekt der Suchthilfe mit einer Mischfinanzierung von Krankenkasse und Jugendhilfe,

→ individualpädagogische Angebote im In- und Ausland,

→ freiheitsentziehende Maßnahmen/geschlossene Unterbringung nach 1661 b BGB.

Die getroffene Auswahl von 5 Hilfeansätzen repräsentiert eine große Bandbreite, aber längst nicht alle möglichen Hilfeformen für die besondere Zielgruppe; gar nicht berücksichtigt sind, wie z. B. flexible, individuell zugeschnittene Hilfen (Klatetzki 2000).

Die vorgestellten Studien spiegeln lediglich einen Ausschnitt der vorliegenden Forschungsergebnisse wider. Metaanalysen zu Erfolg und Wirkung von Hilfen für die uns interessierenden Zielgruppen haben wir nicht gefunden.

8.1 Therapeutische Jugendwohngemeinschaften

Zielgruppe therapeutischer Wohngemeinschaften sind Jugendliche mit psychischen Beeinträchtigung und/oder Entwicklungsverzögerung (seelische Behinderung), die nicht bei ihren Familien leben können und eine „Rundum-die-Uhr-Betreuung" benötigen. Voraussetzung ist weiterhin, dass die Jugendlichen die Bereitschaft mitbringen, sich mit ihren psychischen Problemen in einem strukturierten Setting auseinandersetzen zu wollen bzw. zu können. Akute psychiatrische Probleme, Sucht, Trebegehen und aggressives Verhalten mit Fremdgefährdung werden in einigen Gruppen als Ausschlussgründe formuliert, wobei schwer einzuschätzen ist, ob diese tatsächlich durchgehalten werden (siehe dazu das Diskussionspapier der Therapeutischen Wohngruppen Koralle, Rosemeier 2007). Für NAIS-Jugendliche sind die genannten Voraussetzungen in vielen Fällen nicht (noch nicht oder nicht mehr) gegeben. In ihren Hilfekarrieren taucht diese Hilfeform nur selten auf (sieben Mal vor NAIS und ein Mal nach NAIS). Dennoch weist die Zielgruppe therapeutischer Wohngruppen Ähnlichkeiten mit den NAIS-Jugendlichen auf, da es sich ebenfalls um Jugendliche handelt, die aus dem Regelangebot der Kinder- und Jugendhilfe heraus gefallen sind.

Die hier dargestellten Bewertungen zu Erfolgen in dieser Hilfeform stammen aus der Studie KATA-TWG, die im Jahr 2009 unter Leitung von Gahleitner, Gerull und Krause abgeschlossen wurde (Arbeitskreis therapeutischer Jugendwohngruppen Berlin 2009, Gahleitner/Rosemeier 2011). Die Studie basiert auf unterschiedlichen forschungsmethodischen Zugängen, und zwar:

1. einer quantitativen Aktenanalyse von 237 zufällig ausgewählten Fällen, die von 1995 bis 2007 bei den acht beteiligten Trägen untergebracht waren,
2. qualitativen Interviews mit 10 Jugendlichen und ihren Betreuer/innen,
3. einer Gruppendiskussion mit Mitarbeiter(inne)n der beteiligten Einrichtungen.

Die gefundenen Ergebnisse belegen sehr deutlich die hohe Belastung der Jugendlichen mit zum Teil mehreren psychiatrische Diagnosen und einer Vielzahl von Problemlagen. „Schwere Bindungsdefizite oder Bindungsstörungen lassen sich bei allen interviewten Jugendlichen bereits in der frühen Kindheitsgeschichte vermuten" heißt es im Abschlussbericht (AK-TWG Berlin, 2009, 25).

Aus den Akten wurden u. a. die Anzahl interventionsbedürftiger Probleme zu Beginn und am Ende der Hilfe erhoben, gegenübergestellt und aus der Differenz ein Erfolgsindex gebildet, in dem sich der Rückgang von Problemen widerspiegelt. Diesem Index entsprechend werden 2/3 der Jugendlichen am Ende der Maßnahme als erfolgreich eingestuft. Eine Teilgruppe von ihnen, die besonders Erfolgreichen (34 %), hat, der Erfolgsdefinition entsprechend, die Hälfte der Eingangs diagnostizierten Probleme am Ende der Hilfe bewältigt. Bei etwa einem Drittel kommt es zu keinem Rückgang bei der Anzahl der Symptomatiken oder es treten sogar zusätzlich neue oder zu Beginn nicht erkannte Probleme auf.

Wie auch in anderen Studien zu beobachten ist, geht eine Reduktion von Problemlagen (positiver Erfolgsindex) einher mit einer längeren Verweildauer (Haltedauer) und mit einem planmäßigen Abschluss der Hilfe (Baur et al. 1998, 22 f). Der Abbruch der Hilfe und eine hohe Anzahl früherer Hilfen, also eine längere Hilfekarriere, wirken sich negativ auf eine Erfolgsprognose aus (vergl. dazu Kapitel 1.2).

Wird in die Tiefe möglicher Wirkfaktoren während der Hilfe geschaut, erwiesen sich die Kooperationsfähigkeit der Jugendlichen (inklusive Termin- und Regeleinhaltung), die Beziehungsqualität der Jugendlichen untereinander sowie zu den Mitarbeiter(inne)n bzw. dem Team als besonders wichtig. Das Herstellen eines „therapeutischen Milieus", welches sowohl den ‚äußeren' Alltagsablauf der Einrichtung als auch den Aufbau einer therapeutischen, ‚inneren' Beziehung betrifft, sind wesentliche Wirkfaktoren, die sich aus der Interviewstudie ergaben. „In enger Vernetzung machen die Angebote zwei Beziehungsräume möglich: einerseits eine klar strukturierte und nach außen orientierte Alltagsbeziehung und andererseits eine nach innen orientierte, Raum gebende, vom Alltag geschützte therapeutische Beziehung" (Gahleitner/ Rosemeier 2011, 153). Dieses „Netz von Beziehungs- und Dialogangeboten" sei es, das den Jugendlichen die Möglichkeit eröffne, frühere negative Sozialisationserfahrungen zu verarbeiten, so dass es zu einer „Nachsozialisierung" kommen könne.

In der Studie werden auch „Risiken und Nebenwirkungen" thematisiert. Aufgeführt ist dort zum einen das Problem der Personalfluktuation. So haben alle 10 interviewten Jugendlichen einen Wechsel bei ihren Betreuer/innen erlebt, der nicht auf ihren Wunsch erfolgte. Zum anderen wird benannt, dass bei einigen Jugendlichen die bereits länger währende Hilfe aus formalen Gründen, z. B. aus Finanzierungsgründen oder wegen des Erreichens der Altersgrenze, vorzeitig abgebrochen werden musste. Als besonders problematisch wird beschrieben, dass Nachbetreuungsmöglichkeiten nicht vorgesehen sind und so ein allmählicher Weg in die Verselbständigung nicht gegangen werden kann.

Abgesehen von diesen strukturellen Problemen sei es generell eine Herausforderung und „äußert schwierig", „(das) Maß an Restriktion und Flexibilität angemessen zu handhaben" (AK-TWG Berlin 2009, 40). Ein fest strukturiertes Regelwerk und ein konsequenter Umgang damit stehen dem Eröffnen von Freiräumen für die eigene Entwicklung gegenüber. Die Forderung an die Jugendlichen nach Kooperationsbereitschaft, die auch das Einhalten von Regeln und Absprachen beinhaltet, bringt es mit sich, dass therapeutische Wohngruppen hochschwellige Angebote sind, was dazu führt, „(...) dass einige wenige Jugendliche durch das Hilfenetz fallen und die Einrichtung nach kurzer Zeit verlassen müssen" (ebd., S. 38). Viele der NAIS-Jugendlichen würden vermutlich genau zu dieser Gruppe gehören. Sie können zumindest in dieser Phase ihres Lebens lediglich eine „niedrigschwellige" Hilfeform annehmen; und es ist klar, dass diese bezogen auf Bearbeitung psychischer Probleme und Bildungsabschlüsse etc. mit den genannten Erfolgsbilanzen dieser Langzeithilfe nicht mithalten kann.

8.2 Ein Angebot an der Schnittstelle Jugendhilfe/Psychiatrie

Auf Grundlage ihrer Studie schätzen Schmid u. a. den Anteil psychisch auffälliger Kinder, die in einem Heim betreut werden, auf ca. 60%. Dabei wird vermutet, dass es sich bei dieser Zahl eher um eine Unter- als eine Überschätzung handelt. Ein hoher Anteil von Kindern mit mehreren psychiatrischen Diagnosen verschärft die Problematik. Zwar hätten 10% der Kinder in dieser Studie bereits einen stationären Aufenthalt in der Kinder-und Jugendpsychiatrie gehabt, zum Zeitpunkt der Datenerhebung befanden sich jedoch nur wenige Kinder in Behandlung. Die Autoren gehen daher von einer deutlichen Unterversorgung aus (Schmid u. a. 2008, Schmid 2007). In Zusammenhang mit diesen Ergebnissen hat eine Arbeitsgruppe um Fegert und Goldbeck (Universitätsklinikum Ulm) eine Interventionsstudie auf den Weg gebracht, die das Ziel hatte, die Angebote der Kinder-Jugendpsychiatrie und der stationären Erziehungshilfe enger zusammenzuführen. Im Sinne eines Ansatzes aufsuchender Behandlung wurden eine kinder- und jugendpsychiatrische Sprechstunde direkt in die Heimeinrichtungen verlegt und die Kinder/Jugendlichen vor Ort behandelt oder im Bedarfsfall in einen stationären Klinikaufenthalt überwiesen. Weitere Bausteine des Interventionsprogramms, wie z. B. Mitarbeiter/innen-Schulungen, unterstützten diese Maßnahme.

Die hier vorgestellten Ergebnisse dieser Studie basieren in erster Linie auf der Dissertation von Besier (2008); sie entspricht weitgehend dem Abschlussbericht des Projektes. Hervorzuheben ist, dass es sich in dieser Studie um Kinder/Jugendliche in Regelgruppen der stationären Erziehungshilfe handelt, die mit den eingerichteten Sprechstunden einen direkten, niedrigschwelligen Zugang zum psychiatrischen Versorgungssystem erhalten sollten.

Die Frage nach dem Erfolg dieses Ansatzes wurde, dem medizinisch-epidemiologischen Hintergrund der Arbeitsgruppe entsprechend, mit Hilfe eines Kontrollgruppendesigns untersucht. Insgesamt 26 Jugendhilfeeinrichtungen (11 mit Intervention und 15 ohne) und 624 Kinder und Jugendliche waren beteiligt. Bei diesen 624 Kindern/Jugendlichen handelt es sich um eine Teilgruppe aller Kinder der Einrichtungen, und zwar um diejenigen, bei denen zu Beginn der Studien (Vorscreening) eine überdurchschnittliche psychopathologische Belastung festgestellt werden konnte; eine Ähnlichkeit zu NAIS-Jugendlichen ist bezogen auf diesen Aspekt durchaus gegeben. Zur Bewertung von Veränderungen im Verlauf eines 12-monatigen Beobachtungszeitraums wurden standardisierte Test- und Diagnoseverfahren zur Symptombelastung, zum psychosozialen Funktionsniveau und zur Lebensqualität eingesetzt (zu Einzelheiten siehe Besier 2008).

Für ca. 60 % der beteiligten Jugendlichen (Durchschnittsalter 14 Jahre) war die aktuelle Hilfemaßnahme die erste Hilfe und sie hatten vorher bei den Eltern gelebt. Im Vergleich zu NAIS oder den Jugendlichen der KATA-TWG-Studie handelt es sich also eher um Kinder/Jugendliche, für die der stationäre Heimaufenthalt eine vergleichsweise neue Erfahrung ist.

Den Ergebnissen zufolge hat die niedrigschwellige Sprechstunde in den Einrichtungen dazu geführt, dass bei ca. 80 % der Kinder eine psychiatrische Behandlung im ambulanter Form eingeleitet wurde, während in der Kontrollgruppe dieser Anteil bei nur 50 % lag. Es sei erinnert: Bei allen Kindern lag ein überdurchschnittliche hohe Belastung mit psychischen Problemen vor. Die Zahl stationärer Aufenthalte in der Psychiatrie war zwar mit je 21 in beiden Gruppen gleich, jedoch erwies sich die Behandlungsdauer bei den Kindern/Jugendlichen der Interventionsgruppe deutlich/signifikant kürzer. Der Wechsel zwischen Psychiatrie und Erziehungshilfe konnte leichter bewältigt werden. „Mit dem vorgestellten Interventionsprogramm ist es gelungen, Barrieren zu durchbrechen und eine Begegnung beider Disziplinen auf Augenhöhe zu ermöglichen" (Besier 2008, 90).

Verglichen mit diesem positiven Ergebnis scheinen die übrigen Ergebnisse hinter den Erwartungen zurück zu bleiben, denn Kontrollgruppe und Interventionsgruppe unterscheiden sich am Ende des Beobachtungszeitraums bezogen auf die erhobenen Kriterien (psychische Symptombelastung, psychosoziales Funktionsniveau und Lebensqualität) kaum. Auch Abbrüche von besonders hoch belasteten Jugendlichen konnten in der Interventionsgruppe lediglich der Tendenz nach etwas häufiger (aber nicht signifikant) verhindert werden. Da die Interventionsgruppe zu Beginn ein ungünstigeres Ausgangsniveau hatte, ergibt sich dennoch eine insgesamt positive Bewertung durch die Autorin. Als positiv herauszuheben ist, dass es generell zu einem signifikanten Rückgang von Symptomatiken gekommen ist, und zwar sowohl bei den Kindern/Jugendlichen der Kontroll- als auch der Interventionsgruppe. D. h. auch ohne Intervention gelingt in den Regelgruppen ein signifikanter, wenn auch nicht ganz so starker Rückgang bei den Symptomatiken. Aufschlussreich wären an dieser Stelle Aussagen zum Umfang der Effekte gewesen, z. B. wie viel Kinder/Jugendliche sich von anfänglichen Testergebnis „überdurchschnittlich belastet" in den Bereich „normal" oder „niedrig belastet" entwickelt haben.

Als besondere Schwierigkeit hebt die Studie die Arbeit mit der Gruppe höchstbelasteter Kinder/Jugendlicher hervor. „Vor allem Fremdaggressionen scheinen demnach zu Eskalationen zu führen, die von den Pädagogen vor Ort nicht immer adäquat gelöst werden können und zum Erleben von Hilflosigkeit und Handlungsunfähigkeit führen" (Besier 2008, 70). Hier sei ein möglichst frühzeitiges Krisenmanagement zu fordern; die „innerhalb der Studienlaufzeit gezeigten Tendenzen erscheinen vielversprechend" (ebd. 70).

Aufgrund des Studiendesigns können keine Angaben gemacht werden, wie viele Kinder/Jugendliche in den 26 beteiligten Einrichtungen erfolgreich ihre Hilfe beendet haben, so dass ein direkter Vergleich über Erfolgsquoten zur NAIS-Evaluation oder zur KATA-TWG-Studie nicht möglich ist.

Die in der Interventionsstudie eingerichteten psychiatrischen Sprechstunden stellten ein Modellprojekt dar und sind in dieser Form nicht in das Regelangebot übernommen worden. Die Forderung die Kooperation zwischen Jugendhilfe und Kinder-/Jugendpsychiatrie zu verbessern, steht jedoch weiterhin im Raum (dazu z. B. Permien 2011). Ob es durch eine engere Kooperation zu einer „Psychiatrisierung" der Kinder/Jugendlichen kommen könnte, steht zur Diskussion (ausführlich siehe z. B. die Dokumentation der Fachtagung „Psychisch gestört oder ‚nur' verhaltensauffällig?" (Deutsches Institut für Urbanistik 2011).

Studien über die Effekte von psychiatrischen Maßnahmen für Kinder/Jugendlichen im Allgemeinen konnten und sollten an dieser Stelle nicht vorgestellt werden, da hiermit das weite und von unterschiedlichen Therapieschulen besetzte Feld der Therapieforschung einzubeziehen wäre. Auch Ansätze, die versuchen, im Rahmen der Qualitätssicherung den Erfolg in der Kinder- und Jugendpsychiatrie zu erfassen, bleiben an dieser Stelle unberücksichtigt. Ein Beispiel wäre hier das Marburger System zur Qualitätssicherung und Therapieevaluation (MARSYS) (Mattejat/Remschmidt 2006),.

8.3 Mischfinanziertes Schnittstellenprojekt: Jugendhilfe/Suchthilfe

Im Bereich suchtbezogener Hilfen sind, ähnlich wie für die oben beschriebene Kooperation zwischen Jugendhilfe und Psychiatrie, Angebote und Hilfearten auf unterschiedliche Anbieter und ihre Kostenträger verteilt (Krankenkassen, Rentenversicherung, Jugendhilfe, Sozialhilfe). Hinzu kommen Unterschiede bezogen auf substanzbezogene Abhängigkeiten, hier wieder unterschieden nach Alkohol und illegalen Drogen, und nicht subtanzmittelbezogene Abhängigkeiten. Es gibt stationäre und ambulante sowie kombinierte Angebote. Ein Eindruck von der Vielfalt der Angebote im Sucht- und Abhängigkeitsbereich für Kinder- und Jugendliche und ihre nötigen Vernetzungen und Probleme ergibt sich z. B. aus der Dokumentation einer Expertenanhörung, die vom Fachverband Drogen- und Suchthilfe organisiert und dokumentiert wurde (Fachverband Drogen- und Suchthilfe 2011).

Die Frage danach, wie erfolgreich bzw. wirksam die Angebote sind, differenziert sich entsprechend dieses Spektrums unterschiedlicher Ansätze ähnlich weit auf, wie es oben für die Therapien im Bereich der Psychiatrie angedeutet wurde. Die Ergebnisse von Studien, die dem medizinisch/psychiatrischen Ansatz verpflichtet sind, finden sich vorwiegend in entsprechenden Fachzeitschriften, die jedoch den Fachkräften aus Sozialarbeit und Jugendhilfe oft nur schwer zugänglich sind (eine hohe Barriere stellen z. B. kostenpflichtige Zugänge zu Zeitschriftenartikeln dar). Die im Folgenden vorgestellte Studie zum Projekt JUST (Nützel u. a. 2010) stellt einen kleinen Ausschnitt dar. Hinzu kommt, dass dieses Projekt nach knapp 4-jähriger Laufzeit wieder eingestellt wurde. Was immer die Gründe für die Beendigung des Projekts im Einzelnen waren, es zeigt exemplarisch, wie schwierig sich die Etablierung eines Projekts mit kostenträgerübergreifender Finanzierung darstellt (Schrade 2011).

Dem in Baden-Württemberg angesiedelten Projekt lag ein integratives Trägerkonzept zugrunde, bei dem Jugendhilfe, Suchtkrankenhilfe sowie Kinder- und Jugendpsychiatrie unter einem Dach vereint waren (Jugendamt, Kranken- und Rentenversicherung). Durch die unmittelbare Verknüpfung untereinander sollten Übergänge zwischen Angeboten aus den einzelnen Trägerbereichen vereinfacht und bei Abbrüchen und Rückfällen ein einfacher Wiedereinstieg gewährleistet werden.

Nach einer Entgiftungsbehandlung (inkl. einer Motivationsphase) war ein bis zu 9-monatiger Aufenthalt bei JUST vorgesehen. Daran anschließend konnte in eine therapeutische Wohngemeinschaft oder in ein Betreutes Jugendwohnen gewechselt werden. Zielgruppe waren Jugendliche bis maximal 18 Jahren mit mehrjähriger Suchtkarriere, in schlechter psychischer und/oder körperlicher Verfassung, mit Entwicklungsrückständen in mehreren Lebensbereichen und mangelnden Ressourcen im sozialen und familiären Bereich. Ein nicht unerheblicher Teil der NAlS-Jugendlichen würde dieser Beschreibung gut entsprechen. Eine weitere, wichtige Voraussetzung im JUST-Projekt war allerdings die grundsätzliche Motivation, sich mit der Suchtproblematik auseinanderzusetzen und sich auf ein hoch strukturiertes Setting einzulassen, auch wenn dieses Setting durch „Auszeiten" auf Wunsch der Jugendlichen zeitweise unterbrochen werden konnte. Darauf hätten sich die meisten NAlS-Jugendlichen – zumindest während ihrer Zeit bei NAlS – wohl nicht eingelassen (siehe z. B. Fallschilderung Tobias und Ulrike oder Frank in Kapitel 5).

Für eine Erfolgsbewertung war eine Reihe von Erhebungen in regelmäßigen Abständen vorgesehen (z. B. „PädZi" – pädagogischer Zielerreichungsstern und ein daran angelehnter „JUST-Erfolgs-Stern") sowie eine Katamnese 3 und 6 Monate nach Abschluss der Maßnahme. Wegen des vorzeitigen Endes des Projekts blieben allerdings viele Auswertungen „unvollendet" bzw. basieren auf sehr geringen Fallzahlen; beispielsweise umfasst die 6-Monats-Katamnese lediglich 14 Jugendliche (von 51 Jugendlichen, die JUST begonnen haben). Als positiv werden von den Autor/innen die folgenden Ergebnisse herausgestellt:

→ knapp 40 % beenden JUST regulär nach einem Zeitraum von mindesten 9 Monaten,

→ die erreichte Aufenthaltsdauer von im Mittel 177 Tagen,

→ 13 von 29 Schulabbrechen holten ihren Schulabschluss nach,

→ 6 Monate nach JUST-Ende gibt es bei den 14 (von 33 aufgrund des Zeitfensters möglichen) Jugendlichen keinen täglichen, regelmäßigen Alkoholkonsum mehr und Cannabis-Konsum gibt es nur in einem Fall.

Im JUST-Projekt konnten, so der Abschlussbericht von 2010, eine Reihe von positiven Ergebnissen erzielt werden. Das „Durchhalten bis zum 9. Projektmonat" als Erfolgskriterium gesetzt, ergibt sich eine Erfolgsrate von ca. 40 %. Selbstkritisch wird im Bericht jedoch angemerkt, dass wegen der insgesamt geringen Fallzahlen keine statistisch belastbaren Aussagen „... zur Überlegenheit des Ansatzes der Mischfinanzierung und der Multiprofessionalität aus verschiedenen Systemen gegenüber dem herkömmlichen Phasenmodell" getroffen werden können (Nützel u. a. 2010, 100).

Trotz Willensbezeugungen mehrerer Partner bei Projektstart erwies sich die Finanzierung durch die unterschiedlichen Kostenträger immer wieder als schwierig und mussten für den Einzelfall ganz bestimmte formale Voraussetzungen erfüllt sein (Benz 2011, 160). Letztendlich erwies sich das Projekt als unterfinanziert; was zu seinem Ende führte.

8.4 Individualpädagogische Projekte im In- und Ausland

Willy Klawe forscht seit vielen Jahren in diesem Hilfebereich, der sehr unterschiedliche Settings unter seinem Dach versammelt: Kern ist immer eine exklusive Beziehung des Jugendlichen zu „seinem" Betreuer. Diese Beziehung kann sich auf Reisen entfalten oder in Arbeitszusammenhängen (Schäfer, Bauprojekte) oder im Alltag eines Dorfes oder in der „Wildnis"; Betreuter und Betreuer können zusammen wohnen oder im Rahmen einer Lebensgemeinschaft, in der auch noch ein oder zwei andere Jugendliche betreut werden (Klawe/Breuer 1998, Klawe 2007, 2008 und 2011).

Bezogen auf die spezifische Klientel schreibt Klawe:

„Familiäre Konflikte erweisen sich als nach den Ergebnissen unserer Studie als ein besonderer Belastungsfaktor. Trennung und Beziehungsprobleme (50,1 %) und Gewalterfahrungen (20,1 %) sind hier die Hauptursachen" (Klawe 2008, 31). Lange anhaltende Überforderung (60,1 %) und Suchtprobleme (14,5 %) der Eltern kommen hinzu. Während sich diese Daten zum Familienhintergrund mit denen aus den NAlS-Akten relativ gut decken, waren wir von den zum Teil doch erheblich niedrigeren Angaben bei den Verhaltensproblemen der jungen Menschen in den individualpädagogischen Maßnahmen erstaunt. Zwar imponieren auch hier 30,3 % der Jugendlichen durch aggressives Verhalten (NAlS = 53 %) und 24,5 % durch Schulverweigerung (NAlS = 77 %), aber nur 14 % durch Suchtprobleme (NAlS = 64 %), 14,2 durch delinquentes Verhalten (NAlS = 67 %) und nur 1,3 % durch Leben auf der Straße und Trebe (NAlS = 48 %) (Klawe 2008, 32). Ein Gutteil dieser Differenzen dürfte am niedrigeren Einstiegsalter in die Hilfeform liegen, die bei NAlS 15,11 Jahre beträgt und bei den individualpädagogischen Maßnahmen 14,10 (Arnold/Macsenaere 2012). Der Unterschied könnte aber auch noch einmal auf besondere Belastungskonzentrationen bei den NAlS-Jugendlichen hinweisen. Allerdings sind in einem weiteren Artikel mit Blick auf Jugendliche, die in individualpädagogischen Auslandsmaßnahmen untergebracht werden, sehr viel höhere Belastungszahlen zu lesen (Macsenaere/Klein 2010).

„Gut sechzig Prozent der Jugendlichen in individualpädagogischen Maßnahmen können auf drei und mehr Vorhilfen zurückblicken, 13 % sogar auf sechs und mehr (…) Inhaltlich decken die genannten Vorhilfen das gesamte Spektrum der Erziehungshilfen ab. Die Kinder- und Jugendpsychiatrie stellt mit 20,1 Prozent nach wie vor einen hohen Anteil an Vorhilfen" (Klawe 2008, 31). Noch größer ist allerdings der Anteil gescheiterter Heimunterbringungen.

Bezogen auf die **Zufriedenheit der jungen Menschen** mit dem Angebot berichtet Klawe: "Mehr als die Hälfte (69 %) der Jugendlichen ist nach eigener Einschätzung überwiegend gut (57,9) oder sogar ausgezeichnet (11,1 %) mit dem Betreuer und dem Alltag in der Projektstelle klargekommen. Demgegenüber schätzen insgesamt knapp 10 % dies eher unbefriedigend oder schlecht ein. Weitere 13,9 % bewerten dies indifferent" (ebd. 35). Was die subjektive Zufriedenheit mit der Hilfeform betrifft, sind das bemerkenswert gute Rückmeldungen, wenn man bedenkt, dass viele junge Menschen sich vorher massiv unzufrieden über ihre Hilfe äußerten.

Bezogen auf **die Zufriedenheit der Jugendämter** mit den individualpädagogischen Maßnahme zieht Klawe die folgende Bilanz: „6,6 % der Mitarbeiter der Jugendämter (halten M.S.) die Maßnahme für nicht erfolgreich und 33,2 % für wenig erfolgreich. Demgegenüber stehen 34,9 %, die den Erfolg als gut und immerhin 17,8 % die die Maßnahme als sehr erfolgreich bezeichnen" (ebd., 35). Über 50 % der individualpädagogischen Maßnahmen werden als gut oder sehr gut eingeschätzt. Diese durch die Außenperspektive der Auftraggeber in den Jugendämtern „objektivierten" Erfolgsmeldungen korrespondieren recht gut mit dem, was wir von der FM/GU-Gruppe hören werden (siehe unten 8.5).

Bezogen auf Auslandsmaßnahmen, die in einigen Bereichen sogar besser abschneiden als § 35-Hilfen im Inland, schreibt Macsenaere: „Sowohl das Geschlecht der Jugendlichen als auch deren Jugendhilfevorerfahrungen erweisen sich (…) überhaupt nicht (weder unmittelbar noch mittelbar) als relevante Einflussfaktoren. Das Alter bei Hilfebeginn wirkt sich zumindest indirekt über die Hilfedauer auf Ressourcenförderung und Problemlagenabbau aus: mit niedrigerem Aufnahmealter steigt die tatsächliche Hilfedauer und damit auch der Erfolg ..." (Macsenaere/Klein 2010, 10).

Bemerkenswert ist auch der Hinweis von Arnold und Macsenaere bezogen auf die Abbruchhäufigkeit: „So fallen beispielsweise mit 40,7 % versus 55,1 % die Abbruchquoten bei individualpädagogischen Hilfen im Ausland deutlich niedriger aus als in der Referenzgruppe ohne Auslandspädagogik" (Arnold/Macsenaere 2012, 286). Mit solchen Belegen können Hilfen im Ausland nicht mehr aus Prinzip abgelehnt werden.

8.5 Geschlossene Unterbringung/Freiheitsentziehende Maßnahmen nach § 1631 b BGB

Es ist anzunehmen, dass viele der NAlS-Jugendlichen Erfahrungen mit Zwang haben (je nachdem, wie „Zwang" definiert wird, vergl. Schwabe 2012 b), beispielsweise in Form institutionellen Zwangs durch Zwangseinweisung in die Psychiatrie oder Gefängnisaufenthalte oder in Form von Festgehalten-werden, um Angriffe oder Weglaufen zu verhindern etc. Eine Unterbringung in Freiheitsentziehenden Maßnahmen war unter den NAlS-Jugendlichen nur sehr selten der Fall; das gilt sowohl für die Zeit vor als auch nach NAlS. Angesichts der Fallverläufe einiger NAlS-Jugendlicher wäre eine solche Zwangsunterbringung – vor allem in anderen Bundesländern – jedoch durchaus denkbar gewesen.

Die Diskussion um Sinn, Nutzen und Zulässigkeit einer geschlossenen Heimunterbringung hat in den letzten Jahren die groß angelegte Studie des Deutschen Jugendinstituts für (DJI) hervorgebracht (Hoops/Permien 2006, Permien 2010); weitere Studien zu dieser Thematik gibt es u. a. von Stadler (2005) sowie eine Evaluation der Einrichtung KRIZ unter der Leitung von Schrapper Universität Koblenz-Landau (Menk 2010, Schnorr 2009).

Das Forschungsdesign der DJI-Studie hat vorwiegend qualitativen Charakter und besteht aus einer Vielzahl von Facetten, mit dem die unterschiedlichen Perspektiven und Einschätzungen von Fachkräften und Jugendlichen erhoben wurden. Primär ging es in dieser Studie nicht um einen Nachweis von Wirkungen, was jedoch nicht ausschließt, dass sich Aussagen dazu machen lassen. Folgende Erhebungen wurden durchgeführt:

1. Expert/innen-Interviews mit Fachkräften in Jugendämtern, Leistungskräften in geschlossenen Einrichtungen und der Jugendpsychiatrie,
2. Aktenanalysen,
3. Fragebogenerhebung und Interviews bei Jugendlichen und ihren Betreuer/innen kurz vor bzw. nach Ende der Unterbringung,
4. Interviews mit Jugendlichen und den aktuellen Bezugspersonen etwa ein Jahr nach Ende der Unterbringung.

An dieser Stelle können die vielen hochinteressanten Ergebnisse dieser Studie nicht vorgestellt werden. Unser Fokus richtet sich auf Aussagen zur Wirksamkeit, die nicht im Mittelpunkt standen, aber dennoch von den Autorinnen diskutiert werden. So wird in einem Fachartikel von Kindler, Permien, Hoops (2007) die Frage nach Wirkungen (neben der nach der Indikation) sehr deutlich in Beziehung zur grundsätzlichen Zulässigkeit von Freiheitsentziehenden Maßnahmen gebracht. Nur dann, wenn wahrscheinlich ist, dass eine solche Unterbringungsform positive Wirkungen zeigt, sei der mit der Zwangsunterbringung verbundene schwerwiegende Eingriff in die Grundrechte der Kinder/Jugendlichen zu rechtfertigen. Unter Berücksichtigung der Ergebnisse aus der DJI-Studie sowie anderer, auch internationaler Untersuchungen, wird festgehalten, dass am Ende der geschlossenen Unterbringung „je nach Untersuchungsmaß und Informationsquelle zwischen 40 und 80 % mit einem Schwerpunkt bei 50-60 % (…) positive Veränderungen in Form einer moderat abnehmenden Problembelastung bzw. zunehmender Kompetenzen" (Kindler/Permien/Hoops 2007, S. 43) zu verzeichnen sind. Diese Wirkungen sind allerdings nicht immer nachhaltig: schwierige Biographien bleiben auch nach der Unterbringung oft weiterhin schwierig und können schon in der nächsten Hilfe erneut zu Abbrüchen oder Weglaufen etc. führen. Die Verstetigung von während der GU/FM erzielten positiven Veränderungen in den offenen Settings der Nachfolgeeinrichtungen stellt sich als wesentliche Herausforderung heraus.

Die oben genannten Erfolgswerte umfassen mit Angabe von 40 bis 80 % einen sehr breiten Wertebereich. In der Studie von Stadler (2005) lässt sich die Ermittlung von Erfolgswerten genauer nachvollziehen. Seine Studie basiert auf unterschiedlichen Teiluntersuchungen von 260 Mädchen, die innerhalb des 10-Jahrezeitraums von 1990 bis 2000 in der geschlossenen Einrichtung Gauting untergebracht waren. Den unterschiedlichen Teiluntersuchungen entsprechend gibt es verschiedene Kennwerte zur Erfolgsbewertung, wie z. B. eine Selbsteinschätzung der Mädchen aus Interviews und Fragebögen, Ratings des Heimpersonals und Lehrer(inne)n zum Entwicklungsverlauf, Auswertungen psychometrischer Testverfahren, Auswertungen aus dem heiminternen Statistik-Pool. Als ein Ergebnis der Teilstudie zu Selbsteinschätzungen wird genannt, dass 63 % die Freiheitsentziehende Maßnahme für sich selbst als hilfreich einschätzen, 29 % sie als teils hilfreich, teils sinnlos betrachten und 8 % sie für nicht hilfreich halten (ebd. 85). Bei den Mitarbeiter(inne)n sind es 77 %, die mit Blick auf bestimmte Mädchen die Hilfeform als sinnvoll ansehen, dies bei 16 % mit „teils, teils" beurteilen und bei 7 % als „nicht sinnvoll" bewerten (ebd. 97). Zu beachten ist bei diesen Zahlen allerdings, dass sie sich auf eine Teilgruppe von 59 Mädchen beziehen, die sich nach wenigstens einem halben Jahr Aufenthaltsdauer kurz vor ihrer Entlassung befanden, also die Hilfe (aller Wahrscheinlichkeit nach, dazu gibt es leider keine genaue Auskunft) nicht vorzeitig abgebrochen haben. Anderen Ergebnissen kann entnommen werden, dass von 39 % aller 260 Mädchen die Hilfe abgebrochen wurde, bei 21 % auf Veranlassung des Jugendamts und bei 12 % auf Veranlassung der Einrichtung (ebd. 165). Selbst wenn man die 8 % unklarer Beendigungen mit hinzu nimmt, kann eine Abbruchquote zwischen 39 % und 47 %, gemessen an der in stationären Erziehungshilfen, als eher niedrig (Arnold/Macsenaere 2012) gelten, was bezogen auf das besondere Klientel der Einrichtung unbedingt positiv bewertet werden muss. Dennoch relativiert diese Abbrecherinnenzahl das positive Ergebnis zu den Einschätzungen der weiblichen Jugendlichen und der Mitarbeiter/innen, denn Abbrecherinnen sind in der Teilstichprobe nicht enthalten oder doch zumindest unterrepräsentiert.

FM/GU hat zudem – anders als das Setting NAlS – ein deutliches Akzeptanzproblem bei den Jugendlichen: viele Mädchen empfinden das Eingeschlossen-Sein auch längerfristig als „schlimm", insgesamt 54 % (ebd. 89), was sich u. a. im Weglaufen manifestiert: ca.10 % sind zwischen 60 und 120 Tagen abgängig, ca. 20 % zwischen 30 und 60 Tagen (ebd. 163). Aus diesen beiden Gruppen rekrutiert sich vermutlich ein Großteil der 47 % Abbrüche. Nur 21 % der Klientinnen entweichen nie!

Einige der erhobenen Items weisen auf Widerstand und Reaktanz hin, den erklärten Unwillen sich gerade im Zwangskontext zu verändern. Oder wie erklärt man sonst, dass sich aggressives Verhalten zwar bei 56 % der weiblichen Jugendlichen positiv verändert, aber bei 22 % weiter zunimmt und sich bei weiteren 22 % gar nicht verändert. Oder dass es im Bereich autoaggressives Verhalten immerhin eine Zunahme bei 19 % der Mädchen gibt, wie auch bei der aktiven Störung des Unterrichts (19 % verschlechtert, 36 % keine Veränderung, 45 % positive Veränderung).

Angesichts solcher Zahlen sollten die Erfolgsmeldungen auf Grundlage o. g. Teilstudie vorsichtiger formuliert werden: Wird bei den Abbrecherinnen davon ausgegangen, dass sie ihren Aufenthalt in Gauting als nicht hilfreich bezeichnen, ergibt sich die folgende konservative Schätzung: Im Verlauf von Freiheitsentziehenden Maßnahmen brechen 39 % der Klientinnen die Hilfe ab; sie ist für sie nicht sinnvoll bzw. hilfreich. Von den verbleibenden 61 % schätzen am Ende 63 % die Hilfe für sich als sehr oder ziemlich hilfreich ein. Das sind bezogen auf die Eingangsgruppe (alle 260 Mädchen) 38 %. Diesen stehen (umgerechnet) 37 % gegenüber, die sie teils hilfreich, teils sinnlos einschätzen und (umgerechnet) 5 %, die sie für nicht hilfreich halten (ebd. 85). Bei der Bewertung durch die Mitarbeiter/innen ergibt sich dieser Berechnung entsprechend, eine (umgerechnete) Erfolgsbewertung für 47 % der weiblichen Jugendlichen.

Wie man sieht, müssen Zahlen interpretiert werden und führen zu mehr oder weniger unterschiedlich akzentuierten Formulierungen. Auch insofern muss man die Durchführung einer Evaluation durch den Leiter der untersuchten Einrichtung (wie bei Stadler und dem Mädchenheim Gauting) zumindest als ungeschickt ansehen. Schade eigentlich, weil selbst die bereinigten Zahlen noch immer von Erfolgen sprechen und durchaus präsentabel sind!

Kindler/Permien/Hopps (2007) sprechen allerdings auch potentiell negative Nebenwirkungen der untersuchten Hilfeform an. Genannt wird die Möglichkeit von Machtmissbrauch durch die Fachkräfte der Einrichtung, wie sie in früheren Studien mehrfach belegt wurde (v. Wolffersdorf/Sprau-Kuhlen/Kersten1990, Pankofer 1997). Auch wenn sie Ausnahmen darstellen und z. B. in der DJI-Studie von keinem (!) Jugendlichen über solche Übergriffe berichtet wurde, bedarf diese Möglichkeit der ständigen Aufmerksamkeit (Schwabe 2012 b). Ein weiteres Problem mit u. U. sehr nachhaltig wirkenden negativen Auswirkungen stellen die Gewalttätigkeiten der Jugendlichen untereinander dar (siehe die Zahlen oben), wobei davon auszugehen ist, dass längst nicht alle Gewaltvorfälle entdeckt oder gar aufgearbeitet werden. Wenn viele „schwierige" Jugendliche ständig „aufeinander hocken", kommt es beinahe unvermeidbar zu „einer wechselseitigen Bestärkung und Steigerung antisozialer Haltungen und Verhaltensdispositionen" (ebd. 45). Schließlich sei, so die Autor/

innen, zu bedenken, dass das als „streng" empfundene Setting über den Weg der inneren Verhärtung oder auch Flucht zu einer Verstärkung von Problemen bei den Jugendlichen führen kann (siehe oben bei Stadler 2005). Insgesamt kommen Kindler/Permien/Hoops (2007) zu dem Schluss, dass „Freiheitsent-ziehende Maßnahmen" für einige Jugendliche nützlich sein können und es dennoch weiterhin das Ziel bleiben muss, Alternativen zu dieser Hilfeform zu schaffen. Und zwar solche, bei denen es sich nicht um „Ver- oder Abschiebun-gen", z.B. in die Psychiatrie o. ä., handelt.

8.6 Fazit: Die NAlS-Ergebnisse im Vergleich mit anderen Settings

Der Blick in fünf exemplarisch ausgewählte Studien zeigt, dass es ganz unter-schiedlichen Hilfeformen gelingt, mit bereits ausgesondertem, „schwierigem" Klientel positive Ergebnisse zu erzielen. Die KATA-TWG-Studie reklamiert für sich den höchsten Prozentsatz von 66 % erfolgreicher Verläufe, wobei deutlich geworden ist, dass es sich um eine Hilfe mit hohen Eingangsvoraussetzungen handelt, angesichts derer etliche NAlS-Jugendliche abwinken oder scheitern würden.

Kindler/Permien/Hoops (2007) sprechen bei geschlossenen Unterbrin-gungen von einer Erfolgsquote von im Schnitt ca. 50-60 % in Bezug auf „mo-derate Verhaltensänderungen", weisen aber auf das Problem der Nachhaltig-keit in den Folgeeinrichtungen hin. Bei Stadler sind es nach Bereinigung der Stichprobenverzerrung noch 38 % (Selbsteinschätzung) bzw. 47 % (Fremdein-schätzung) positive Verläufe. Klawe berichtet aus individualpädagogischen Maßnahmen von Erfolgen um die 50 % (2008, 35), die bei Macsenaere mit Blick auf die im Ausland stattgefundenen Maßnahmen sogar noch besser aus-fallen (Macsenaere/Klein 2010). Daneben stehen die aus längeren Beobach-tungszeiträumen gewonnenen Ergebnisse von 38 % positiver Verläufe nach einer „Betreuung im Freiraum" bei NAlS (Kombination aus Selbst- und Ex-perteneinschätzung) und 50 % sich zumindest positiver entwickelnder Hilfe-verläufe aus den Akten (Fremdeinschätzung).

Geschlossene Unterbringung kann – wenn sie von den jungen Menschen aus- und durchgehalten wird – eine dichte, einzigartige und sicher für etliche Jugendliche auch emotional bedeutsame Erfahrung darstellen. Je mehr sich ihr Verhalten allerdings bessert und je häufiger sie in die Kooperation mit den Pädagog/innen einsteigen, umso schneller entfällt die Grundlage für den rich-terlichen Beschluss zum Freiheitsentzug. Nach etwa einem Jahr dürfen und müssen – oft wird beides zutreffen – die Meisten wieder gehen, ohne die Men-schen, die ihnen in dieser schwierigen Neuorientierungsphase beigestanden haben, mitnehmen zu können. Insofern stellt auch FM ähnlich wie NAlS eine, wenn auch mit ca. einem Jahr deutlich längere Übergangshilfe dar. Auch hier können einzelne Menschen für die Jugendlichen wichtig werden (Ansprechpartner/innen und/oder Koordinator/innen oder Jugendamtsmitarbeiter) Mit dem Unterschied freilich, dass alles, was während der Zeit bei NAlS im Freiraum und auf Grund selbst regulierter Beziehungen gelernt wurde, vermutlich tiefer bzw. sicherer in der Persönlichkeit verankert bleibt, als das im Zwangskontext Gelernte (Schwabe 2008, 14).

Denkt man an die erhebliche Zahl junger Frauen, die bei einer so niedrigschwelligen und wenig invasiven Hilfe wie bei NAlS (über 50%) oder dem Streetworkprojekt in Münster (Bodenmüller/Piepel 1999, 238 ff) aus sehr problematischen „Karrieren" dauerhaft ausgestiegen sind (wenn auch nicht sofort, sondern mit einigem Hin und Her), dann kann man sich fragen, ob die Erfolgszahlen aus der FM in Gauting (38% positive Selbst- und 47% positive Fremdeinschätzung) einen so schwer wiegenden Eingriff in die Persönlichkeitsrechte bei weiblichen Jugendlichen rechtfertigen. Offensichtlich hören viele junge Frauen auch ohne Zwang auf, sich selbst zu schädigen oder sich zu prostituieren etc. Wobei man die, die es unbedingt weiter „wollen" (wobei das nicht der angemessene Begriff ist) scheinbar eh nicht davon abhalten kann, was die durch Entweichungen ertrotzten Abbrüche zumindest nahelegen. Man muss die Risiken und Nebenwirkungen beider Hilfeformen – NAlS wie FM/GU – gegeneinander abwägen. Was man bei den männlichen Jugendlichen bei massiver Delinquenz, hoher sich ins Gemeinwesen entladender Gewaltbereitschaft und ihren selteneren positiven Verläufen (um die 20%) anders sehen kann als bei den weiblichen. Junge Männer scheinen auch hier das „schwächere Geschlecht", was seine Bestätigung in einer sehr viel höheren Rate von Gefängnisaufenthalten findet.

Im Sinne eines internen Qualitätsmanagements und der Reflektion der Vertretbarkeit und Empfehlbarkeit von Hilfen ist der Blick auf Erfolgsquoten sicherlich immer angebracht. Im Sinne wissenschaftlicher Forschung scheint ein zu enger Blick auf „Erfolgsquoten" einzelner Hilfeformen jedoch nicht ausreichend. Wir sollten immer wieder das Ganze des Hilfesystems in den Blick bekommen und weiter an kreativen Möglichkeiten der Betreuung in diesem Arbeitsfeld zwischen Jugendhilfe, Justiz und Kinder- und Jugendpsychiatrie arbeiten. Das Scheitern des JUST-Projekts zeigt z.B. eindrücklich, wie wichtig es ist, die Schnittstellen und Übergänge von und zu anderen Einrichtungen bzw. Hilfesystemen oder in die Verselbständigung, von einem zum andern Kostenträger, von der Jugendhilfe zur Sucht- bzw. Wohnungslosenhilfe usw. zu beachten und zu erforschen.

Aus der medizinisch orientierten Ulmer Katamnesestudie kann gelernt werden, dass es auch im Feld der Kinder- und Jugendhilfe möglich ist, umfangreiche Studien mit Kontrollgruppendesign durchzuführen. Auch wenn die dort erzielten Ergebnisse teilweise eher etwas nüchtern scheinen mögen, ist das Nachdenken darüber, wie Ergebnisse in Beziehung zu Vergleichsgruppen gestellt werden können, einwichtiger Schritt, um aussagekräftige und zuverlässige Belege über Wirkungen und Wirkfaktoren zu erhalten.

Der Blick auf diese exemplarisch ausgewählten Untersuchungen zeigt, dass die bei und nach NAlS erzielten Ergebnisse – bei aller Würdigung der Unterschiede – mit denen anderer vergleichbarer Hilfeformen gut „mithalten" können. NAlS stellt allerdings im Gegensatz zu den längeren Betreuungsformen eine „Übergangshilfe" dar, die für Viele einen Weg in ein besseres Leben ebnet. Wichtig ist die Feststellung, dass die für NAlS angeführten Schwierigkeiten und Risiken im Betreuungsverlauf wie z.B. massive Dissozialität, Gewalttätigkeiten Jugendlicher untereinander, die Gefahr sich im Gruppenzusammenhang am delinquenten Verhalten einzelner Jugendlicher „anstecken" zu lassen usw. keine auf NAlS beschränkten Besonderheiten darstellen, sondern auch in anderen Hilfeformen virulent sind.

Gleichzeitig wird deutlich, dass viele andere Hilfeformen für NAlS-Jugendliche nicht wirklich in Frage kommen: ihre Eingangsvoraussetzungen wären beinahe überall zu hoch. Kein anderes Projekt, so scheint es uns, hat so viele, so intensiv Hilfe ablehnende und auf die eigene Autonomie pochende Jugendliche aufgenommen wie NAlS. Mit einem Teil dieser Zielgruppe und mit den eigenen bescheidenen Interventionsmöglichkeiten auch nur annähernd so viel Erfolg zu haben wie andere, sehr viel invasivere und auch sehr viel kostenintensivere Angebote, stellt auf jeden Fall eine bemerkenswerte Leistung von NAlS dar. NAlS stellt eine Hilfeform für eine kleine Gruppe von „riskant agierenden" Jugendlichen dar, über die dringend auch in anderen Städten und Landkreisen nachgedacht werden sollte. Verwirklichen sollte man Projekte wie NAlS allerdings nur in einer klug konzipierten und tragfähigen Risikopartnerschaft von Jugendamt und Freiem Träger.

Literatur

Ader, S.; Schrapper, C. (2003): Fallverstehen und Deutungsprozesse in der Praxis der Jugendhilfe. In: Henkel, J.; Schnapka, M.; Schrapper, C. (Hrsg.): Was tun mit schwierigen Kindern? Münster.

Ader, S.; Schrapper, C. (2004): Wie aus schwierigen Kindern schwierige Fälle werden. In: Schrapper, C. (Hrsg.): Sozialpädagogische Forschungspraxis – Positionen, Projekte, Perspektiven. Weinheim und München, S. 51-62.

AKGG (Hrsg.) (1994): Einzelbetreuung für gecrashte Kids: Konzepte, Erfahrungen, Reflexionen sozialpädagogischer Einzelbetreuung in der Jugendhilfe. Marburg.

Amt für Statistik Berlin-Brandenburg (2010): Erzieherische Hilfen, Eingliederungshilfe für seelisch behinderte junge Menschen, Hilfen für junge Volljährige in Berlin 2009, Statistischer Bericht Nr. K V 2 – j/09. Potsdam.

Arbeitskreis therapeutischer Jugendwohngruppen Berlin (Hrsg.) (2009): Abschlussbericht der Katamnesestudie therapeutischer Wohngruppen in Berlin. Online unter: http://www.therapeutische-jugendwohngruppen.de/publikationen/KATA_TWG_Bericht_2009.pdf

Arnold, J.; Macsenaere, M. (2012): Abbrüche in den Hilfen zur Erziehung: Häufigkeit, Relevanz und Vermeidung. In: Evangelische Jugendhilfe, Heft 5/2012, S. 284-294.

Baecker, D. (1994): Soziale Hilfe als Funktionssystem der Gesellschaft. In: Zeitschrift für Soziologie, 23. Jg., Heft 2, S. 93-110.

Balint, M. (1972): Angstlust und Regression, Reinbek bei Hamburg.

Balint, M. (1979): Therapeutische Aspekte der Regression. Reinbek bei Hamburg.

Baumann, M. (2010): Kinder, die Systeme sprengen. Wenn Jugendliche und Erziehungshilfe aneinander scheitern. Hohengehren.

Baur, D.; Finkel, M.; Hamberger, M.; Thiersch, H. (1998): Leistungen und Grenzen der Heimerziehung – Ergebnisse einer Evaluationsstudie stationärer und teilstationärer Erziehungshilfen. Stuttgart, Berlin, Köln.

Benz, R. (2011): Das Projekt JUST. Jugendsuchttherapie, eine integrierte Hilfeform. In: Weiß, P.; Peukert, R. (Hrsg.): Seelische Gesundheit und Teilhabe von Kindern und Jugendlichen braucht Hilfe. Tagungsdokumentation Kassel, 8./9. November, Bonn.

Besier, T. (2008): Evaluation eines aufsuchenden, multimodalen ambulanten Behandlungsprogramms für Heimkinder zur Vermeidung stationärer kinder- und jugendpsychiatrischer Behandlungsaufenthalte (Dissertation). Medizinische Fakultät der Universität Ulm.

Biene, M. (2011): Systemische Interaktionsberatung. In: Rhein, V. (Hrsg.): Moderne Heimerziehung heute, Band 2/3, Herne, S. 13-138.

Biene, M.; Palusczek T.; Schwabe M. (2013): Die Praxis des SIT-Ansatzes anhand konkreter Fallschilderungen. In: Rhein, V. (2013): Moderne Heimerziehung heute, Band 4, Herne, S. 5-28.

Birtsch, V. (Hrsg.) (1993): Autocrashing, S-Bahn-Surfen, Drogenkonsum. ANAlSysen jugendlichen Risikoverhaltens. IGFH-Dokumentation, Frankfurt a. Main.

Bittner, G. (Hrsg.) (2006): „Ich bin mein Erinnern" – Biographieforschung und Erziehungswissenschaften. Würzburg.

Blech, J. (2007): Wundermittel im Kopf. In: Spiegel 6/2007, S. 135-144.

BMFSFJ (Hrsg.) (1998): Leistungen und Grenzen der Heimerziehung (JuLe). Ergebnis einer Evaluationsstudie stationärer und teilstationärer Erziehungshilfen. Schriftenreihe des BMFSFJ, Band 170, Stuttgart.

Bodenmüller, M.; Piepel, G. (1999): Streetwork und Überlebenshilfe: Entwicklungsprozesse von Jugendlichen in Straßenszenen. Weinheim, Berlin, Basel.

Bräuer, W.; Klawe, W. (1998): Erlebnispädagogik zwischen Alltag und Alaska. Praxis und Perspektiven der Erlebnispädagogik in den Hilfen zur Erziehung. Weinheim und München.

Deutsches Institut für Urbanistik (Hrsg.) (2011): Psychisch gestört oder „nur" verhaltensauffällig? Kooperation von Jugendhilfe und Kinder- und Jugendpsychiatrie in einem schwierigen Dunkelfeld. Dokumentation der Fachtagung mit der Klinik für Kinder- und Jugendpsychiatrie des Universitätsklinikums Ulm am 11. und 12.11.2010 in Berlin.

Dörner, K.; Plog, U.; Teller, C.; Wendt, F. (1978): Irren ist menschlich. Bonn.

Ernst, R.; Höflich, P. (2008): Rechtliche Grundlagen. In: Schwabe, M. (2008): Zwang in der Heimerziehung: Chancen und Risiken. München, S. 170-196.

Fachverband Drogen- und Suchthilfe e.V. (Hrsg.) (2011): Jugend-Sucht-Vernetzung. Bedingungsfaktoren jugendlichen Suchtmittelmissbrauchs und jugendlichen Suchtverhaltens. Dokumentation einer Expertenanhörung am 12.1.2011 in Berlin. Online unter: http://fdr-online.info/media/Texte/fdr_Jugend-Sucht-Vernetzung.pdf

Förster, H. von (1993): KybernEthik. Berlin.

Freyberg, T. von; Wolf, A. (2006): Störer und Gestörte. Band 1: Konfliktgeschichten nicht beschulbarer Jugendlicher. Frankfurt am Main.

Friedmann, R. (2012): „Der guckt schon so ...": Motive jugendlichen Gewalthandelns. In: ZJJ, Jg. 23, Heft 1, März 2012, S.60-66.

Fröhlich-Gildhoff, K. (2002): Indikation in der Jugendhilfe, Grundlagen für Entscheidungshilfe und Hilfeplanung. Weinheim u. München.

Fuchs-Rechlin, K.; Pothmann, J. (2009): Wann erreichen familienersetzende Hilfen ihre Ziele. KOMdat, Heft 2, 2009, S. 3-4.

Gahleitner, S.; Rosemeier, C.-P. (2011): Was wirkt in Therapeutischen Jugendwohngruppen? Ergebnisse einer triangulativen Studie. In: Eppler, N.; Miethe, I.; Schneider, A. (Hrsg.) (2011): Qualitativen und quantitative Wirkungsforschung. Ansätze, Beispiel, Perspektiven. Opladen.

Hekele, K. (2005): Sich am Jugendlichen orientieren: Handbuch für subjektorientierte Soziale Arbeit. Weinheim und München.

Herz, B. (Hrsg.) (2007): Lernbrücken für Jugendliche in Straßenszenen. Münster, New York.

Hinte, W.; Treeß H. (2007): Sozialraumorientierung in der Jugendhilfe. Weinheim und München.

Hörster, R. (2005): Sozialpädagogische Kasuistik. In: Thole, W. (Hrsg.): Grundriss Sozialer Arbeit. Wiesbaden.

Honneth, A. (1996): Kampf um Anerkennung: die moralische Grammatik sozialer Konflikte. Frankfurt a. Main.

Hoops, S.; Permien, H. (2006): „Mildere Maßnahmen sind nicht möglich!" – Freiheitsentziehende Maßnahmen nach 1631 b BGB. In: Jugendhilfe und Jugendpsychiatrie. München.

Hoops, S. (2010): Freiheitsentziehende Maßnahmen in der Jugendhilfe. Einige Schlaglichter auf Diskurs, aktuelle Befunde und Herausforderungen. In: Jugendhilfe im Dialog, Heft 4, S. 2-19.

IGFH (1995): Argumente gegen geschlossene Unterbringung in Heimen der Jugendhilfe. Frankfurt a. Main.

Kähler, H. (2005): Soziale Arbeit in Zwangskontexten. München, Basel.

Kindler, H.; Permien, H.; Hoops, S. (2007): Geschlossene Formen der Heimunterbringung als Maßnahme der Kinder- und Jugendpsychiatrie. Eine empirische Forschungsübersicht zu Wirkungen, Alternativen und Indikationen. In: Zeitschrift für JugendkrimiNAlSrecht und Jugendhilfe, Jg. 18, Heft 1, S.40-48.

Kinney, J.; Haapala, D. (1991): Keeping Families together. The Homebuilders Program. Ohne Ortsangabe.

Klatetzki, T. (1994): Flexible Erziehungshilfen. Ein Organisationskonzept in der Diskussion. Münster.

Klawe, W. (2007): Jugendliche in Individualpädagogischen Maßnahmen. Köln, Hamburg.

Klawe, W. (2008): Individualpädagogische Maßnahmen im In- und Ausland. Ergebnisse einer empirischen Studie. In: Sozialmagazin, 33 Jg., Heft 3, S. 30-36.

Klawe, W. (2010): Verläufe und Wirkfaktoren Individualpädagogischer Maßnahmen. Hamburg.

Kriener, M.; Petersen, K. (Hrsg.) (1999): Beteiligung in der Jugendhilfepraxis. Münster.

Kunz, S.; Scheuermann, U.; Schürmann, I. (2004): Krisenintervention. Ein fallorientiertes Arbeitsbuch für Praxis und Weiterbildung.

Lutz, T. (2012): „Und bist du nicht willig ..." – Institutionalisierter Zwang zum Wohlergehen der Kinder und Jugendlichen. In: Huxoll, M.; Kotthaus, J. (Hrsg.): Macht und Zwang in der Kinder- und Jugendhilfe, Weinheim und Basel, S. 112-121.

Macsenaere, M. (2009): (Wirkungs-)Forschung in der Heimerziehung. In: Unsere Jugend, Heft 1, 2009, S. 2-13.

Macsenaere, M.; Klein, J. (2010): Individualpädagogische Hilfen im Ausland: Evaluation, Effektivität, Effizienz. Online unter: http://www.aim-im-netz.de/media/veroeffentlichungen/individualpaedagogik/Statements_Macsenaere_Klein[1].pdf

Mattejat, F.; Remschmidt, H. (2006): Die Erfassung des Therapieerfolgs in der Kinder- und Jugendpsychiatrie unter naturalistischen Bedingungen. Konzeption und Realisierung des Marburger Systems zur Qualitätssicherung und Therapieevaluation (MARSYS). In: Zeitschrift für Kinder- und Jugendpsychiatrie und Psychotherapie, Bd. 34, S. 445-454.

Menk, S. (2010): „Vergangenheitsträume" – Veränderungsprozesse von Selbst- und Weltbildern junger Menschen. Eine Langzeituntersuchung von Kindern und Jugendlichen während und nach einer sozialpädagogischen Krisenintervention (Dissertation). Fachbereich Erziehungswissenschaften der Universität Koblenz-Landau.

Mosely, B. J. u. a. (2002): A controlled Trial of Arthroscopic Surgery for Osteoarthritis of the Knee. In: NEngJMed, 2002, July 11, S. 81-88.

Müller, B. (1997): Sozialpädagogisches Können – Ein Lehrbuch zur multiperspektivischen Fallarbeit. Freiburg i. Br.

Müller, B.; Schwabe, M. (2009): Pädagogik mit schwierigen Jugendlichen. München.

Nützel, J.; Benz, R.; Michel, V.; Stuhlert, S.; Schraivogel, F.; Schmid, P.; Keller, F.; Schepke, R. (2010): Abschlussbericht über die erste Projektphase 2007 bis 2009. Evaluation der Hilfeverläufe im Projekt JUST (JUgendSuchtTherapie). Online unter: http://www.jugendsuchttherapie.de/files/abschlussbericht_1._projektphase_just.pdf

Ohne Autor (ohne Jahr): Jugend – Sucht – Therapie JUST. Kurzbeschreibung, Konzeption, Bedarfsanalyse. Online unter: http://www.jugendsuchttherapie.de/konzeption.pdf

Pankofer, S. (1997): Freiheit hinter Mauern: Mädchen in Geschlossener Unterbringung. Weinheim und Basel.

Permien, H. (2010): Erziehung zur Freiheit durch Freiheitsentzug? Zentrale Ergebnisse der DJI-Studie „Effekte freiheitsentziehender Maßnahmen in der Jugendhilfe". München.

Permien, H. (2011): Kooperation zwischen Jugendhilfe und Jugendpsychiatrie – aus Sicht des 13. Kinder- und Jugendberichts. In: Weiß, P. Peukert, R. (Hrsg.): Seelische Gesundheit und Teilhabe von Kindern und Jugendlichen braucht Hilfe. Tagungsdokumentation Kassel, 8./9. November, Bonn.

Peters, F. (2004): Freiheitsentziehendes Maßnahmen im Rahmen von Kinder- und Jugendhilfe, Kinder- und Jugendpsychiatrie und Justiz. In: Forum Erziehungshilfe, 10. Jg., Heft 3, S. 181-183.

Pies, S.; Schrapper, Ch. (2004): Hilfeplanung als Kontraktmanagement. Konzepte und erste Befunde eines Bundesmodellprojektes. In: Jugendhilfe, 42. Jg., S. 83-85.

Rätz-Heinisch, R. (2005): Gelingende Jugendhilfe bei aussichtslosen Fällen – Biographische Rekonstruktion von Lebensgeschichten junger Menschen. Würzburg.

Raschke P.; Schliehe, F.; Groenemeyer, A. (1985): Therapie und Rehabilitation bei Drogenkonsumenten. Düsseldorf.

Rosemeier, C.-P. (2007): Indikations- und Ausschlusskriterien für eine Unterbringung in therapeutischen Jugendwohngruppen (Diskussionsversion). Online unter: http://www.pfh-berlin.de/sites/default/files/artikelanhang/indikationskriterien.pdf

Schleiffer, R. (2009): Der heimliche Wunsch nach Nähe: Bindungstheorie und Heimerziehung. Weinheim und Basel.

Schlippe A. von; Schweitzer, J. (1998): Lehrbuch der systemischen Therapie. Göttingen.

Schmid, M.; Goldbeck, L.; Nützel, J.; Fegert, J. M. (2008): Prevalence of mental disorders among adolescents in German youth welfare institutions. In: Child and Adolescent Psychiatry and Mental Health. Online unter: http://www.ncbi.nlm.nih.gov/pmc/articles/PMC2262059/pdf/1753-2000-2-2.pdf

Schmidt, M. et.al. (2003): Jugendhilfeeffektestudie (JES). Schriftenreihe des BMFSFJ, Band 219, Stuttgart.

Schmidt, M. (2007): Psychische Gesundheit von Heimkindern. Eine Studie zur Prävalenz psychischer Störungen in der stationären Jugendhilfe. Weinheim.

Schnorr, V. (2009): „Wer kann ich werden – Wer soll ich sein?" Selbstbildungsprozesse junger Menschen in der Jugendhilfe (Dissertation). Fachbereich Erziehungswissenschaften der Universität Koblenz-Landau.

Schrade, Ch. (2011): Notiz „JUST stellte Betrieb zum 31-7- 2011 ein". Online unter: http://www.zieglersche.de/zieglersche-aktuelles/aktuelles/ende-just.html

Schrapper, Ch. (2011): Wie wirkt Heimerziehung? Wie ist die Frage des „Lebenserfolgs" in wissenschaftlichen Untersuchungen beantwortet worden? Gibt es neue Erkenntnisse? In: Arbeitsgruppe Fachtagungen Jugendhilfe im Deutschen Institut für Urbanistik (Hrsg.): Wann ist Heimerziehung für Kinder erfolgreich? Dokumentation der Fachtagung am 19./20.5.2011 in Berlin.

Schütze, F. (2006): Verlaufskurven des Erleidens. In: Krüger, H.; Marotzki, W. (Hrsg.): Handbuch erziehungswissenschaftliche Biographieforschung. Wiesbaden.

Schwabe, M. (2001): Was tun mit den Schwierigsten? Brauchen wir neue, besondere pädagogische Konzepte für sog. Maßnahme-resistente Kinder und Jugendliche? In: Evangelische Jugendhilfe, 2001, S. 23-22.

Schwabe, M. (2002): Hilfeplanung bei Selbst- und Fremdgefährdung – Vermutungen über Zusammenhänge und fachliche Spielräume. In: EREV-Schriftenreihe 3/2002.

Schwabe, M. (2002 b): Jugendhilfeforschung und -praxis. In: Schroer, W.; Struck, N.; Wolf, M. (Hrsg.): Handbuch Kinder- und Jugendhilfe. Weinheim und München, S. 995-1018.

Schwabe, M. (2006): Eskalation und Deeskalation. Konstruktiver Umgang mit Aggression und Gewalt in Einrichtungen der Jugendhilfe. Regensburg.

Schwabe, M. (2008): Zwang in der Heimerziehung: Chancen und Risiken, München

Schwabe, M.; Vust D. (2008): Heimerziehung in Intensivgruppen mit Zwangselementen: Ein Trend, den es aufmerksam zu verfolgen und kritisch zu begleiten gilt. In: Unsere Jugend, Heft 1, 2008, S. 24-40.

Schwabe, M. (2012): Die Bedeutung frühkindlicher Zwangserfahrungen für die Klient/innen und Akteur/innen der Sozialen Arbeit. In: Huxoll, M.; Kotthaus, J. (Hrsg.): Macht und Zwang in der Kinder- und Jugendhilfe. Weinheim und Basel, S. 96-111.

Schwabe, M. (2012 b): Professionelle Gestaltung von Zwang. In: Zeitschrift für Jugendkriminalrecht und Jugendhilfe (ZJJ), Jg. 23, Heft 1, März 2012, S.90-114.

Sherman, L. W.; Gottfredson, D. (1997): Preventing Crime: What works? What doesn't? What's promising? In: Sprau-Kuhlen, B.; Wolffersdorf, C. (1990): Geschlossene Unterbringung in Heimen. Kapitulation der Jugendhilfe? München.

Stadler, B (2005): „Therapie unter geschlossenen Bedingungen – ein Widerspruch ?" Eine Forschungsstudie einer intensivtherapeutischen individuell-geschlossenen Heimunterbringung dissozialer Mädchen am Beispiel des Mädchenheims Gauting (Dissertation). Fachbereich Rehabilitationswissenschaften der Humboldt-Universität zu Berlin.

Stadler, M. (2009): Therapie unter Zwang, ein Widerspruch. Intensivtherapie für dissoziale Jugendliche im Mädchenheim Gauting. Marburg.

Tornow, H.; Ziegler, H. (2012): Ursachen und Begleitumstände von stationären Abbrüchen (ABiE). In: Abbrüche in stationären Erziehungshilfen (ABiE). EREV-Schriftenreihe 3/2012, S. 11-118.

Tornow, H. (2013): Pädagogische Arbeit mit delinquenten Jugendlichen: Leben mit dem Risiko. In: Evangelische Jugendhilfe, Heft 3.

Winnicott, D. W. (1974): Reifungsprozesse und fördernde Umwelt. München.

Winnicott, D.W. (1978): Familie und individuelle Entwicklung. München.

Winnicott, D.W. (1996): Aggression – Versagen der Umwelt und antisoziale Tendenz. Stuttgart.

Witte, M. D.; Sander U. (Hrsg.) (2006): Erziehungsresistent „Problemjugendliche" als besondere Herausforderung für die Jugendhilfe. Baltmannsweiler.

Wolff, M.; Hartig, S. (2006): Beteiligung von Kindern und Jugendlichen in der Heimerziehung. SPI-Broschüre des SOS-Kinderdorfes. München.

Wolf, K. (2012): Konstruktionen vom auffälligen Kind. In: Zeitschrift für Sozialpädagogik, Beiheft 1, S. 80-95.